A MAGIA DAS FORMAS-PENSAMENTO

A MAGIA DAS FORMAS-PENSAMENTO

Um sistema comprovado de desenvolvimento mental e espiritual

Dolores Ashcroft-Nowicki e J. H. Brennan

Tradução

DENISE DE C. ROCHA DELELA

EDITORA PENSAMENTO
São Paulo

Título original: *Magical Use of Thought Forms: A Proven System of Mental & Spiritual Empowerment*

Publicado originalmente em inglês por Llewellyn Publications, Woodbury, MN 55125 – USA. www.llewellyn.com

Dados Internacionais de Catalogação na Publicação (CIP)
(Câmara Brasileira do Livro, SP, Brasil)

Ashcroft-Nowicki, Dolores
A magia das formas-pensamento : um sistema comprovado de desenvolvimento mental e espiritual / Dolores Ashcroft-Nowicki e J. H. Brennan ; tradução : Denise de C. Rocha Delela. – São Paulo: Pensamento, 2009.

Título original: Magical use of thought forms : a proven system of mental & spiritual empowerment.

ISBN 978-85-315-1568-2

1. Magia 2. Parapsicologia I. Brennan, J. H.
II. Título.

09-02607 CDD-133

Índices para catálogo sistemático:

1. Magia : Esoterismo : Ciências ocultas 133

O primeiro número à esquerda indica a edição, ou reedição, desta obra. A primeira dezena à direita indica o ano em que esta edição, ou reedição, foi publicada.

Edição	Ano
1-2-3-4-5-6-7-8-9-10-11	09-10-11-12-13-14-15

Direitos de tradução para o Brasil
adquiridos com exclusividade pela
EDITORA PENSAMENTO-CULTRIX LTDA.
Rua Dr. Mário Vicente, 368 — 04270-000 — São Paulo, SP
Fone: 2066-9000 — Fax: 2066-9008
E-mail: pensamento@cultrix.com.br
http://www.pensamento-cultrix.com.br
que se reserva a propriedade literária desta tradução.

Para Jacks –
de nós dois.

SUMÁRIO

Agradecimentos

Escritores não têm vida fácil, razão pela qual a família é tão importante para nós. Por isso, o nosso primeiro agradecimento vai para aqueles que nos são mais próximos: Michael e Jackie e aquelas crianças encantadoras que cresceram quando não estávamos olhando e agora já pagam a sua própria hipoteca. Deus sabe o quanto eles nos veem pouco depois que temos a ideia de um livro zumbindo na cabeça e um prazo final empoleirado no ombro como papagaio de pirata.

Depois vêm os amigos, que entendem quando não escrevemos nem telefonamos; agentes como Sophie, que valem o seu peso em platina; e editores que dominam à perfeição a arte de esperar que seus autores entreguem esta última página, dos agradecimentos.

E em seguida, claro, vêm os leitores. Herbie e eu decidimos agradecer a vocês, leitores – e não só os que lerem *este* livro, mas todos os que leram os livros que escrevemos no passado, pois vocês são a principal causa da nossa ânsia de escrever. Escrevemos para que vocês possam ler, se divertir, aprender, praticar e, esperamos, pedir mais livros.

Para todos vocês: família, amigos, agentes, editores e leitores, fazemos um brinde com uísque irlandês e desejamos *Slainté*! Saúde!

Introdução

Uma palavrinha sobre os autores

Este é um livro tão fora do comum que requer uma pequena explicação.

Ele foi escrito, em colaboração, por dois autores que conseguiram reunir (grande parte para o espanto deles próprios) mais de um século de experiência em artes ocultas. Como não há mal nenhum em conhecer os seus mentores, eis a seguir uma apresentação breve de cada um deles e do modo como se conheceram:

Dolores Ashcroft-Nowicki nasceu em Jersey, uma das ilhas do Canal da Mancha entre a costa sudoeste da Grã-Bretanha e a França. Ela tinha 10 anos de idade quando explodiu a II Guerra e começou a invasão nazista, o que a obrigou a deixar a ilha com a família e a se refugiar no continente. Ali ela enfrentou as *blitze* sobre Liverpool noite após noite e protegeu-se, nos abrigos antiaéreos, dos ataques dos aviões de guerra alemães, dos bombardeios e das terríveis explosões que reduziram a cidade a um monte de escombros.

Quando criança, Dolores já dava sinais de ser "*fey*", uma expressão usada na época e sem paralelo nos dias de hoje, que designava alguém ligeiramente fora deste mundo, meio sensitivo, meio sonhador, meio excêntrico. Isso não surpreende. Dolores vinha de uma família *fey*. Tanto o pai quanto a mãe eram Iniciados de Terceiro Grau nos Mistérios Ocidentais. A conversa dentro de casa girava em torno de espiritualismo, aparições, Teosofia e outras questões esotéricas. Mas as pressões emocionais da guerra acabaram transformando essa natureza *fey* em algo muito mais rico e inusitado.

Uma noite, ao ouvir o estampido cada vez mais próximo das bombas, Dolores se viu... em outro lugar.

Atrás da casa onde a família fora alojada pelo Departamento de Guerra, havia um abrigo totalmente inadequado, construído às pressas. Ele consistia numa estrutura quadrada com base de concreto, paredes de dois tijolos de espessura e outra camada de concreto servindo de teto. Dentro, bancos de madeira e nada mais.

Nessa construção frágil, a família passava as noites enquanto os bombardeios se sucediam. O barulho, o medo e a morte diária dos amigos de escola exerceram forte impacto sobre a mente juvenil de Dolores e a deixaram a ponto de enlouquecer. Durante um bombardeio particularmente intenso, ela estava sentada com a cabeça no colo da mãe e os dedos tampando os ouvidos quando aconteceu algo que mudaria a sua vida.

O barulho esmoreceu, o medo começou a diminuir e ela deixou de sentir a pressão dos braços da mãe em volta dela. Ao erguer a cabeça, viu que se encontrava num lugar totalmente diferente. Estava de pé numa planície cercada de picos nevados. Arbustos esparsos salpicavam a paisagem e, embora ela não sentisse, sabia que normalmente fazia um frio extremo ali. Diante dela havia uma fogueira que lhe transmitia uma sensação de calor e aconchego. Em volta, um círculo silencioso de pessoas vestindo túnicas laranja. Uma delas levantou a cabeça. Era um rosto jovem, mas com olhos centenários. Ele sorriu e acenou para que ela tomasse um lugar no círculo. Foi o que ela fez.

Dolores teve a impressão de ter ficado muitas horas mergulhada no silêncio, na paz e, acima de tudo, na companhia acolhedora das pessoas à sua volta. Nada foi dito durante essa visita ou nas subsequentes, que se deram ao longo de toda a Batalha da Grã-Bretanha. Ela descobriu que era levada até ali apenas nos momentos de perigo extremo, quando a sua mente era obrigada a ceder sob o peso opressivo do medo.

Os bombardeios finalmente cessaram, quando Hitler percebeu que nada obtivera e seus recursos já escasseavam. Na última visita à planície gelada, Dolores foi levada silenciosamente a contemplar a paisagem montanhosa, como se para fixá-la em sua mente. Ela soube então que aquela seria a última vez, e foi nesse momento que percebeu uma informação lhe sendo inculcada: tudo aquilo tivera um propósito. Ela também foi informada de que aquelas pessoas um dia tinham feito parte da vida dela, e que ela estava entre amigos a quem podia recorrer quando mais precisasse.

Mais de trinta anos depois, Dolores contou essa história ao seu professor, o falecido W. E. Butler, descrevendo a estranha formação rochosa. Sem dizer nada, ele se levantou e tirou um livro da sua biblioteca. Abriu-o numa página com a ilustração de uma cadeia de montanhas nevadas. Ela instantaneamente as reconheceu. Butler explicou que nessa região existira durante séculos uma lamaseria de um tipo especial, e que não deixara de existir. Ela tinha sido protegida, disse ele, para que a sua mente imatura não sucumbisse sob o peso do trauma excessivo, e ela não tinha, de maneira alguma, sido a única a receber tal proteção.

Dolores não entendeu muito bem na época, é claro, mas era evidente que alguma coisa desejara fazer contato. Era um presságio de coisas que estavam por acontecer.

Enquanto tudo isso acontecia, no além-mar, em terras irlandesas, Herbie Brennan também ensaiava as suas primeiras experiências esotéricas – embora de maneira muito diferente. Ele era uma criança precoce, habituado a ler desde a mais tenra idade. Mas o seu gosto pela leitura era bizarro. Em vez de livros infantis, Herbie devorava livros sobre yoga, misticismo oriental e, acima de tudo, hipnose. Hipnotizou a sua primeira "cobaia", um colega de escola, quando tinha apenas 9 anos.

Na adolescência, Herbie começou a estudar mesmerismo, que muitos julgavam, equivocadamente, um tipo de hipnose. O mesmerismo envolve a manipulação de energias sutis, com resultados muito diferentes do transe hipnótico. O interesse pelas energias sutis o levou a estudar magia, mas livros sobre o assunto eram raríssimos na Irlanda da época.

Então, um dia, enquanto vasculhava as prateleiras de uma livraria, ele se deparou com uma pequena obra chamada *Magic, It's Ritual, Power and Purpose* [Magia, seu Ritual, Poder e Propósito], que supostamente continha informações sobre os misteriosos "Reis de Edom", mencionados de passagem na Bíblia. O autor era alguém chamado W. E. Butler. Herbie comprou o livro. Dias depois, saiu à procura de outras obras do autor e acabou encontrando um volume de *The Magician, His Training and Work* [O Mago, seu Treinamento e sua Obra], descrição das técnicas de treinamento usadas na Tradição Esotérica Ocidental.

Havia um endereço para contato no verso dos livros de Butler, para os leitores que quisessem prosseguir com os seus estudos esotéricos – era o endereço da Society of the Inner Light [Sociedade da Luz Interior].

Essa Sociedade fora fundada pela médium e ocultista Dion Fortune (Violet Penry-Evans, nascida Violet Firth), ela própria formada pelos Hermetic Students of the Golden Dawn [Alunos Herméticos da Aurora Dourada], uma Ordem mágica que iniciara o poeta irlandês William Butler Yeats e sua nêmesis, Aleister Crowley. Ela oferecia cursos com base na Cabala, um poderoso sistema de misticismo e magia antigos que fundamenta a Tradição Esotérica Ocidental.

Dolores sobreviveu à guerra e se formou atriz na Academia Real de Arte Dramática, mas, embora seguisse a carreira artística, sentia um interesse crescente pela magia. Um dia, numa visita a Londres, entrou na antiga livraria da Aquarian Press e comprou um tarô para a mãe. Havia alguns livros usados nas prateleiras e entre eles ela descobriu um grimório medieval, um dos notórios "livros negros" da prática de magia. Dolores o folheava avidamente quando uma mão pousou no seu ombro.

"Você não precisa disso", disse uma voz sinistra. "E, sim, disto."

Ela se virou e o dono da loja lhe entregou um livreto intitulado *Magic, It's Ritual, Power and Purpose.*

Herbie Brennan levou quase duas semanas para se inscrever no curso da Society of the Inner Light. Dolores – e o marido, Michael – fizeram a matrícula dentro de três dias.

Esse curso incluía quatro anos de meditações e visualizações diárias, juntamente com o estudo teórico da tradição antiga. Registros detalhados eram feitos e apresentados, e considerados membros da Sociedade apenas aqueles que terminavam o curso. Poucos terminavam. O treinamento mágico era (e ainda é) um trabalho extremamente árduo.

Herbie foi iniciado na Society of the Inner Light no dia do seu aniversário de 24 anos, nessa época a idade mínima para que a Sociedade aceitasse um membro integrante. Dolores e o marido foram iniciados em 1968. Herbie e Dolores nunca chegaram a se conhecer na Sociedade.

O treinamento inicial de Herbie ficou a cargo de Margaret Lumley-Brown, médium de ótima reputação até mesmo nessa confraria de magos. Ela era a própria mediadora cósmica da Sociedade e uma especialista no mundo das fadas, que conhecia por experiência direta. A mentora oficial de Dolores, na Inner Light, era C. C. Chichester, diretora da Sociedade; no entanto, quem mais a influenciava era o homem cujo livro a fizera enveredar por esse caminho, quatro anos antes: W. Ernest Butler.

Tanto Dolores quanto Herbie acabaram se desligando amigavelmente da Inner Light, ainda sem se conhecerem. Herbie começou a procurar meios de ampliar as suas experiências esotéricas e encontrou um programa de treinamento de cinco anos chamado Helios Course, idealizado por Gareth Knight e ministrado por W. Ernest Butler. Ele logo se matriculou. Dolores, nesse meio-tempo, estava sendo treinada para ser mediadora cósmica pelo próprio Ernest Butler (ele mesmo treinado pelo bispo Robert King e por Dion Fortune, fundadora da Inner Light).

É quase um alívio saber que, embora tenham sido necessários muitos anos ainda, Dolores e Herbie acabaram se conhecendo. Na época, Dolores tinha se tornado diretora de estudos do Servants of Light [Servos da Luz], uma Escola de Mistério internacional criada a partir do Helios Course de Ernest Butler. Herbie, um solitário por natureza, tinha a seu favor uma longa prática esotérica que incluía pesquisas sobre reencarnação e uma especialização em Plano Astral. Não havia muito que os detivesse antes de se conhecerem, mas certamente não houve mais nada depois desse encontro.

Ao longo de um período de alguns anos, Dolores Ashcroft-Nowicki e Herbie Brennan embarcaram num programa de experimentação mágica idealizado para ultrapassar as fronteiras do conhecimento mágico e composto dos seguintes trabalhos, entre outros:

- evocação para aparições visíveis;
- criação de fantasmas por meios cerimoniais;
- contato com entidades espirituais;
- resgate de antigos sistemas oraculares;
- efeitos psicocinéticos gerais;
- projeção astral;
- fenômenos de transe profundo;
- investigação de vidas passadas, e muito mais.

Uma grande parte do trabalho da dupla envolvia a utilização direta e indireta de formas-pensamento. Quase tudo era voltado para o Plano Astral. A experiência pessoal que acumularam é o alicerce deste livro que você tem nas mãos.

Trata-se de uma obra cujas informações – nunca publicadas – são fruto de muitos anos de investigação. Parte dele resulta de pesquisa, parte de experimentação, e alguns dados foram fornecidos por fontes do Plano Interior em contato com os autores. Você conhecerá:

- o Triângulo da Causação: desejo, emoção e imaginação;
- a localização tripontual do poder oculto no cérebro físico;
- a persona trina de um ser humano;
- a Arte Oculta da Observação.

Neste livro você encontra instruções detalhadas sobre como montar um banco de imagens mentais e físicas, informações sobre como lidar com a perspectiva no Plano Astral, instruções sobre como armazenar e reavivar memórias não visuais de emoções e como maximizar o desejo para usá-lo como combustível de um potente motor astral.

A utilização de estruturas astrais avançadas é descrita em segmentos-chave como os relacionados a seguir:

- a criação de um homúnculo astral;
- guardiães de tumba egípcios;

- paisagens astrais;
- como controlar o que você cria.

Mas, antes de começar o trabalho prático, você vai ter uma surpresa, pois este livro se inicia com alguns dos mais fascinantes e instrutivos casos de estudo que você já viu. Estudos que literalmente mudarão o seu modo de pensar sobre a realidade e lançam os alicerces teóricos para o trabalho que tem pela frente.

Divirta-se.

Parte Um

A NATUREZA DA REALIDADE

A verdadeira viagem de descoberta não consiste em ver novas paisagens, mas em enxergar com novos olhos.

MARCEL PROUST

1 O Homem-lobo

Herbie discorre sobre: a moça inocente e o caixeiro-viajante; Romasanta leva mais mulheres para a cidade; Romasanta foge; a prisão de Romasanta; uma confissão inusitada; Romasanta é condenado; aspectos estranhos do caso Romasanta; a crença em lobisomem persiste.

Manuela Garcia tinha um casamento ruim. Ninguém se divorciava no norte da Espanha em 1849, mas Manuela conseguiu a separação e levou a filha Petronila com ela. Ela estava morando sem o marido na longínqua aldeia de Rebordechao, quando um jovem e atraente caixeiro-viajante bateu à sua porta.

O rapaz era Manuel Blanco Romasanta, de 31 anos, um nativo de Riguiero, outra aldeia nos arredores dali. Ele viajava pela região vendendo várias mercadorias e chamou a atenção de Manuela graças a uma das suas especialidades, um véu de renda português. Tratava-se de um artigo encantador, delicadamente trabalhado, e embora a moça não tivesse condição de comprá-lo, cativou o caixeiro-viajante tanto quanto o véu a cativara. Romasanta logo se tornou uma presença habitual na casa de Manuela.

Embora essa história seja verdadeira, ela tem elementos típicos de contos de fadas – a moça bela e inocente, a aldeia isolada, o caixeiro-viajante bem-apessoado. Qualquer pessoa familiarizada com contos de fadas perceberá imediatamente os sinais de perigo. Caixeiros-viajantes bem-apessoados tendem a ser um problema para moças inocentes. Mas talvez Manuela não tenha lido contos de fadas em número suficiente, ou talvez tenha apenas ficado lisonjeada com a atenção do rapaz. Fosse qual fosse a razão, ela deixou que o relacionamento seguisse em frente. Romasanta parecia um bom rapaz. Era atencioso com ela e com a filha e mostrava-se muito preocupado com as dificuldades financeiras que enfrentavam.

Um dia, Romasanta apresentou-lhes a solução para os problemas de dinheiro. Contou que tinha arranjado um emprego de arrumadeira para ambas na casa de um padre bondoso na cidade portuária de Santander, a capital da Cantábria, no norte da Espanha. O padre era um bom homem, garantiu o ambulante. Elas seriam tratadas como se fossem da família. Manuela e a filha, maravilhadas, mudaram-se para Santander com Romasanta. Foi a última vez que foram vistas.

Manuela tinha parentes em Rebordechao, inclusive uma irmã chamada Benita. Semanas depois da partida de Manuela, Romasanta voltou à aldeia trazendo cartas de Manuela, contando o quanto ela estava feliz no seu novo emprego. Benita ficou tão impressionada que concordou em acompanhar Romasanta a Santander, onde ele lhe prometeu um emprego na casa de uma família abastada. Ela levou com ela o filho adolescente.

Romasanta voltou mais uma vez a Rebordechao com cartas, desta vez de Benita e do filho. Uma mulher chamada Antonia Rua leu as cartas e, como as outras, partiu com Romasanta para começar vida nova na cidade grande. Com ela foi a filha, Peregrina. Quando Romasanta voltou à aldeia, foi com a intenção de procurar a filha mais velha de Antonia, Maruja. Em torno de um ano e meio depois, Antonia escreveu uma carta a Maruja, pedindo que esta se juntasse a ela, em Santander. Quando Maruja aceitou, Romasanta se ofereceu para acompanhá-la na viagem, como cicerone.

Esse foi o início de um negócio promissor para Romasanta. Enquanto vendia as mercadorias na sua aldeia, ele falava sobre o dinheiro que se podia ganhar na cidade grande, onde era muito difícil encontrar servos leais e dispostos a trabalhar duro. Ele era muito bem relacionado, garantia o ambulante, e podia arranjar emprego para quem quisesse. E muitos queriam. Romasanta ia buscá-los na porta de casa e os levava embora. Não aceitava nenhum dinheiro pelo serviço. Fazia isso por ter bom coração.

Mas os camponeses do norte da Espanha estavam longe de ser otários. Muitos deles julgavam Romasanta bonzinho demais para o gosto deles. Surgiram boatos de que ele não levava as pessoas para Santander coisa nenhuma, mas as matava nas montanhas para vender a gordura dos corpos. (Numa época de muitas superstições, havia uma crença muito difundida de que as bruxas portuguesas usavam gordura humana para fazer poções e estavam dispostas a pagar grandes somas para obtê-la.)

Romasanta negava tudo, mas os boatos começaram a aumentar a tal ponto que ele acabou deixando Rebordechao e se estabelecendo em Castile. Passou a se chamar Antonio Gómez, deixou de ser vendedor ambulante e começou a fabricar pregos. Depois se mudou para a aldeia de Verin e passou a fazer trabalho braçal nas fazendas.

Um dia, em 1852, aconteceu de três moradores de Rebordechao visitarem Verin. Eles reconheceram Romasanta e contaram ao prefeito sobre a sua verdadeira identidade. Ele foi imediatamente preso e levado para a cadeia de uma cidade próxima, Allariz.

Nesse ponto da história, Romasanta surpreendeu a todos – confessou que era lobisomem.

A lenda do lobisomem, baseada na ideia de que algumas pessoas têm a capacidade de virar lobo, é um dos mitos mais antigos e difundidos da humanidade. O dinamarquês, o gótico, o antigo normando, o sérvio, o eslovaco, o russo, o grego, o romeno, o francês, o alemão, o eslavo, na verdade todas as línguas indo-europeias, sem exceção, têm uma palavra que significa lobisomem e um mito sobre essa criatura. Já no século XV a.C., o historiador grego Heródoto registrou que uma tribo cita inteira, chamada Neuri, se transformava em lobisomem uma vez por ano, permanecia assim durante sete dias e depois voltava à condição original. (Heródoto não acreditava nessa história mais do que você mesmo, mas o importante é que o mito do lobisomem já era uma tradição viva havia mais de dois mil anos.)

A França tinha mais histórias de lobisomem do que a média, possivelmente porque os lobos eram animais muito comuns na região. Em 1574, por exemplo, um ermitão chamado Gilles Garnier morreu na fogueira depois de confessar ter matado e comido duas crianças quando estava na forma de um lobo. Jacques Roulet, um indigente francês, teve um pouco mais de sorte. Quando admitiu ser lobisomem em Angers, no ano de 1598, o juiz simplesmente o mandou para um manicômio. Mesmo assim, Roulet foi descoberto quando caçadores seguiam as pegadas de dois lobos que tinham destroçado um garoto.

No mesmo ano, em St. Claud, uma mulher chamada Gandillon foi presa depois de atacar duas crianças num pomar. Uma delas, que acabou não resistindo aos ferimentos, descreveu a agressora como um lobo com mãos humanas. Toda a família de Gandillon foi presa e, segundo se observou, todos os seus membros passavam grande parte do tempo de quatro nas suas celas. O irmão dela, Pierre, acabou confessando que praticava bruxaria e era lobisomem, o que fez com que a família inteira fosse para a fogueira.

Na vizinha Alemanha, outro país onde houve, uma época, uma grande quantidade de lobos, Peter Stumf admitiu um reinado de 25 anos de terror como lobisomem, durante o qual matou e comeu várias mulheres e crianças, inclusive o próprio filho. Ele fazia a transformação com a ajuda de um cinto de pele de lobo (um artefato muito comum nas histórias de lobisomem). Um tribunal em Colônia proferiu a sentença em 1589. Ele teve a espinha partida na roda, foi decapitado e o cadáver, queimado na fogueira.

Existe uma forte suspeita de que, em alguns desses primeiros casos – e em muitos outros depois desses – as confissões foram arrancadas sob tortura, mas o caso de Romasanta foi diferente. Embora ninguém o tenha pressionado e não houvesse nenhuma prova contundente contra ele, ele confessou voluntariamente muitos assassinatos, inclusive quatro dos quais ninguém o acusara. Segundo ele explicou ao júri do tribunal, quando surgia o ímpeto, ele arrancava as roupas e rolava nu no chão, levantando minutos depois como um lobo.

Na forma de lobo, ele se sentia invulnerável e cheio de energia. Podia correr quilômetros sem se cansar, não tinha medo de nada e se sentia inebriado com a sensação de liberdade. Costumava rasgar com os dentes o pescoço e o peito das vítimas e depois comia os seus corpos, deixando apenas ossos roídos. Era apenas quando voltava à forma humana que sentia uma ligeira culpa.

De acordo com o seu próprio testemunho, Romasanta era lobisomem já fazia um bom tempo – desde os 13 anos, na verdade. Ele acreditava que um parente, talvez um dos pais, tinha jogado uma maldição nele, fazendo com que o seu sangue fervesse. Ele lutou contra isso durante algum tempo, mas depois de uns seis meses não resistiu mais. Foi para as montanhas de Couso, onde acidentalmente ou não, encontrou dois homens de Valência que também eram lobisomens. Eles se transformavam juntos e corriam como uma alcateia durante vários dias, até se transformarem de novo em seres humanos. Daí em diante, o destino de Romasanta estava selado.

Enquanto ainda estava sob custódia, Romasanta anunciou de repente que tinha perdido a sede de sangue (num dia santo) e se livrado da maldição. Tornou-se uma pessoa cooperativa e levou o juiz a lugares remotos onde havia enterrado os ossos das vítimas.

Malgrado o conveniente fim da "maldição", Romasanta foi condenado à morte em abril de 1853. Pela lei da Espanha, a sentença de morte tinha de ser confirmada por uma corte especial. Um novo advogado de defesa denunciou a "superstição medieval" contra os lobisomens e argumentou com veemência que Romasanta era louco – um homem tão louco que admitiria qualquer coisa. Um médico especialista da Grã-Bretanha enviou um laudo sugerindo que Romasanta podia estar sendo hipnotizado para acreditar que era lobisomem. Em todo caso, era evidente que ele não se transformava realmente em lobo, mas sofria de uma forma específica de alucinação conhecida como "licantropia", que o fazia acreditar ser um lobo. Não havia dúvida de que ele não era responsável por seus atos.

A corte aceitou esses argumentos e a sentença de pena de morte foi substituída pela de prisão perpétua. Mas o caso evoluiu de maneira bizarra e o juiz voltou atrás, por pressão dos jornais, e novamente o sentenciou à pena de morte (por estrangulamento), que depois foi atenuada para prisão perpétua por uma ordem especial da rainha. Romasanta morreu na cadeia alguns anos depois.

É tentador aceitar os argumentos da defesa nesse caso, tendo em vista, especialmente, que a teoria de que certas pessoas podem se imaginar como lobos originou-se da experiência do escritor viajante americano W. B. Seabrook.

Nos anos de 1930, Seabrook estava num apartamento com vista para a Times Square, em Nova York, com um pequeno grupo de amigos que incluía um diplomata de carreira e uma imigrante russa chamada Magda. Eles estavam consultando um oráculo chamado I Ching.

O I Ching, como o nome mesmo indica, é de origem chinesa e, segundo alguns, um dos mais antigos livros do mundo[1]. Consulta-se esse oráculo por meio de figuras de seis linhas conhecidas como hexagramas. Eles são 64 ao todo, cada um deles com um significado diferente. Como as próprias linhas também têm significados diferentes, esse oráculo pode oferecer mais de quatro mil respostas e é geralmente usado como sistema de divinação. O grupo de Seabrook, no entanto, usava o I Ching como instrumento para um estado especial de meditação.

A técnica que usavam consistia em criar um hexagrama, depois visualizá-lo sobre uma porta fechada de madeira. Essa imagem era mentalizada até que a porta se abrisse, momento em que o praticante "saltava", por um ato de imaginação, para uma cena visionária futura.

No apartamento da Times Square, estava a imigrante russa Magda, que passou apuros usando o I Ching dessa maneira. O hexagrama que ela visualizara tinha o nome chinês Ko, geralmente traduzido por "Revolução". Em seu sentido original, contudo, esse hexagrama significa pelagem de animal, que passa por várias trocas ao longo de todo o ano.

---

1. Para uma exposição mais ampla sobre esse fascinante oráculo, consulte *The Magical I Ching*, de Herbie Brennan (St. Paul, Minn.: Llewellyn Publications, 2000).

Depois de se concentrar na imagem mental por algum tempo, Magda disse que estava deitada nua, "a não ser por um casaco de pele" sobre a neve; depois era Lua cheia e ela estava correndo pelos bosques a toda velocidade. O rosto da mulher adquiriu um aspecto animalesco e ela ficou agressiva. De repente, uivou como um lobo. Quando os homens tentaram despertá-la, ela rosnou, avançou e os mordeu com ferocidade. Demorou algum tempo até que conseguissem dominá-la e tirá-la do transe.

Magda, felizmente, nada sofreu com a experiência (embora seus acompanhantes tenham sido obrigados a sair atrás de um *band-aid*). Mas não é preciso muito para supormos que alguém como Romasanta poderia, por loucura (ou até sob hipnose, como o especialista sugeriu), se imaginar periodicamente como um lobo e levar essa ilusão a ponto de cometer um assassinato.

Ainda assim, essa explicação tem as suas falhas.

A primeira é que ocorreu ao júri original que Romasanta poderia ser louco e a corte, portanto, solicitou um exame médico. Constatou-se que ele não sofria de nenhuma doença física, tinha sanidade perfeita e era extremamente inteligente. O máximo que os médicos puderam descobrir foi que às vezes ele perdia as estribeiras quando estava sob pressão.

Os seus atos também não eram os de alguém que sofresse ataques periódicos de loucura. Repetidas vezes ele atraiu mulheres e crianças para longe das suas aldeias, às vezes esperando pacientemente um ano inteiro ou até mais para conquistar a confiança delas. Ele não entrava em surto, simplesmente, quando era vítima de alguma demência violenta.

Mas o fator mais curioso de todos eram as distâncias que Romasanta tinha de percorrer. Rebordechao, onde encontrou a sua primeira vítima, e Santander, para onde a levou antes de matá-la, ficavam a uma distância de 650 quilômetros. Outra vítima veio de Viana, na fronteira com Portugal, que é até mais longe. Tratava-se de uma terra rude e desolada, e a maneira mais comum de cruzá-la era a pé. Romasanta não tinha cavalo, nem mula, nem nenhuma outra forma de transporte, no entanto percorria essa vasta área com facilidade e em muito menos tempo do que o esperado. Além disso, parecia totalmente imune aos ataques da população nativa de lobos, animais tão ferozes que muitas vezes atacavam aldeias inteiras, principalmente no inverno, em busca de comida.

A crença em lobisomens não morreu com Romasanta. Nos idos de 1930, um fazendeiro francês foi acusado de se transformar em lobo à noite. Numa época mais recente, em 1946, uma reserva indígena do povo navajo, nos Estados Unidos, foi atacada por uma criatura maligna considerada por muitos como sendo um lobisomem.

Hoje, evidentemente, a lenda do lobisomem está mais difundida do que em qualquer outra época graças a livros e filmes como *The Howling* e *Um Lobisomem Americano em Londres*. As plateias estão bem acostumadas à metamorfose realista de homem em lobo graças aos efeitos especiais.

Mas existe a mais remota possibilidade de que pessoas se transformem mesmo em lobos?

2 Anomalias

Herbie discorre sobre: espíritos xamânicos; do vrykolka *ao vampiro; bilocação, levitação e mesas girantes; criando um fantasma; projeção astral, fogo espontâneo e atividade* poltergeist; *animais telepatas; helicópteros misteriosos, o homem voador, chuvas estranhas e pessoas desaparecidas.*

Os lobisomens não são as únicas criaturas inverossímeis do folclore mundial. Desde os homens-raposa e os homens-lebre da China até os homens-gato da África tropical, existe toda uma miríade de animais selvagens nos quais certos seres humanos supostamente se transformam.

Em *The Way of the Shaman,*[2] o professor Michael Harner escreve:

> A conexão entre os humanos e o mundo animal é essencial no xamanismo, e o xamã utiliza o seu conhecimento e métodos para participar do poder desse mundo. Através do seu espírito guardião ou animal de poder o xamã faz conexão com o poder do mundo animal, com os mamíferos, pássaros, peixes e outros seres. O xamã tem de ter um guardião particular para fazer seu trabalho, e esse guardião o auxilia de maneira especializada.

2. Michael Harner, *The Way of the Shaman* (Nova York: Bantam Books, 1986) [*O Caminho do Xamã*, publicado pela Editora Pensamento, SP, 1989] (fora de catálogo).

A escolha do espírito nunca era arbitrária, pois acreditava-se que já existia um vínculo com um animal em particular, forjado pela natureza do xamã, muito embora ele pudesse não ter consciência disso. O mundo espiritual, portanto, muitas vezes se fazia conhecer, em visões ou sonhos, antes mesmo que o xamã praticasse as técnicas que o evocavam. Essa evocação trazia muitos benefícios. Segundo Harner:

> O animal de poder ou espírito guardião, como eu originariamente aprendi entre os Jivaro, não só aumenta a energia física da pessoa e a sua capacidade de resistir às doenças, como também aguça a acuidade mental e a autoconfiança.[3]

Quando o xamã entrava na realidade extraordinária em busca do animal, ele muitas vezes era temporariamente possuído por ele. Isso levou, naturalmente, ao conceito das criaturas meio-homem meio-animal, à crença – que para muitas tribos é uma questão de mera experiência – de que certos indivíduos podiam passar por uma transmutação e se transformar literalmente no animal em questão.

Essas criaturas, no entanto, são apenas um exemplo de toda uma gama de fenômenos curiosos que todos sabemos impossíveis, mas que há séculos vêm sendo fundamentados por incontáveis lendas, mitos e até relatos em primeira mão.

Quando o autor irlandês Bram Stoker criou a lendária figura do Drácula, seu personagem era baseado no nobre balcânico do século XV Vlad, o Empalador, depois chamado *dracul*, palavra romena para demônio. Mas Stoker não criou a lenda do vampiro, embora lhe tenha feito acréscimos imensuráveis. Existe uma menção a fantasmas bebedores de sangue na *Odisseia* de Homero. Na mitologia hebraica, a primeira mulher de Adão era Lilith, descrita como uma vampira devoradora de criancinhas. O mesmo tema é retomado na mitologia árabe, celta e romana, todas elas com referências a demônios bebedores de sangue de uma espécie ou de outra. Mas a lenda de vampiro que conhecemos hoje é resultado direto da difusão da atividade *vrikolka* nos Bálcãs e na Grécia do século XVII. De acordo com a crença popular e de supostos relatos de testemunhas, os *vrikolkas* eram cadáveres ressuscitados que se alimentavam do sangue dos vivos. Na Hungria, o termo magiar para esses seres era *vampir*, uma palavra que, com uma ligeira mudança, transportou a lenda para o mundo anglófono. Em torno de 1746, surgiu o primeiro trabalho acadêmico sobre essas criaturas, escrito por *dom* Augustine Calmet, um monge francês.

---

3. *O Caminho do Xamã.*

A bilocação – a aparição da mesma pessoa em dois lugares diferentes ao mesmo tempo – é outra "impossibilidade" aparentemente praticada por vários monges e santos cristãos. A lista de bilocadores inclui Santo Antônio de Pádua, Santo Ambrósio de Milão, São Severo de Ravena e, nos tempos modernos, o Padre Pio, um monge italiano. Algumas dessas aparições tiveram muitas testemunhas. Quando o papa Clemente XIV estava em seu leito de morte, recebeu a visita de Santo Afonso Maria de Ligório, visto por vários membros da corte papal ao lado do leito do papa. Mas nessa época Afonso estava confinado à sua cela – situada a quatro dias de viagem.

Outra capacidade frequentemente atribuída aos santos é a levitação. São José de Cupertino e Santa Teresa d'Ávila eram conhecidos pelos seus muitos episódios de levitação. Uma testemunha ocular afirmou que Teresa mantinha-se suspensa no ar, a meio metro do chão, por aproximadamente meia hora. O grande yogue tibetano Milarepa ia além: de acordo com relatos contemporâneos, ele era capaz de caminhar e até dormir enquanto levitava. No século XIX, o médium espiritualista Daniel Dunglas Home surpreendeu várias testemunhas ao sair flutuando por uma janela do terceiro andar e entrar por outra. O médium italiano Amedee Zuccarini foi fotografado enquanto levitava a meio metro da superfície mais próxima.

Numa categoria semelhante está a experiência do psicólogo britânico Kenneth Bacheldor, que se interessou pelos vários relatos acerca do fenômeno das mesas girantes, durante a febre vitoriana pelo espiritismo. Bacheldor organizou grupos de investigação e, depois de vários meses de experimentação, desenvolveu um sistema que permitia que as mesas se movimentassem sozinhas sob condições severamente controladas. O seu trabalho culminou com o vídeo infravermelho de uma mesa levitando a vários centímetros do chão, sem que ninguém a tocasse.

A levitação de mesas também figurou num experimento realizado pelo dr. George Owens e a esposa, Iris, dois membros da Canadian Society for Psychical Research, que decidiram tentar criar um fantasma artificial. Para esse fim, eles e alguns colegas da mesma sociedade criaram um personagem fictício chamado Philip, que teria vivido na época de Oliver Cromwell, em meados do século XVII, numa residência chamada Solar dos Diddington, na Inglaterra. Philip tinha um caso amoroso com uma jovem cigana; a mulher dele descobriu e acusou a cigana de bruxaria. Quando a moça foi queimada na fogueira, Philip se suicidou, atirando-se das muralhas da residência de seus ancestrais.

A história romântica era totalmente fictícia, exceto pelo detalhe do Solar dos Diddington, que de fato existe. O grupo de Owens fixou fotos do solar nas paredes de uma sala e passaram a se sentar regularmente em círculo, em típicas sessões espíritas, para fazer contato com o personagem que haviam criado. Depois de vários meses, foram recompensados com "batidas" paranormais. Um código foi logo estabelecido para permitir a comunicação com a entidade que aparentemente provocava as batidas... a entidade revelou tratar-se de Philip, e forneceu pormenores acerca de sua biografia fictícia.

Philip, no entanto, acrescentou tantos detalhes históricos precisos à própria história que os membros do grupo começaram a se perguntar se não teriam, acidentalmente, se baseado numa pessoa real para criar seu personagem. Pesquisas comprovaram que não era esse o caso, embora Philip exibisse uma familiaridade muito maior com o período cromwelliano do que qualquer um dos membros da equipe. Além disso, ele se provou capaz de fazer levitar mesas e, numa ocasião, "subiu" ruidosamente um pequeno lance de escadas.

Uma variação do experimento de Philip foi conduzida por Dolores e eu, na Grã-Bretanha, usando técnicas de evocação ritual para acelerar o processo. Em resultado, um membro do nosso grupo foi temporariamente possuído pelo "espírito" de uma sacerdotisa saxã totalmente fictícia.

A projeção astral é outra bem documentada "impossibilidade". A minha primeira experiência com esse fenômeno ocorreu um dia em que me levantei no meio da noite para ir ao banheiro e descobri que não conseguia abrir a porta do quarto. Depois de passar alguns instantes sem entender o que se passava, percebi que a minha mão atravessava a maçaneta da porta, enquanto meu corpo (físico) ainda estava deitado na cama, ao lado de minha mulher. Precisei fazer seis tentativas antes de persuadir o meu corpo a se levantar. Numa delas, atravessei uma parede sólida.

Essa capacidade (apenas temporária) parece quase nada diante do que ocorreu a Benedetto Supino, em 1982. Garoto de escola na época, ele lia um gibi na sala de espera do dentista quando a revista simplesmente se incendiou em suas mãos. Desde esse episódio, algumas coisas em que toca arde em chamas, e ele já provou ser capaz de incendiar objetos simplesmente com o olhar. Ao ser examinado por um médico do Centro Médico de Tívoli, na Itália, foi considerado "completamente normal" – um diagnóstico que ele e a família poderiam questionar.

Em 1967, outra adolescente, Anne-Marie Schaberl, mostrou ter poderes ainda mais estranhos – embora da primeira vez não tenha percebido que emanavam dela. Tudo começou no escritório de um advogado em Rosenheim, na Alemanha, quando a rede elétrica começou a apresentar defeito. O advogado, Sigmund Adam, havia instalado um medidor especial que mostrava quedas de força anormais. Na tentativa de solucionar o problema, ele substituiu as lâmpadas fluorescentes por outras, comuns, e instalou um cabo direto até o poste. Quando percebeu que nenhuma das duas providências adiantou, ligou o seu próprio gerador... o que também não fez nenhuma diferença.

Então, enquanto ainda lutava para resolver o problema elétrico, Adam recebeu uma conta telefônica estratosférica – muito mais alta do que de costume. Quando começou a monitorar as ligações feitas do seu escritório, descobriu que alguém no prédio estava fazendo várias ligações por minuto para o serviço de hora certa da companhia telefônica, e tão rápido quanto a conexão normal permitia.

Desesperado, ele chamou um dos maiores parapsicólogos da Europa na época, o professor Hans Bender, de Freiburg. O especialista descobriu uma ampla atividade *poltergeist* associada a Anne-Marie Schaberl, que era capaz de acender lâmpadas apenas caminhando por um corredor.

A geração de efeitos *poltergeist* é apenas um dos muitos "talentos extraordinários", como a telepatia e a visão a distância, que têm sido testados nestes anos mais recentes e se revelaram genuínos, embora às vezes aleatórios. Nenhum desses talentos é exclusividade dos seres humanos. O cientista britânico Rupert Sheldrake decidiu investigar a crença comum entre donos de cães e gatos de que seus animaizinhos de estimação são capazes de ler pensamentos. Numa versão televisiva de um desses experimentos, a dona de um desses animais foi retirada de casa e levada de carro para um local a várias horas de distância, onde deveria se manter até que fosse avisada de que poderia voltar. No momento preciso em que voltava para casa, uma câmera sincronizada mostrava o seu cachorro dirigindo-se para perto da janela, onde costumava esperar o retorno da dona. (Se os cães podem ler pensamentos, os gatos parecem capazes de prever o futuro. A senhora B. N. Harris, de Harrowgate, Inglaterra, contou que, quando morava em Tiverton Road, em Exeter, durante a Segunda Guerra Mundial, viu uma fila de gatos deixando a cidade e seguindo em direção a Tiverton... um pouco antes de ocorrer um devastador ataque aéreo.)

Sheldrake é o cientista que desenvolveu a teoria da "ressonância mórfica" – a ideia de que, quando um número crítico de indivíduos aprende algo, torna-se mais fácil, para a população como um todo, aprender a mesma coisa. Por meio de experimentos, ele mostrou que isso acontecia com estudantes aprendendo poesia, e notou que populações inteiras de animais ou pássaros às vezes adquiriam habilidades simples sem nunca tê-las aprendido.

A maioria das singularidades apresentadas até aqui poderia ser classificada como capacidades incomuns, mas existe toda uma outra gama de fenômenos que parece pertencer a outra categoria completamente diferente.

O que dizer, por exemplo, dos relatos feitos no mundo todo acerca dos avistamentos de um helicóptero negro em 1938? O primeiro voo de helicóptero foi realizado por um francês, em 1907, mas o aparelho só era capaz de breves voos verticais. Em 1930, um protótipo conseguiu efetuar voos para frente e verticalmente, mas foi só em 1939 – um ano depois dos avistamentos no mundo inteiro – que Igor Sikorsky construiu o primeiro aparelho realmente capaz de voar.

Em 1887 e 1888, uma criatura alada de aparência humanóide foi vista realizando manobras aéreas sobre Nova York e New Jersey. Esses relatos nunca foram levados muito a sério, embora a criatura – ou algo parecido – tenha reaparecido no vale do rio Ohio em 1966 e 1967. Ela era descrita como um ser alado e de cor acinzentada, do tamanho e com a silhueta de um ser humano, mas com olhos vermelhos – e foi avistada por mais de uma centena de pessoas.

Uma chuva de sapos cor-de-rosa caiu em Stroud, em Gloucestershire, na Inglaterra, em 24 de outubro de 1987. O naturalista Ian Darling confirmou que os sapos eram albinos (a tonalidade rosada resultava do fluxo sanguíneo por baixo da pele branca), mas não soube explicar de onde eles procediam. Presume-se que tenha sido do mesmo lugar de onde partiu uma chuva parecida de sapos cor-de-rosa, que havia caído nas cercanias de Cirencester duas semanas antes.

Chuvas estranhas não são tão incomuns. Chuvaradas de sapos foram relatadas na Pensilvânia, em Minnesota, Indiana e Massachusetts – para citar apenas alguns locais dos Estados Unidos. Em 1817, soube-se também de uma chuva de arenques em Argylshire, na Escócia.

A explicação convencional para esse fenômeno é a de que redemoinhos sugam as pobres criaturas, transportam-nas por uma certa distância e depois despejam-nas em forma de chuva. Se isso for verdade, os redemoinhos são curiosamente seletivos, pois apanham apenas sapos das suas lagoas e escolhem apenas arenques da miríade de criaturas que vivem no mar. Mas as chuvas não se restringem a anfíbios e peixes.

Houve uma chuva de grandes camundongos amarelos na cidade norueguesa de Bergen, em 1578. Um ano depois, choveu lemingues. Também choveu enxofre em brasa em Magdeburgo, na Alemanha, em 1642. Ovos negros caíram do céu em Porto Príncipe, no Haiti, em 1786. Em 1828, choveu ração de animais no Irã. Em San Francisco há relatos de uma chuva de carne bovina – isso mesmo, carne bovina – em 1851. Também choveu brasas em Illinois; lagartos em Sacramento; cobras em Memphis, Tennessee; minhocas em West Virginia; moedas de prata na Rússia; notas de dinheiro na França e na Alemanha; pêssegos na Louisiana; lodo, madeira, vidro e peças de cerâmica em Cuba. Em 1687, "flocos de neve" fibrosos e negros, alguns grandes como tampos de mesas, caíram na costa leste do mar Báltico. Descobriu-se que se tratava de algas negras e infusórios, um grupo de protozoários.

Em 117 d.C., quatro mil homens da nona legião do exército romano marchavam para o norte de Dunblane, Escócia, e desapareceram. Não houve matança, relatos de batalhas, corpos ou sinais de desastre. Os homens simplesmente sumiram.

O cônsul britânico em Viena, Benjamin Bathurst, estava examinando alguns cavalos em 25 de novembro de 1809, na cidade alemã de Perleberg, quando desapareceu. Seu valete e secretário o viu caminhar para trás dos cavalos, ponto em que desapareceu. Pessoas vêm desaparecendo desde então, incluindo o homem de negócios de Toronto, que entrou no seu escritório e nunca mais saiu e vários indivíduos que se desvaneceram no ar diante de várias testemunhas.

Os poucos casos de estudo citados representam uma porção insignificante da vasta literatura de anomalias. Esses relatos têm implicações profundas. Se as pessoas podem estar em dois lugares ao mesmo tempo ou se desvanecer no ar, se cães podem ler pensamentos e gatos podem prever o futuro, se uma adolescente pode gerar um *poltergeist* e Romasanta realmente se transformava em lobo, então precisamos revisar as nossas ideias sobre a natureza da realidade.

3 Evocação

Herbie discorre sobre: a história de Pema Tense; uma busca espiritual; Pema encontra o seu guru; entra o Yidam; a criação de um kylkhor; *Pema evoca o seu Yidam; o Yidam fala; Pema abençoado; o Yidam deixa o* kylkhor; *a dúvida; a iluminação de Pema.*

Pema Tense tinha 9 anos de idade em 1939, quando se tornou monge do mosteiro de Drepung, perto de Lhasa, no Tibete. Nem a sua vocação nem a idade eram coisas incomuns. Naquela época, um em cada quatro tibetanos (do sexo masculino) seguia a vida religiosa e a maioria deles começava esse aprendizado na infância.

Pema aprendeu a ler as escrituras budistas e decorou longas passagens. Os professores descobriram nele um talento inato para a música e então ele foi treinado num curioso cântico gutural que poderia danificar as cordas vocais se fosse entoado por tempo demais. Ele adotou uma alimentação frugal vegetariana mais por necessidade do que por escolha – a maioria dos monges comeria carne se pudesse obtê-la. Bebia quantidades copiosas de um chá frio, oleoso e salgado. Frio porque a água ferve em baixas temperaturas nas grandes altitudes do Tibete, oleoso porque os tibetanos acrescentam manteiga ao chá, produzindo uma bebida energética que ajuda a suportar o frio, e salgada porque o gosto do sal os agrada.

A deflagração da Segunda Guerra Mundial não afetou Pema Tense. Desde a Convenção Anglo-tibetana imposta em 1904, o Tibete era um país isolado. O número de residentes estrangeiros podia ser contado nos dedos de uma mão e até visitantes de passagem eram poucos e esparsos. Só o exército nazista mandou pequenos destacamentos ao país em intervalos regulares entre 1937 e 1945, e nem mesmo eles tinham interesses militares – estavam em busca do conhecimento oculto que poderia ajudar o Terceiro Reich.

Pema também estava em busca do conhecimento oculto. Muitos tibetanos ingressavam nos mosteiros porque essa era a coisa certa a fazer. A vida religiosa, embora rígida, costumava ser menos severa do que no mundo exterior. Os monges – chamados de lamas no Tibete – eram respeitados e tinham uma segurança sem precedentes. (Pelo menos até a invasão chinesa de 1950.) Mas Pema tinha outras motivações. Desde a mais tenra infância demonstrava profundo interesse por questões religiosas e espirituais. A sua família o considerava, secretamente, a reencarnação de um lama de alta estirpe. O próprio Pema, talvez por sabedoria, não fazia tal alegação, mas certamente aspirava adquirir alguma sabedoria esotérica.

Encontrou muito pouco dela em Drepung. O grande mosteiro era uma ampla edificação muito parecida com uma cidade medieval, com uma população de quase dez mil monges. Havia muitas práticas cerimoniais e religiosas, mas, quando ficou mais velho, Pema começou a suspeitar de que essas práticas eram tudo o que havia ali – e parecia faltar o verdadeiro entendimento delas. Ele consultou os seus superiores, que não se intimidaram com os seus questionamentos. Um deles até sugeriu que ele precisava de um guru pessoal.

O relacionamento entre o chela e o guru é uma convenção antiga no Oriente. O *chela* (discípulo) se submete totalmente ao guru (seu mestre), oferecendo-se muitas vezes como servo em troca de aprendizado. Pema estava pronto para fazer qualquer coisa que lhe pedissem, mas onde encontrar o guru?

Segundo uma crença da Tradição Esotérica Ocidental, também difundida pelo Oriente, quando o aluno está pronto, o mestre aparece. Pema, na época um adolescente, reprimiu a sua impaciência natural e se preparou para esperar. Enquanto isso, prosseguia com as disciplinas monásticas em Drepung. A prática repetitiva era algo que lhe fazia bem.

Os mestres espirituais mais nobres e reverenciados do Tibete são chamados de Rinpoche, um título que significa "Precioso". Geralmente o título é agregado ao nome do mestre, como em Lungdep Rinpoche ou Chanden Rinpoche. Mas, quando Pema ouviu falar de um guru particularmente santo, chegou aos seus ouvidos apenas o nome Kang Rinpoche, talvez mais bem apresentado como "Joia das Neves", e não na forma de um nome e um título, mas como um título apenas. O Kang Rinpoche, às vezes chamado Kailash ("O Cristal"), é uma montanha sagrada, o umbigo do mundo. Nas mitologias tibetana, hindu e jaina, acredita-se que uma parte dessa montanha esteja na dimensão metafísica e a outra, nas regiões mais remotas do Himalaia, em algum lugar entre a China e a Índia. O guru aparentemente recebera o nome da mítica montanha.

Quando Pema saiu à procura do guru, logo descobriu por quê. Partindo do mosteiro, Kang Rinpoche morava a um dia de viagem a pé, mas a sua pequena cabana estava aninhada num local tão alto e inacessível das montanhas que exigiu de Pema dois dias inteiros de escalada. Quando chegou, Kang Rinpoche recusou-se a tomá-lo como seu discípulo.

Esse tipo de rejeição deixaria um ocidental absolutamente chocado (ainda mais depois de uma escalada tão difícil), mas para Pema era mais ou menos esperado. Os gurus tendem a dificultar as coisas; os bons gurus, principalmente. Pema se preparou para esperar. Felizmente, ele já previa a recusa do guru e por isso tinha levado algumas provisões. Uma semana depois, Kang Rinpoche se compadeceu do monge.

Tremendo de frio e quase morto de fome, Pema iniciou o seu treinamento. Antes da invasão chinesa, a tradição esotérica tibetana era uma combinação única de xamanismo e budismo que incentivava principalmente a prática da meditação e a autoanálise do conteúdo psíquico. Com séculos de prática, a tradição era obviamente o repositório de uma vasta sabedoria espiritual. No entanto, ela também integrava um rico arsenal de informações sobre a natureza e a estrutura da mente humana, arsenal talvez mais amplo do que o pertencente às escolas de psicologia científicas do Ocidente. Isso era algo que Pema estava destinado a descobrir por si mesmo.

Embora tendo mudado de ideia e aceito Pema em sua cabana, como seu discípulo – dividindo até mesmo a sua pouca comida –, o relutante guru explicou que as lições mais valiosas não eram aprendidas com mortais falíveis, mas com os deuses. Para esse propósito, ele aconselhou Pema a se familiarizar com uma criatura mística chamada *Yidam*, uma das mais poderosas divindades tutelares do país. Para começar, sugeriu que o jovem monge passasse vários meses lendo trechos das escrituras sagradas sobre o Yidam e estudando as suas várias representações.

Pema então se viu outra vez no mesmo ponto de partida, entre os antigos companheiros do mosteiro Drepung, seguindo um entediante programa de estudo, que nada tinha da atração e do *glamour* das suas ambições esotéricas. Mais uma vez, viu-se impedido de avançar.

Uma das primeiras coisas que descobriu sobre o Yidam foi seu aspecto assustador, quase demoníaco – algo nada incomum nas divindades tibetanas. A divindade também tinha uma reputação terrível. A evocação de um Yidam era vista como algo extremamente perigoso. Muitas escrituras alertavam contra ela.

Mesmo assim, quando Pema voltou à cabana de Kang Rinpoche, foi justamente isso que ele foi instruído a fazer. Para prepará-lo, o guru mostrou ao garoto como desenhar um *kylkhor*.

Na prática esotérica ocidental, a evocação de um espírito para provocar uma aparição visível requer "um círculo mágico" – geralmente protegido por nomes divinos –, dentro do qual fica o mago. A forma espiritual (no melhor dos casos) aparece num triângulo, fortificado do mesmo modo e desenhado do lado de fora do círculo. No Tibete, acontece o contrário: o espírito é evocado dentro do círculo, enquanto o mago se mantém do lado de fora; o princípio, no entanto, é o mesmo: é o círculo que protege o mago. No Ocidente, o círculo mágico pode ser desenhado ou pintado, e há casos em que é feito com fita adesiva ou uma corda. O círculo tibetano, chamado *kylkhor*, é algo mais elaborado, feito às vezes com giz colorido, mas mais frequentemente com areias coloridas.

A técnica de desenho de um *kylkhor* é fascinante. O mago se arregimenta com vários potes de areia muito fina e multicolorida, um funil de metal aberto nas duas extremidades e uma varetinha. Ele então enche o funil com a areia de um dos potes e controla, com o movimento da vareta, a saída da areia pela parte mais estreita do funil, desenhando, assim, figuras pelo chão. Com a prática, pode desenhar linhas tão finas quanto um grão de areia. O atrito da vareta com o funil também produz um som cujo tom e ritmo induzem ao transe.[4] Enquanto o mago se concentra na produção dos elaborados desenhos que compõem o *kylkhor*, ele mergulha num estado de transe que lhe permite cumprir o seu intento de fortificar o círculo.

Embora fácil de descrever, a criação correta de um *kylkhor* é uma operação complexa, e exigiu de Pema Tense vários meses de prática. Mas chegou o dia em que o guru ficou satisfeito. Pema foi instruído a sair pelas vastidões tibetanas em busca de uma caverna numa grande altitude, "adequada para a manifestação do Yidam".

Que tipo de caverna é adequada para a manifestação de uma divindade? Primeiramente, ela tinha de ser larga o suficiente para que Pema pudes-

---

4. Exatamente a mesma técnica é usada na construção das famosas "mandalas de areia" tibetanas, desenhos complexos e elaborados que são destruídos depois de prontos para nos lembrar da impermanência de todas as coisas.

se desenhar um *kylkhor* completo no chão e tivesse espaço suficiente para observar a manifestação de uma certa distância. Depois tinha de ser afastada o suficiente para que não houvesse chance de alguém passar por acaso e perturbar a operação. Por fim, era preciso um ambiente propício para uma divindade, o que significa certa penumbra, mas não escuridão completa; proporções agradáveis e um teto alto – um lugar apropriado, em outras palavras, para um deus se apresentar. A instrução de que a caverna devia estar numa grande altitude era particularmente interessante. Todo o platô tibetano tem uma elevação média de 4.500 metros. Nas regiões montanhosas, onde a altitude é ainda maior, o oxigênio é tão rarefeito que os ocidentais mal conseguem respirar e até os nativos encontram dificuldade para realizar tarefas que exigem esforço. Segundo cientistas ocidentais, esse tipo de ambiente pode induzir experiências alucinatórias. Os tibetanos, porém, têm um ponto de vista diferente: acreditam que ele favorece a capacidade psíquica.

Pema teve sorte. Encontrou uma caverna depois de três dias – algo que o guru tomou como um presságio de que o Yidam simpatizara com o jovem monge. Kang Rinpoche inspecionou a caverna – escalando a montanha com presteza apesar da idade – e achou-a adequada. Proviu o discípulo com suprimentos mínimos de alimento e o instruiu para que fizesse da caverna a sua morada e desenhasse um *kylkhor* no chão, como ele ensinara. Ele deveria, então, iniciar uma rotina de meditação diária, durante a qual teria de visualizar o Yidam dentro do *kylkhor*.

Para orientá-lo nessas visualizações, Pema tinha a lembrança das várias pinturas do Yidam que estudara em Drepung. Kang Rinpoche o aconselhou a mentalizar uma imagem cheia de detalhes, a ponto de "ver" cada peça do vestuário do Yidam nas cores dos símbolos que o representavam. Depois vieram as más notícias: ele deveria ficar na caverna, empenhado nessa rotina, durante todas as horas do dia, sem interrupção, até conseguir enxergar o Yidam como se estivesse fisicamente presente.

Eis outro daqueles paralelos intrigantes com o treinamento esotérico ocidental. Os magos seguidores da tradição cabalística eram muitas vezes estimulados a praticar as suas habilidades de visualização até que o elemento visualizado aparecesse de modo objetivamente real diante deles. Normalmente não se exigia deles, no entanto, a visualização de uma divindade ou espírito, apenas de alguns pequenos objetos práticos como uma rosa ou um símbolo geométrico desenhado numa folha de papel. Na verdade, a maioria dos iniciantes é aconselhada a não visualizar uma entidade ou ser vivente, uma vez que isso pode causar complicações indesejáveis. Além disso, como pode confirmar qualquer um que já tenha experimentado essa técnica, até mesmo o exercício de visualizar uma simples flor como se estivesse fisicamente presente pode exigir semanas, meses ou até mesmo anos a fio de um treinamento árduo de entorpecimento da mente.

Pema também não achou a tarefa fácil. Embora fosse um chela diligente, cuja única ocupação era essa, suspeitou que o seu estoque de comida acabaria antes que atingisse o seu objetivo. Começou, então, a racioná-la, limitando-se a uma refeição frugal por dia, uma prática difícil e perigosa no frio enregelante da caverna. Mesmo assim, parecia que logo ele se veria num dilema: correr o risco de morrer de fome ou cumprir o juramento de obedecer ao guru em todas as coisas, inclusive nos detalhes da presente operação. Mas, antes que a situação se tornasse de fato crítica, ele descobriu, ao acordar uma manhã, que alguém deixara um pouco de comida perto da entrada da caverna. Supôs que fora Kang Rinpoche. Daí em diante, passou a encontrar, a intervalos irregulares, pequenas porções de comida diante da caverna. A maior parte do tempo Pema passava com fome, mas não chegou a morrer de inanição.

O discípulo passou vários meses habitando a caverna gelada e solitária, até que um dia, apenas por um breve instante, teve a impressão de ver a figura muito alta do Yidam tremulando dentro do *kylkhor*. Dias depois aconteceu novamente. A criatura aparecia por não mais que um instante, mas na semana seguinte isso passou a acontecer com frequência cada vez maior. Pema redobrou seus esforços e acabou recompensado com a figura do Yidam durante vários segundos, depois por meio minuto e, por fim, durante um minuto inteiro. A princípio ele tinha uma aparência enfumaçada e indistinta, mas aos poucos começaram a surgir cada vez mais detalhes. À medida que isso acontecia, Pema ia ficando aterrorizado, pois, tal como as descrições das escrituras, o Yidam era uma criatura de aparência assustadora. Aterrorizado ou não, nem uma vez Pema pensou em desistir; continuou suas visualizações, confiante de que o *kylkhor* restringiria qualquer coisa que se manifestasse. Chegou o dia em que o Yidam acocorou-se no *kylkhor*, cravando em Pema seu olhar flamejante, tão real quanto uma estátua monástica ou um urso da montanha. Pema considerou a sua tarefa realizada. Comeu a última porção de comida e desceu montanha abaixo, para contar a Kang Rinpoche.

O guru ficou encantado. Disse a Pema que muito poucos discípulos chegavam ao estágio de evocar o Yidam a ponto de provocar uma aparição visível. No entanto, o trabalho de Pema estava só começando. Ser capaz de ver o Yidam era uma grande coisa, mas é inútil ter uma divindade para nos ensinar se não conseguimos ouvir o que ela gostaria de nos dizer. Pema, portanto, foi instruído a voltar à caverna, continuar as visualizações, mas concentrando-se agora na tarefa de ouvir a voz do Yidam. Kang Rinpoche o orientou a não desistir até que o Yidam falasse com ele.

Isso se revelou mais difícil do que evocar o Yidam até provocar uma aparição visível. Depois de semanas de esforço, Pema descobriu que poderia imaginar a voz do Yidam muito bem e ele às vezes parecia "dizer" coisas dentro da cabeça dele, independentemente da vontade de Pema. Kang Rinpoche, no entanto, já tinha avisado que isso aconteceria e não seria suficiente. A voz do Yidam teria de ser ouvida de modo objetivo, do mesmo modo como ele o vira.

Dois meses se passaram antes que algo acontecesse. Pema acordou uma manhã, depois de um sono exausto e profundo, para descobrir o Yidam já presente dentro do *kylkhor*. Enquanto ele se preparava para as suas meditações matinais, a criatura pronunciou, de maneira muito clara, o nome de Pema.

Embora exultante, Pema soube instintivamente que aquilo não era suficiente e esperou mais algumas semanas até procurar o guru. Mas nessa altura dos acontecimentos, o Yidam já falava com ele regularmente, e chegou a dar o que lhe pareceu um excelente conselho sobre o seu desenvolvimento espiritual. Mais uma vez, Pema começou a descer a montanha.

Como antes, Kang Rinpoche ficou muito satisfeito com o discípulo. Mas novamente o advertiu de que a tarefa não estava concluída. Pema tinha de pedir a bênção do Yidam. Precisava persuadi-lo a se aproximar da borda do círculo e postar as mãos sobre a cabeça do monge. E o mais importante: Pema tinha de sentir as mãos do Yidam. Em outras palavras, ele tinha de se empenhar para dar à criatura solidez.

Esse provou ser o mais difícil aspecto de toda a operação. Foi preciso seis meses de intensa dedicação para que Pema conseguisse ser bem-sucedido na solidificação da divindade a ponto de lhe sentir o toque. Mas, quando chegou a essa etapa, algo extraordinário aconteceu. Quando o Yidam pousou as mãos sobre a cabeça de Pema, abençoando-o, um fluxo de energia entrou pela coluna do discípulo e ele sentiu como se todo o seu corpo acendesse como uma lâmpada. Naquele momento e durante muitas horas, ele se sentiu forte, cheio de energia, invulnerável. Sabia que pelo menos estava apresentando um progresso genuíno, sem a necessidade da confirmação do guru.

Mesmo assim, voltou até Kang Rinpoche para lhe contar as novidades. Este deve ter sentido que algo de importância havia acontecido, pois saiu da cabana para ir ao encontro do rapaz. Quando Pema contou o que havia ocorrido, Kang sorriu deliciado e lhe informou que ele estava na reta final. Só tinha de fazer mais uma coisa, ou seja, persuadir o Yidam a deixar o círculo mágico do *kylkhor*. Quando fizesse isso, se tudo corresse bem, a divindade ocuparia o seu posto, atrás do ombro esquerdo de Pema, e o acompanharia pelo resto da vida.

Então Pema subiu novamente a montanha para concluir a impressionante prática esotérica. O Yidam obedeceu ao comando mental do monge e apareceu sólido, falante e poderoso. Embora de aparência assustadora, ele agora era conhecido e Pema não o temia mais. O guru tinha deixado bem claro que o fato de a divindade ter concordado em se manifestar até aquele ponto era uma indicação de que o favoreceria e não lhe causaria nenhum mal. Essa foi a razão por que Pema pôde pedir, sem perigo, que a criatura deixasse o círculo.

Por uma vez, as coisas transcorreram com certa facilidade – pelo menos em comparação com todo o resto. Embora o Yidam mostrasse de início alguma relutância, demorou apenas três dias para que Pema conseguisse persuadi-lo a sair do círculo. Sem demora, a divindade tomou a sua posição atrás do seu ombro esquerdo, como o guru tinha previsto. Felicíssimo, Pema imediatamente voltou a descer a montanha, com a figura altaneira do Yidam seguindo-o tal qual um cordeirinho.

Kang Rinpoche foi ao encontro de ambos no pátio rochoso da sua choça. Não precisou esperar pelo relato de Pema – era óbvio que o menino fora bem-sucedido. "Você está liberado dos seus votos", disse gravemente. "Siga o seu caminho. Você agora já tem o seu próprio mestre, alguém muito mais poderoso do que eu jamais poderia ser."

Pema então agradeceu ao ancião e partiu ladeado pelo Yidam. Nas semanas seguintes, vagou pelas vastidões tibetanas, conversando com a divindade e saboreando a sabedoria de suas palavras. Mas, então, sem motivo algum, começou a duvidar. Embora o Yidam soubesse muitas coisas que Pema não sabia e podia fazer muitas coisas de que Pema não era capaz, o monge não conseguia tirar da cabeça a ideia de que a entidade fora criada por ele, e não invocada. As dúvidas se tornaram tão fortes que ele voltou a procurar Kang Rinpoche.

O guru ficou furioso. Ordenou que Pema voltasse à caverna na montanha e iniciasse uma rotina rigorosa de meditação, até extirpar de si a raiz das suas dúvidas infames. Ficou consternado com o desrespeito do jovem para com uma divindade que tinha não só consentido em se manifestar, mas falado com ele e o ajudado.

Pema obedeceu ao guru, mas, embora tivesse meditado sobre o problema diariamente durante muitas semanas, não conseguiu sanar as suas dúvidas. Tudo o que conseguiu foi deixá-las maiores. Acabou decidindo que a única saída seria se desculpar e pedir a misericórdia do guru. Foi o que fez. Descendo as montanhas, prostrou-se diante de Kang e confessou que ainda não conseguira debelar o sentimento de que o Yidam era de algum modo irreal.

– Mas você não consegue vê-lo?! – perguntou Kang.

Pema assentiu, desolado:

– Sim, mestre.

– Não consegue ouvi-lo?!

– Sim, mestre.

– Não sente as mãos dele na sua cabeça e o poder da sua bênção?!

– Sim, mestre.

– Ele não é tão sólido, real e presente quanto o próprio Himalaia?! – indagou Kang.

– É, mestre, e no entanto estou convencido de que ele não passa de uma criação da minha mente.

Pema de repente percebeu o que guru estava tentando ensiná-lo. Toda a experiência era na verdade um teste para o discípulo. Se ele conseguisse criar um Yidam capaz de caminhar e conversar com ele, o guru lhe diria que os seus estudos estavam concluídos, posto que dali em diante ele teria o mais sábio e poderoso dos mestres. O aluno que aceitava isso estava fadado ao fracasso – e condenado a passar o resto da vida numa desconfortável alucinação. O discípulo que expressava dúvidas tinha aprendido a lição de que até as mais poderosas divindades não passam de criações da mente humana.

Mas Pema foi além. Nem bem compreendeu as palavras de Kang, percebeu que o mundo à sua volta, o mundo que sempre acreditara real, não era mais do que uma forma-pensamento, um sonho lúcido criado pela mente e projetado exteriormente, à semelhança do Yidam criado por ele.

Dessa maneira, Pema atingiu a iluminação.

4 Ciência e Maya

Herbie discorre sobre: ótica e ilusão; o modo como "criamos" a realidade; Einstein, a relatividade e a natureza do nosso mundo; o desaparecimento do tempo; o desaparecimento da matéria; a incerteza que permeia tudo; o mundo como um estado onírico; por que vivemos numa forma-pensamento.

Já no século XIX a ciência ocidental começou a suspeitar de que a doutrina budista segundo a qual o mundo é *maya* (ilusão) tinha uma razão de ser. A suspeita nasceu, por mais incrível que pareça, graças ao estudo da ótica.

Na visão da maioria de nós, o mundo externo é algo absoluto e objetivo que existe fora de nós e é igual para todos. Os cientistas do século XIX eram da mesma opinião. Acreditavam que havia de fato alguma coisa lá fora e que a tarefa deles era pesá-la, medi-la e dissecá-la. Mas a ótica trouxe à baila o primeiro pontinho de interrogação.

Percebemos a realidade externa por meio da ação dos sentidos. Eles são a nossa janela para o mundo. Para a grande parte das pessoas, a mais importante dessas janelas é a visão. A maioria de nós tem a sensação de que está logo atrás dos olhos e "olha para fora", enxergando o seu ambiente imediato. É como se utilizássemos literalmente uma janela.

Seja lá como pareça, a ótica foi a primeira ciência a nos ensinar que essa percepção consensual é um total engano. Os nossos olhos não são janelas através das quais observamos uma realidade coletiva. Eles fazem parte de um sistema que funciona de um modo totalmente diferente.

O que ficamos satisfeitos em chamar de mundo objetivo só é visível na presença da luz. Um estudo da ótica indica que os raios de luz (como vistos no século XIX) são refletidos pelos objetos à nossa volta e estimulam os nossos olhos a formar uma imagem invertida do objeto. Essa palavra "imagem" é importante, pois é a nossa primeira pista de que não percebemos a realidade diretamente. O que na verdade percebemos é um simulacro da realidade, criado pela interação dos raios de luz, os nossos olhos, o objeto em si e o nosso cérebro, que recoloca a imagem na posição correta.

Isso não parece estar muito longe da percepção direta, mas foi suficiente para deixar alguns cientistas com a pulga atrás da orelha. E, como aconteceu com Pema Tense depois da criação do Yidam, essa pulguinha estava fadada a perturbar cada vez mais. Nos primeiros dias, no entanto, essa constatação estava menos associada com a realidade objetiva do que com o fato de que todos percebemos a realidade objetiva de modo um tanto diferente.

Eu mesmo constatei esse fenômeno muitos anos atrás, quando era assistente de um fotógrafo profissional. Ele era um sujeito falante que tinha o hábito de descrever detalhadamente o cenário que via pela janela do carro, quando viajávamos. Não demorei muito para perceber que o que ele via através da janela era diferente do que eu via – em alguns casos, muito diferente. Ele prestava atenção nas texturas. Eu não. A nossa visão das cores era diferente. E havia também uma diferença considerável na ênfase.

Eu estava pronto para aceitar essas diferenças como algo subjetivo, mas os cientistas do século XIX foram mais perspicazes. Eles repararam que a cor, por exemplo, não era algo que existisse externamente, mas um fenômeno que surgia da interação entre partes específicas do espectro luminoso na retina do olho humano. Essa interação era, então, interpretada pelo cérebro como uma determinada experiência. Por conseguinte, embora você e eu possamos concordar em chamar essa experiência de "vermelho", não havia como afirmar que estávamos, de fato, vivenciando a mesma coisa. Tudo o que podemos dizer é que a experiência cromática proporcionada por certos objetos é constante. Não podemos dizer que seja a mesma.

Isso é fácil de entender quando estamos falando de cor – que, francamente, nem é tão importante assim. Mas alguns cientistas – e também filósofos – foram além. Eles se perguntavam se não se poderia dizer que todas as características visuais de um objeto (e não somente a cor) resultavam da maneira como o cérebro de cada indivíduo interpretava a cor impressa na retina.

Se a resposta fosse afirmativa – e parecia de fato que era –, então a realidade visual, do modo como a vivemos, era mais uma analogia de algo exterior criada pelo nosso cérebro do que algo exterior, propriamente dito. Portanto, nós nunca percebíamos a realidade diretamente; examinávamos, isto sim, um modelo mental da realidade.

Essa era uma hipótese incômoda, mas que se mostrava passível de verificação experimental. É possível confeccionar óculos que nos façam ver tudo invertido. Mas, se os usarmos constantemente por mais do que alguns dias, tudo volta de repente à posição normal. O nosso cérebro compensa a situação, dando um "piparote" na nossa visão da realidade. A realidade em si (presume-se) continua sendo o que sempre foi.

Depois que os cientistas óticos perceberam o que acontecia com a nossa percepção visual, logo ficou claro que a ideia básica também se aplicava aos outros sentidos. Embora o olfato e o paladar implicassem a transferência de substâncias químicas do mundo "exterior", a experiência de ambos também não passava de um constructo do cérebro, assim como a visão. O mesmo ocorre com o som, que é a interpretação do cérebro da ação de vibrações atmosféricas sobre a membrana do ouvido interno. Um koan zen indaga se, quando uma árvore cai na floresta, ela faz algum barulho se não há ninguém ali para ouvir. A ciência há muito tempo respondeu que não.

Mesmo assim, a ciência do século XIX estava muito longe de aceitar a conclusão do Budismo de que nem a árvore, nem a floresta, nem o ouvinte na verdade existem. Ainda havia, afinal, o sentido do toque, que podia nos dar uma ideia distorcida da realidade (como a fábula dos três homens cegos ao tocar um elefante), mas pelo menos nos mostrava que devia existir alguma coisa lá fora. Se nem sempre podíamos confiar no que víamos, o sentir ainda era uma verdade inquestionável.

No século XX, tudo isso iria mudar.

A primeira indicação de mudança aconteceu em 1905, quando Albert Einstein (na época com apenas 26 anos de idade) publicou a sua *Teoria Especial da Relatividade.* Essa teoria foi, onze anos depois, ampliada e tornou-se a *Teoria Geral da Relatividade,* muito mais abrangente. Juntas, essas duas teorias revolucionaram a física. Como efeito colateral, elas começaram a provocar uma mudança radical na maneira como a ciência compreendia a realidade.

Os dois aspectos da teoria da relatividade que desencadearam essa mudança foram as ideias de Einstein acerca da natureza do tempo e a sua previsão sobre a existência dos buracos negros.

O tempo, assim como o mundo externo, era algo que todo mundo vivenciava. Os filósofos o comparavam a um rio, que nos carrega inevitavelmente do passado para o futuro. Tratava-se da grande viagem sem volta, cuja natureza estava envolta em mistério. Einstein descobriu que o tempo não existia.

Ou melhor, descobriu que ele não existia de maneira propriamente dita, como algo distinto e separado. A sua matemática dizia, em vez disso, que o tempo era simplesmente um aspecto do que sempre tínhamos considerado como espaço. Com essa constatação, ele começou a usar o termo "espaçotempo" (ou contínuo espaçotempo) para indicar que o espaço e o tempo não poderiam ser considerados coisas diferentes. Eles eram, na verdade, partes de uma unidade maior.

As implicações dessa descoberta eram tão perturbadoras quanto a constatação anterior de que não conhecemos a realidade diretamente. Elas significavam que uma parte da nossa experiência – o tempo – era não apenas indireta mas também incorreta. Tudo o que sempre acreditáramos a respeito do tempo, tudo o que positivamente sabíamos sobre ele, estava completamente errado.

A questão dos buracos negros mostrava que o tempo não era o nosso único equívoco.

A *Teoria Geral da Relatividade* de Einstein não se chamava assim. O seu título (traduzido) era algo como *Equações de Campo Relativas à Natureza da Gravidade*. Como o título sugere, o tema principal do trabalho estava relacionado com a força que nos impedia de flutuar para fora do planeta em direção ao espaço sideral.

Desde a época de Isaac Newton, a gravidade era associada à matéria. Onde quer que existisse um aglomerado de matéria neste universo, também haveria gravidade. Quanto maior o aglomerado, maior a gravidade.

Os estudos de Einstein, no entanto, mostraram que, quando se tinha uma porção realmente grande de matéria – um corpo três vezes maior que o nosso Sol, para ser exato –, a gravidade associada a ela seria tão forte que a matéria começaria a desmoronar sobre si mesma.

Sabemos, por experiência própria, que as coisas que desabam sob o próprio peso acabam reduzidas a frangalhos – as partes que as constituem são comprimidas umas contra as outras. Mas os cálculos de Einstein mostravam que, se o aglomerado original de matéria fosse grande o suficiente, essa fragmentação não teria fim. Ele não acabaria se tornando um fragmento menor e mais compacto – desapareceria completamente. No lugar dele surgiria uma espécie de poço de gravidade, um espaço onde a gravidade seria tão forte que sugaria tudo o que houvesse nas suas proximidades... até a luz. Esse aspirador cósmico foi logo apelidado de "buraco negro".

Os cálculos de Einstein indicavam que, se passássemos por um buraco negro, entraríamos num contínuo espaçotempo completamente novo – um universo paralelo.

Embora essa descoberta tenha causado uma reviravolta na nossa visão consensual da realidade – como é possível compreender uma realidade "externa" à única realidade que podemos vivenciar? –, o impacto que ela causou foi muito menor do que se poderia imaginar, até mesmo na comunidade científica. Havia algumas razões para isso. Uma delas era o fato de os buracos negros de Einstein serem uma construção matemática. Ninguém sabia se eles existiam no mundo real. Outra razão era que, se existissem de fato, nunca poderíamos atravessar um.[5]

Na época em que os astrônomos confirmaram que os buracos negros eram uma realidade física e novos cálculos mostraram a possibilidade de não existir apenas um mas múltiplos universos paralelos, a ciência se acostumou com a ideia de lidar com as novas realidades como construções teóricas. Uma vez que os buracos negros estavam muitíssimo distantes, os universos paralelos não tinham muita relação com o nosso cotidiano. Todos nós, aos poucos, voltamos ao antigo hábito de considerar a realidade como o mundo objetivo (o único mundo objetivo "real") que existia, o mundo que todo mundo vê lá fora.

Mas havia mais problemas pelo caminho.

Em 1926, dois excelentes físicos, Werner Heisenberg e Erwin Schrödinger, conseguiram chegar, de maneira independente, aos fundamentos de uma teoria nova da física – a mecânica quântica –, que acabou se revelando a melhor maneira de ver a realidade que a humanidade já viu. Ela acabou solucionando vários problemas com que os físicos se debatiam havia anos. E, uma vez após outra, explicou com total precisão como as coisas funcionavam.

No início da década de 1930, um experimento da física quântica mostrou – mais uma vez! – que o mundo não era o que parecia. Havia duas maneiras de interpretar os resultados desse experimento (que girava em torno das trajetórias das partículas subatômicas). Uma delas indicava que as realidades paralelas propostas pela teoria da relatividade não estavam muito longe, do outro lado dos buracos negros, em alguma galáxia distante, mas aqui mesmo, junto de nós. A bem da verdade, de acordo com essa explicação, nós ficamos o tempo todo entrando e saindo de universos paralelos, dependendo de que série de possibilidades percebemos.

A outra explicação era muito mais forçada. Ela postulava que um ato de observação poderia fazer com que o universo se dividisse em dois, o que fazia surgir duas possibilidades conflitantes. O universo dividido voltava a

---

5. As frequentes incursões que a nave Enterprise, do seriado *Jornada nas Estrelas*, fazia pelos buracos negros são pura ficção. Num buraco negro, até a menor diferença na ação gravitacional entre a cabeça e os pés já bastaria para nos desintegrar.

formar uma unidade depois que se tomava uma "decisão" acerca das possibilidades que se tornariam efetivas.

A segunda teoria, mais forçada, é aceita pela maioria dos físicos atualmente – uma medida do quanto os achados da física quântica diferem do bom senso.

Mas, se experimentos como esse nos mostravam que a realidade funciona de modo muito diferente do que pensávamos, eles ainda não comprovavam o caráter ilusório da realidade. Para isso, era preciso novas maneiras de examinar o mundo subatômico.

Desde o tempo dos antigos gregos, os filósofos e cientistas acreditavam que a matéria se compunha de átomos – minúsculas partículas constituintes, tão pequenas quanto um fragmento de realidade poderia ser. Consequentemente, por definição, o átomo não poderia ser dividido.

Descobriu-se, contudo, que isso não era verdade. Embora os átomos certamente fossem os blocos de construção da matéria, eles podiam – como de fato puderam – se dividir. O que os cientistas pensaram encontrar dentro deles foram partículas ainda menores de matéria, chamadas de partículas subatômicas: pequenas frações de matéria menores do que um átomo.

Compreender as partículas subatômicas não foi tarefa fácil. Muitas delas eram invisíveis não só a olho nu e nas lâminas de microscópios óticos, mas invisíveis por definição.

Normalmente vemos um objeto porque a luz se reflete nele. Mas, como os pioneiros descobriram, essa luz não consiste em raios. Agora sabemos que a luz, propriamente dita, compõe-se de partículas subatômicas (chamadas fótons). E a luz é algo granuloso demais para que alguns cientistas se interessassem em examiná-la. Uma partícula de luz, em vez de se refletir, tira do caminho qualquer partícula menor do que ela.

Pesquisadores acabaram desenvolvendo um aparelho chamado microscópio de elétron, que não utilizava a luz, mas registrava o resultado da incidência de elétrons – que são partículas menores do que fótons – sobre o objeto examinado. Esse aparelho funcionou muito bem, mas só até certo ponto. Os físicos insistiam em descobrir partículas subatômicas ainda menores do que os elétrons.

Na física, quando não podemos ver uma coisa diretamente, temos de fazer um modelo da aparência que achamos que ela tem, com base na maneira como interage com outras coisas. O modelo mais antigo do interior de um átomo era um sistema solar em miniatura. No meio havia um núcleo, equivalente ao Sol, em torno do qual orbitavam partículas, equivalentes a planetas. Muitas pessoas – embora nem tantos cientistas – ainda acham que o interior de um átomo é assim. Mas a mecânica quântica mostrou que não é.

O problema, como a mecânica quântica descobriu, é que partículas não são realmente partículas. Uma partícula é uma porção minúscula de alguma coisa, como uma bala de canhão em miniatura. Mas as partículas subatômicas nem sempre se comportam como pequenas balas de canhão. Elas às vezes se comportam como ondas. E parece que as partículas subatômicas não são nem ondas nem balas de canhão – são as duas coisas ao mesmo tempo.

À medida que técnicas foram aperfeiçoadas e os físicos começaram a descobrir partículas cada vez menores, continuou-se empreendendo uma busca pela menor partícula possível, o equivalente do século XX do átomo grego, a menor porção de alguma coisa (onda e bala de canhão) que poderíamos encontrar. Essa partícula suprema seria, evidentemente, o menor componente de todas as outras partículas, assim como o átomo era o menor componente da matéria.

Eles não a encontraram. Não existia essa tal partícula suprema. Se investigarmos o átomo cada vez mais profundamente, o que sobra é absolutamente nada!

Isso é tão bizarro que a maioria das pessoas ainda custa a acreditar. No entanto, de acordo com as melhores investigações das mais avançadas teorias que os físicos já desenvolveram, o mundo da matéria é feito de absolutamente nada.

Isso equivale a dizer que ele é feito de energia (o que de fato é), pois a energia também é feita de absolutamente nada. Na sua forma mais fundamental, a energia (a onda) e a matéria (a partícula) surgem de um vácuo. Elas aparecem tão misteriosamente como o coelho da cartola do mágico – mais misteriosamente ainda, na verdade, pois sabemos que o aparecimento do coelho da cartola envolve alguns truques.

Já foi ruim saber que, se você investiga o mundo profundamente, descobre que não existe nada ali. Mas ainda pior foi saber que sua aparente estabilidade é puramente estatística. Presumindo que você exista neste momento, há uma boa chance de continuar existindo daqui a um segundo. Mas isso não passa de uma possibilidade. Existe um risco, pequeno mas real, de que você deixará de existir completamente. Se servir de consolo, esclareço que isso não se aplica só a você – aplica-se à sua casa, à sua cidade, ao seu país, ao seu mundo... até mesmo a todo o universo.

Em qualquer dado momento, é provável que o universo continue a existir, embora não seja uma certeza.

Enquanto os cientistas ainda se recuperavam do choque provocado por essas descobertas, a mecânica quântica pretendia fazer outra surpresa: o princípio da incerteza de Heisenberg, baseado na descoberta de que se poderia medir a velocidade de uma partícula ou a sua posição, mas não as duas coisas ao mesmo tempo. Descobriu-se que a razão disso era tão fantástica quanto qualquer coisa que Lewis Carroll já tenha escrito. Era o ato de observação que distorcia as coisas. O simples ato de observar uma partícula influenciava o seu comportamento. Portanto, uma interação mental pode, no nível mais fundamental, transformar a natureza da realidade. A conclusão é inevitável. A ciência demonstrou o que o Budismo sempre afirmou: nós vivemos num mundo de *maya*, ou ilusão.

Para ser mais específico, vivemos numa forma-pensamento.

O que existe por trás da forma-pensamento? Ao longo dos séculos, místicos e médiuns já deixaram relatos intrigantes de uma estrutura energética por trás da aparência conhecida da matéria; e embora ela não seja a realidade suprema mais do que a ilusão da própria matéria, parece de fato representar uma percepção mais profunda da maneira como as coisas realmente são. Com um pouco de esforço e muita prática, você pode vivenciar por si mesmo essa profunda percepção.

Encontre um espaço tranquilo e acenda uma vela. Sente-se confortavelmente e fixe o olhar na chama da vela. Agora, lentamente, cerre as pálpebras até que se tornem duas fendas. Em algum ponto do processo, você descobrirá que está olhando para finíssimos raios de luz que irradiam da chama da vela. Se abrir um pouco os olhos, esses raios desaparecerão. Deixe os olhos semicerrados e os raios voltarão a aparecer.

Até aqui não existe nada de paranormal ou místico nessa percepção. O que você viu foi o reflexo ótico que sempre ocorrerá quando olhar para a luz com os olhos semicerrados. Brinque com os raios por alguns minutos, abrindo e fechando os olhos, e os verá aparecendo e desaparecendo. Depois, quando estiver bem familiarizado com esse fenômeno, feche os olhos completamente e tente imaginar o que acabou de ver. Mentalize os raios com o olho da mente e depois entreabra-os novamente para comparar a sua visualização com a sua fonte.

Agora saia ao ar livre e procure algumas plantas – árvores, arbustos, moitas, flores. Enquanto as examina, visualize com firmeza os raios de luz que viu na vela, como se estivessem emanando das plantas. Se fizer isso corretamente, descobrirá que está imaginando uma rede de energia luminosa que se liga a todas as outras estruturas vivas. Você pode até perceber que essa rede se estende aos animais também – ovelhas, vacas, animais domésticos e até seres humanos (inclusive você).

Esse é um exercício simples e fácil que vale a pena praticar com frequência, pois ele treina a sua mente de uma nova maneira. Com prática e perseverança, vai acabar ocorrendo um estalo na sua mente e você não vai mais imaginar as estruturas energéticas, mas vê-las de verdade. Em outras palavras, você acaba se permitindo uma experiência pessoal de um nível mais profundo de realidade.

Mas uma das maiores decepções da prática esotérica é descobrir que o fato de sermos nós os criadores da nossa realidade não nos dá poder para mudá-la permanentemente. Apesar de todos os livros de física que você leu, apesar de todas as obras místicas que estudou, o mundo insiste em continuar sólido. Na teoria, você deveria ser capaz de construir a sua próxima casa apenas pensando na existência dela. Na prática, você ainda tem de assentar os tijolos como todo mundo.

O que lhe confere essa aparência contínua de solidez? A resposta parece ser o consenso. O mundo é o que a maioria dos seus habitantes concorda que ele seja. A visão consensual nos é ensinada desde a mais tenra idade – os bebês são literalmente treinados para ver o ambiente em que vivem de uma determinada maneira, visão esta reforçada ao longo da sua vida inteira. E os mecanismos que mantêm a ilusão logo são inconscientizados. Antes que se dê conta, você foi aprisionado num sonho que durará até o dia em que morrer.

Mesmo assim, a descoberta de que o mundo é um estado onírico pode ser útil. Ela indica que, no seu nível mais fundamental, o universo não obedece às leis da física racional – como os próprios físicos agora descobriram.

Ele obedece às leis da psicologia.

5 Matemática da Realidade

Herbie discorre sobre: a história de Pitágoras; a Escola de Mistérios Pitagórica; o número como chave para o espírito e para os deuses; a origem dos números; a origem do zero; números imaginários; a magia astral e o físico; como a matemática fundamenta a teoria esotérica.

Há séculos, a ferramenta científica mais coerente e poderosa para a exploração da realidade é a matemática. Poucos cientistas – e um número ainda menor de ocultistas – sabem que ela foi um dia uma arte esotérica guardada a sete chaves.

Até o século VI a.C., a matemática (até onde sabemos) só era usada para contar e calcular. Embora muitos dos cálculos fossem extremamente complexos – os egípcios e os babilônios, em particular, tinham sistemas sofisticados de contagem e eram capazes de fazer cálculos impressionantes de engenharia – todo o vasto edifício da matemática como a compreendemos hoje simplesmente não existia.

Pitágoras de Samos mudou tudo isso.

O nome Pitágoras é conhecido por qualquer estudante graças ao seu famoso teorema geométrico segundo o qual o quadrado da hipotenusa de um triângulo retângulo é igual à soma dos quadrados dos catetos. Mas poucos sabem que o Pitágoras histórico era um filósofo ocultista cujas pesquisas lhe granjearam um profundo entendimento da natureza da realidade.

Quando jovem, Pitágoras passou vinte anos viajando pelo mundo todo em busca do conhecimento oculto. Embora haja lendas de que ele tenha viajado para terras distantes como a Índia e a Bretanha, ele se interessava particularmente pelos métodos e instrumentos matemáticos dos antigos egípcios, que, segundo se supõe, faziam parte de uma sabedoria iniciatória antediluviana. A aplicação prática dessa sabedoria era ao mesmo tempo óbvia e assombrosa. Os templos e pirâmides egípcios eram objetos de inveja do mundo antigo, mas o trabalho era feito com a ajuda de fórmulas transmitidas de geração em geração desde a mais remota antiguidade, sem que fossem realmente compreendidas.[6] Essas antigas técnicas eram usadas como receitas. Eram seguidas. Davam resultado. Mas ninguém sabia por quê. Não se compreendiam os relacionamentos entre os números e os padrões que formavam.

Pitágoras coletou todas as informações possíveis, depois navegou de volta para casa, na ilha de Samos, no mar Egeu, com a intenção de fundar uma Escola de Mistérios dedicada à pesquisa das fórmulas que coletara. Mas, ao chegar em Samos, descobriu que um novo regente, Polícrates, havia transformado a cultura liberal da ilha numa intolerante tirania.

Polícrates, na verdade, convidou Pitágoras, que na época já era um filósofo de renome, para fazer parte da corte imperial, mas Pitágoras recusou a oferta, por não suportar a tirania de Polícrates e, em vez disso, fugiu para uma caverna. Ele tomou um discípulo e acabou fundando o Semicírculo de Pitágoras, a escola com que sempre sonhara, mas foi ingênuo a ponto de pregar uma reforma social. O tirano Polícrates reagiu como o previsto e Pitágoras foi forçado a fugir para Crotona, cidade do sul da Itália que, na época, pertencia à Grécia. Ali ele atraiu a atenção de Miló, o homem mais abastado da cidade. Com a ajuda dele, Pitágoras fundou a Fraternidade Pitagórica, uma poderosa escola esotérica com seiscentos seguidores, que levava a matemática tão a sério que um dos seus membros chegou a ser condenado à morte por descobrir os números irracionais.

A Fraternidade Pitagórica acreditava que o estudo dos números era a chave de segredos espirituais e levaria o homem a se aproximar dos deuses. Eles se interessavam, particularmente, pelo estudo dos números perfeitos, isto é, números iguais à soma de seus divisores.[7] O número 6 é perfeito por-

---

6. A existência dessas fórmulas e o mistério acerca de como elas foram desenvolvidas é, por si só, um estudo fascinante, mas não faz parte do escopo deste livro. Leitores interessados podem consultar a trilogia de Herbie Brennan, *Martian Genesis, The Atlantis Enigma* e *The Secret History of Ancient Egypt* (Londres: Piatkus Books e Nova York: Dell Books).

7. Se um número pode ser dividido por outro sem que sobre resto, o segundo número é conhecido como divisor.

que a soma dos seus divisores – 1, 2 e 3 – resulta nele mesmo. O número 28 é perfeito pela mesma razão: a soma dos seus divisores – 1, 2, 4, 7 e 14 – é igual a ele.

O próprio Pitágoras veio a perceber que havia uma relação entre os números e a natureza. Os fenômenos naturais são governados por leis que podem ser descritas por meio de fórmulas matemáticas. Um dos exemplos mais marcantes disso é a maneira como a harmonia entre os números se reflete na harmonia musical.

Jâmblico relata que Pitágoras passava perto de uma forja de ferreiro quando vários martelos golpeando a bigorna chamaram a sua atenção. Ele notou que todos produziam sons harmoniosos, menos um. Correu, então, para dentro da oficina e examinou os martelos, pesando cada um deles. Isso o levou à descoberta de que os martelos harmoniosos tinham pesos proporcionais. O que produzia o som discordante era aquele cujo peso não estabelecia uma razão simples com o peso de cada um dos outros.

Seguindo essa mesma hipótese, Pitágoras continuou a examinar a relação entre o comprimento das cordas de uma lira grega e as notas que ela produzia. Mais uma vez constatou que o número determinava a harmonia. Foi essa descoberta que lançou os alicerces da matemática como base da ciência moderna. Hoje, seus cálculos e fórmulas fundamentam a física, a química, grande parte da biologia e uma série de outras coisas. Sem eles, a engenharia seria impossível e o mundo em que vivemos, um lugar muito diferente.

Porém, com exceção de sistemas simples como a numerologia e a gematria cabalística, quase toda a matemática foi relegada ao esquecimento pela comunidade ocultista. Isso é lamentável, pois há indicações de que a matemática pode ser utilizada para fundamentar certas doutrinas ocultas com tanta precisão quanto o faz com as descobertas científicas. Ironicamente, essa descoberta foi feita por um jovem físico com interesse em esoterismo. Para entender seu raciocínio, é preciso um conhecimento básico de matemática, mas felizmente isso pode ser conseguido sem a necessidade de um esforço hercúleo ou do tédio esmagador dos bancos de escola.

Precisamos começar com a mais simples de todas as formas matemáticas – os números naturais, que poderiam muito bem ser chamados (e muitas vezes são) de números de contar, pois essa é a sua função básica. Esses números, desenvolvidos nos primórdios da história quase certamente com propósitos comerciais, permitem que você descubra as muitas coisas que tem depois que as suas circunstâncias se modificam.

Imagine que você seja um pobre pastor palestino, em alguma época em torno de 1500 a.C. O seu rebanho tem apenas dez ovelhas. Entorpecido pelo zumbido dos insetos e o calor do verão, você cochila sob o sol do meio-dia enquanto quatro das suas ovelhas se afastam do rebanho. Quando acorda, você percebe imediatamente que algumas se extraviaram, mas quantas? Felizmente, o seu conhecimento dos números naturais pode ajudá-lo. Tudo o que você precisa fazer é contar as ovelhas restantes (seis) e uma simples subtração revela que você precisa sair no encalço de quatro.

Os números naturais também são extremamente úteis quando você vai ao mercado. Se tudo vai bem e você compra mais duas ovelhas para o seu rebanho, com uma adição descobre que agora tem doze. Venda cinco e você terá sete... mas agora você também tem cinco moedas de prata no bolso.

Os números naturais começam a partir do um e se perdem no horizonte: 1, 2, 3, 4, 5, 6... teoricamente, não existe fim para os números naturais, pois, não importa quanto seja grande a soma que representam, sempre é possível adicionar mais um. Eles se sucedem infinitamente.

Mas o que acontece se você vender todas as ovelhas?

Até mesmo na Babilônia do terceiro milênio antes de Cristo, percebia-se que seria útil, na matemática, um símbolo que representasse o estado de total falta de ovelhas. Assim nasceu o número zero, para mostrar quando não havia nada de alguma coisa. O zero mostrava a total ausência de ovelhas – ou de qualquer outra coisa. Representava um espaço vazio.

Esse espaço vazio revelou-se muito útil em certos sistemas matemáticos (como o nosso), em que a posição de um número muda o seu valor. Dê uma olhada na tabela a seguir:

5
51
511
5.111

Cada um dos números apresenta um 5, mas o valor desse número muda dependendo da linha em que ele está. Na segunda linha, ele tem um valor dez vezes maior do que na primeira. Na última linha, seu valor é mil vezes maior. Mas o que aconteceria se os números que você estivesse contando não contivessem nenhum número 1 ou nenhum outro número natural? Com você poderia dizer que os valores dos cincos eram diferentes? A resposta é inserir um zero no lugar de cada número.

5
50
500
5.000

Nesse contexto, o zero não é um número, mas a falta de um número. Vários filósofos da antiga Grécia queriam que as coisas continuassem assim. Aristóteles até argumentou que o zero deveria ser simplesmente excluído. Ele notou que, se o zero fosse tratado como um número (em vez da falta de um número), ele perturbaria toda a ordem natural. Tente dividir algo por zero e você obtém um resultado incompreensível.

Mas o zero sobreviveu a esse prestigioso ataque e, ali pelo século VI d.C., os matemáticos hindus o aceitaram como um número e arcaram com as consequências. Cem anos depois, o sábio Brahmagupta observou que a divisão por zero era uma definição bem razoável de infinito. Portanto, os números naturais deixaram de começar pelo 1, como nos velhos tempos, e passaram a começar pelo 0. A progressão rumo ao infinito começa: 0, 1, 2, 3, 4, 5... e assim indefinidamente.

No mundo antigo, parecia estranho e antinatural tentar subtrair seis maçãs de quatro – qualquer tolo podia ver que isso não era possível. Mas os mercadores da Idade Média tinham um respeito muito saudável pelos débitos. Eles sabiam o que significava um cliente dizer, *Venda-me seis peças de boa seda. Pagarei quatro delas agora e fico devendo duas.* Foram transações como essa que deram origem ao conceito de números negativos. Elas poderiam ser registradas da seguinte maneira: 4 – 6 = -2. O número final mostra o quanto lhe devem.

Os números negativos podem não ter uma analogia física como têm os números positivos, mas eles ainda têm uma relação evidente com o mundo real. Hoje em dia, a maioria das crianças de escola sabe instintivamente que, se você subtrair cinco de três, o resultado é dois menos que zero, ou -2. Portanto, elas não têm muita dificuldade com a seguinte série de números naturais:

...-4, -3, -2, -1, 0, 1, 2, 3, 4...

Basta uma olhada para perceber que a matriz se estende infinitamente de ambos os lados.

Os números negativos conferem uma certa abstração à matemática, mas só até certo ponto. Como logo veremos, o que acontece em seguida é um passo de imensa importância tanto para a ciência como para o ocultismo.

Todos os números naturais, negativos e positivos, podem ser multiplicados de acordo com certas regras matemáticas. Essas regras, como você provavelmente aprendeu na escola, são as seguintes:

1. Um número positivo multiplicado por outro número positivo dará sempre um resultado positivo.
2. Um número positivo multiplicado por um número negativo dará sempre um resultado negativo.
3. Um número negativo multiplicado por um número negativo dará sempre um resultado positivo.

As regras funcionam, mas também nos levam para um território inexplorado. O primeiro passo é simples e direto. Pergunte-se que número, multiplicado por ele mesmo, resultará no número 4. Mesmo que você seja tão ruim em matemática quanto eu, a resposta (2) lhe ocorrerá instantaneamente. Uma vez que a resposta procurada é absolutamente equivalente a descobrir a raiz quadrada de 4, você pode dizer que a raiz quadrada de 4 é 2.

Até aqui, tudo bem. Mas se você observar a regra número 3, acima, logo descobrirá que a raiz quadrada de 4 também pode ser -2. Se multiplicar -2 por -2, o resultado novamente será 4. Afinal, um número negativo multiplicado por outro negativo sempre resultará num positivo, pois os sinais de menos cancelam um ao outro.

Nenhuma dificuldade ainda. Nem é preciso dizer que você não pode ter duas respostas exatas para a mesma pergunta. Os matemáticos representam os aspectos positivo e negativo das raízes quadradas escrevendo $\sqrt{4} = \pm 2$, outra maneira de dizer que a raiz quadrada de 4 é igual a +2 ou -2.

As coisas começam a se complicar quando você se pergunta qual é a raiz quadrada de -4.

É claro que a resposta não é 2. Já vimos que 2 é uma das raízes quadradas de +4. Mas também não é -2, pois -2 multiplicado por ele mesmo dará, como qualquer outro número negativo, um resultado positivo. Agora você pode se sentir tentado a dizer que -2 multiplicado por +2 dará -4 (o que está certo), mas isso ainda não resolve o problema da raiz quadrada. Para encontrar uma raiz quadrada, você precisa descobrir um número que, multiplicado por ele mesmo, resulta no número que você está buscando; -2 não é o mesmo que +2 (caso contrário, eu poderia pagar todas as minhas dívidas simplesmente contraindo-as).

Então, como você calcula a raiz quadrada de -4? A resposta parece vir direto de Alice no País das Maravilhas. Você simplesmente imagina um número que, multiplicado por ele mesmo, dará -4. E para que as pessoas não o confundam com um número real, você coloca a letra "i" (de imaginária) depois dele.

Isso se parece tanto com alguma coisa que a Rainha Vermelha tenha dito a Alice que eu preciso lhe assegurar de que se trata de um método matemático perfeitamente válido. O mais fundamental de todos os números imaginários é a raiz quadrada de -1, escrito pela primeira vez simplesmente como "i": √ -1 = i. Isso significa que a raiz quadrada de -1 é um número imaginário que eu vou representar com a letra "i". Mas então os matemáticos rapidamente perceberam que até um número imaginário poderia ser positivo ou negativo, por isso eles elaboraram uma equaçãozinha mais exata: √ -1 = ±i, que significa que a raiz quadrada de -1 é a forma positiva ou negativa do número que eu vou imaginar que seja a raiz quadrada de -1 e representar com a letra "i".

Embora, posto desse modo, possa não parecer que os matemáticos tenham feito grandes progressos, a experiência mostrou que eles deram na verdade um passo gigantesco. Se a raiz quadrada de -1 é ±i, então, obviamente, a raiz quadrada de -4 é ±2i. A partir daí você pode desenvolver séries inteiras de números imaginários que têm relações matemáticas válidas entre si. Na verdade, você pode relacionar qualquer número natural com o seu equivalente imaginário. Em vez da conhecida expressão linear de números naturais:

... -4, -3, -2, -1, 0, 1, 2, 3, 4 ...,

você pode desenvolver este tipo de diagrama:

-4i
-3i
-2i
-1i

... -4, -3, -2, -1, 0, +1, +2, +3, +4 ...

+4i
+3i
+2i
+1i

Apesar dos diagramas, parece óbvio que os números imaginários não têm equivalente no mundo real. O número 2i não representa um par de ovelhas, nem uma parelha de faisões nem qualquer outra coisa que você poderia encontrar numa caminhada em meio à floresta. Ele tampouco representa as ovelhas que, por assim dizer, estariam faltando se tirássemos quatro das duas originais. Nem mesmo -2i representaria essas ovelhas que faltam. Os números imaginários não representam nada reconhecível. Eles simplesmente existem como um constructo da mente humana que se origina de uma manipulação de conceitos matemáticos que de fato se relacionam com o mundo real.

E, no entanto – e é aqui que a realidade mais uma vez desaparece pela toca do coelho –, você pode usar os números imaginários para fazer cálculos que preveem o resultado de eventos físicos. E o que é pior, você pode combiná-los com números naturais quase de qualquer maneira que mais lhe agradar e os seus cálculos ainda darão resultados físicos.

A razão por que isso acontece é um completo mistério no paradigma científico corrente. Matemáticos, cientistas e, o mais importante, engenheiros sabem que os números imaginários realmente funcionam, mas não fazem ideia de como isso acontece.

O estudante de física James Bechrakis, de Winnipeg, no Canadá, observou que existe um aspecto da teoria esotérica que supre perfeitamente essa lacuna. Ele relaciona os números imaginários à magia astral.

A magia astral é um conjunto de técnicas originário dos primórdios da pré-história e que envolve manipulação da imaginação humana numa tentativa de gerar resultados no plano físico. Este livro analisa as energias astrais muito mais a fundo nos capítulos seguintes, mas por hora basta dizer que os magos – desde xamãs primitivos até os praticantes modernos da Tradição Esotérica Ocidental – notaram empiricamente que técnicas que utilizam a imaginação, quando aplicadas do modo apropriado, realmente parecem funcionar.

Em seu estudo da física, Bechrakis veio a conhecer os números imaginários. Ele primeiro observou que esses números não existiam na realidade – isto é, em três dimensões –, mas, quando aplicados da maneira apropriada, pelo menos na mecânica quântica e em outros campos da física, os componentes "imaginários" reduziam-se a zero e a resposta se tornava "real". Os números imaginários são, por exemplo, utilizados na mecânica quântica e também na teoria da relatividade especial, nas quais entram nas transformações de Lorentz, que traduzem relações entre valores de grandezas físicas (posição, velocidade, tempo, *momentum* e energia) existentes entre referenciais em movimento relativo. O estudo paralelo que Bechrakis fazia da prática esotérica levou-o a formular uma nova pergunta: *Isso não lembra como funciona a magia astral?*

Quanto mais ele pensava a respeito disso, mas óbvio esse paralelo se tornava. Na magia, o resultado desejado é visualizado por meio de um simbolismo relevante para produzir resultados observáveis. Na álgebra complexa, o matemático era apresentado a um problema que desafiava a matemática regular. Para resolvê-lo, ele definiu um sistema imaginário de números. De posse desse sistema numérico imaginário (astral?), ele podia enfrentar o problema e chegar a um resultado que concordasse com valores experimentais. Mas, se os números utilizados tecnicamente só existem nos recônditos da mente humana, isso não significa que se trata de um processo mágico?

Os magos achariam difícil discordar. Parece que James Bechrakis descobriu uma operação mágica oculta no sistema básico sustentado por toda a ciência analítica. O seu primeiro trabalho publicado sobre o assunto está incluído no apêndice B deste livro.

6 Pensamentos Detectados

Herbie discorre sobre: o problema com as formas-pensamento; uma arte antiga; procurando água com uma varinha de rabdomante; o que a varinha detecta; procurando fantasmas com uma varinha; como fazer uma varinha e um pêndulo; o experimento sueco; o rastreamento psíquico e as suas implicações.

Para muitos de nós, as descobertas da física e os vislumbres intuitivos dos místicos parecem muito distantes. Podemos aceitar, na teoria, que o mundo é uma forma-pensamento, mas esse conhecimento não parece mudar nada quando estamos correndo para pegar um ônibus.

Isso acontece, em parte, porque estamos familiarizados demais com as formas-pensamento – nós as criamos na nossa cabeça o tempo todo, não é? – e elas não têm nenhuma das características do mundo "exterior". Enquanto o mundo é substancial, as formas-pensamento são nebulosas. Enquanto o mundo é vívido, as nossas formas-pensamento são vagas. Enquanto o mundo é estável, as nossas formas-pensamento são fugidias. Parece quase impossível acreditar (pelo menos instintivamente) que os dois sejam essencialmente a mesma coisa.

Se ao menos houvesse um jeito de mostrar que uma forma-pensamento – do tipo que criamos mentalmente – tem algum tipo de realidade fora da nossa cabeça! Se ao menos pudéssemos mostrar que a forma-pensamento na nossa cabeça realmente tem algo em comum com o que ainda acreditamos ser o mundo real!

O interessante é que existe um jeito de fazermos justamente isso.

Em 1556, um tratado sobre mineração – *De re metallica*, de George Bauer, conhecido como Agrícola – continha a primeira referência registrada a uma *virgula divina*, um aparelho usado para encontrar minério de prata. Esse tratado mostra que a *virgula* era uma varinha de aveleira bifurcada. O que era descrito ali era uma varinha de rabdomancia.

A rabdomancia tem uma linhagem antiga. Há indicações de que ela possa ter sido usada na Grécia e na Roma antigas, mas teve verdadeira proeminência na Europa, durante a Idade Média. Desse continente, ela parece ter se espalhado pela África e pela América, por meio do processo de colonização. Hoje trata-se de uma prática difundida no mundo todo.

Na sua forma mais básica, a varinha de rabdomante é uma técnica que emprega uma varinha bifurcada para encontrar veios d'água subterrâneos. O rabdomante segura a varinha – geralmente de aveleira, sorveira-brava ou salgueiro – pelas duas extremidades, puxando-as para fora de modo que a varinha fique num estado de delicado equilíbrio. Quando o instrumento passa por uma nascente, algo faz com que ela estremeça, se incline para baixo ou para cima.

Não se sabe ainda o que é esse "algo". No passado, os rabdomantes afirmavam que estavam detectando um tipo de radiação. Os céticos contra-argumentaram com a ideia racional, e um tanto desdenhosa, de que o rabdomante busca inconscientemente indícios geológicos naturais da presença de água e faz com que a varinha reaja de acordo com eles.

Nenhuma explicação é boa de fato. Existe a possibilidade, é claro, de que a água desprende uma radiação até hoje desconhecida. Mas a varinha de rabdomancia parece perfeitamente capaz de detectar metais, minerais, tesouros enterrados, restos arqueológicos e até cadáveres. É difícil acreditar que todas as coisas produzam radiações desconhecidas. E quais seriam os indícios geológicos naturais da presença de um cadáver?

O problema fica ainda mais complexo devido ao fato de que nem todos os rabdomantes usam uma varinha bifurcada. Alguns usam varinhas em fora de L, outros usam um pêndulo e alguns poucos podem até praticar essa arte com as mãos vazias estendidas. O que é mais misterioso ainda é que existe uma prova substancial de que a rabdomancia pode funcionar tanto sobre um mapa quanto sobre o terreno em si – um indício de que essa arte pode ser uma capacidade psíquica.

Por mais nebulosa que seja a sua teoria, o fato é que a rabdomancia funciona.

Vários anos atrás, eu comprei uma cabana irlandesa muito velha e isolada de tudo. Era tão isolada de fato que não tinha água encanada. Foi necessário cavar um poço.

Na Irlanda – e supostamente em qualquer lugar – a escavação de um poço é feita por um construtor, que chega com uma broqueadeira na caçamba de uma carreta. Mas antes de começar o trabalho, existe um problema evidente: onde cavar? Máquinas com esse tamanho custam uma fortuna e quanto mais você as usa mais alta é a conta. Fique com ela por tempo demais e você terá de pagar um dinheirão. Portanto, o truque é cavar precisamente no ponto em que existe água – e acertar da primeira vez.

Essa não é uma tarefa fácil. Até geólogos muito bem pagos podem errar. Mas o construtor encarregado de cavar o meu poço não se parecia nem um pouco com um geólogo. Ele chegou na cabana com uma varinha feita de um galho bifurcado que arrancou da sebe, caminhou por todo o jardim coberto de mato e disse, "Cave aqui". Ele parou num ponto em que a varinha de repente começou a estremecer nas suas mãos. E parecia saber exatamente o que estava falando. Todo o trabalho foi feito em menos de cinco minutos.

No intervalo entre o momento em que a máquina chegou e a escavação propriamente dita, eu recebi a visita de outro rabdomante, um jovem inglês que percebera que iríamos cavar um poço. Ele usou varinhas de metal em vez de um galho bifurcado, mas confirmou que havia água no ponto em que o construtor indicara. Acrescentou ainda a interessante informação de que ela seria encontrada a aproximadamente três metros e meio, mas sugeriu que continuássemos perfurando o solo até chegarmos a uns vinte metros, onde atingiríamos "uma nascente de água pura que nunca secaria". A escavação começou no dia seguinte e encontramos água quando a broca já tinha escavado uns cinco metros, um pouco mais do que os três previstos. O construtor aconselhou-me a continuar, e aos vinte metros deu-se por satisfeito ao encontrar uma fonte permanente. "Você tem uma lagoa aqui embaixo", ele me disse.

Fiquei tão intrigado com todo o processo que questionei o construtor sobre o uso que ele fazia das varinhas de rabdomancia. Ele era um homem prático, que só queria ver seu trabalho concluído. Disse-me que, de acordo com a sua experiência na Irlanda e em outros países, a maioria dos escavadores de poço contratava rabdomantes, de preferência geólogos, "embora alguns deles não admitam".

A rabdomancia, no entanto, é um método que pode ser usado não só para localizar veios d'água – ou metais, minerais, ruínas arqueológicas e corpos, como já foi mencionado. Algumas das coisas que ela pode detectar são realmente esquisitas.

Na época em que eu ainda era socialmente aceitável, recebi um convite para jantar na casa de uma herdeira do Guinness. Durante o jantar, conversamos sobre fantasmas e, segundo a nossa anfitriã, diziam que o seu castelo era assombrado por uma tal Senhora Cinzenta. Havia dois caçadores de fantasmas na ocasião, e um deles se ofereceu para seguir o rastro da aparição com a ajuda de um pêndulo.

Um mordomo apareceu com os materiais necessários numa bandeja de prata e a convidada, com o pêndulo pendendo da mão, começou a percorrer os corredores do castelo. O resto de nós a seguiu como uma fileira de patos.

A mulher acabou por parar num pequeno cômodo. "Foi aqui que o fantasma foi visto", disse ela num tom confiante. A anfitriã, surpresa, confirmou que ela estava certa.

Por ser um membro de longa data da Society of Psychical Research, eu sabia que as provas da existência de fantasmas eram quase esmagadoras. (Embora saber se eles são ou não espíritos de pessoas mortas seja coisa bem diferente.) Alguns deles parecem deixar vestígios onde estiveram. Um bom número de pessoas parece capaz de sentir essas pistas como pontos ou áreas frias em que sentem algo "fantasmagórico", têm arrepios ou uma sensação de desconforto. Com varinhas ou pêndulos, até mesmo os vestígios mais leves, que de outro modo passariam despercebidos, podem ser detectados. Eu fiquei tão intrigado com os resultados da caçadora de fantasmas que comecei a me perguntar se seria possível detectar pistas ainda mais sutis.

Por volta dessa época, foi ao ar um documentário de TV britânico, baseado num experimento feito na zona rural da Inglaterra. O experimento era dividido em duas partes. Na primeira, pedia-se que um assistente atravessasse uma campina iluminada carregando com ele um facho de luz elétrica, com o qual iluminava o chão atrás dele. (O experimento foi realizado em plena luz do dia.) Todos os vestígios da sua passagem foram apagados e um rabdomante recebeu o desafio de descobrir a rota que o homem havia feito. Essa tarefa ele cumpriu com facilidade.

A segunda parte do experimento consistia em repetir a primeira parte, mas com uma importante diferença. O facho de luz que iluminava a clareira era colocado, ainda ligado, dentro de uma caixa à prova de luz. O rabdomante mais uma vez foi convidado a descobrir o caminho percorrido. O comentarista do documentário assegurou aos telespectadores que o experimento tinha sido repetido várias vezes e o resultado fora o mesmo. Seguiu-se então uma longa discussão sobre se a luz deixava rastros e alguns comentários sobre a possibilidade de os rabdomantes reagirem a fótons dispersos.

A coisa toda me pareceu um ótimo exemplo de como suposições inconscientes podem às vezes arruinar um procedimento experimental. Nesse caso, a suposição era de que, uma vez que o assistente carregara o facho de luz, o rabdomante tinha rastreado os vestígios deixados pelas ondas luminosas. Essa suposição se manteve na segunda parte da experiência, que (pelo menos para mim) mostrou conclusivamente que não era a luz que ele estava detectando. No entanto, ficou claro que ele estava detectando alguma coisa. A única questão era saber o quê.

Entre as muitas possibilidades, ocorreu-me que um homem que acredite estar deixando um rastro de luz precisa estar concentrado no que faz. Se estava, poderia acontecer de o rabdomante ter detectado, não o rastro de luz, mas a forma-pensamento? Essa ideia traz à baila outra questão: Seria possível que o rabdomante detectasse antes mesmo a forma-pensamento? Eu decidi realizar um experimento – que, espero, você se dê o trabalho de repetir. Para fazê-lo, você precisa saber um pouco mais sobre o equipamento usado na rabdomancia.

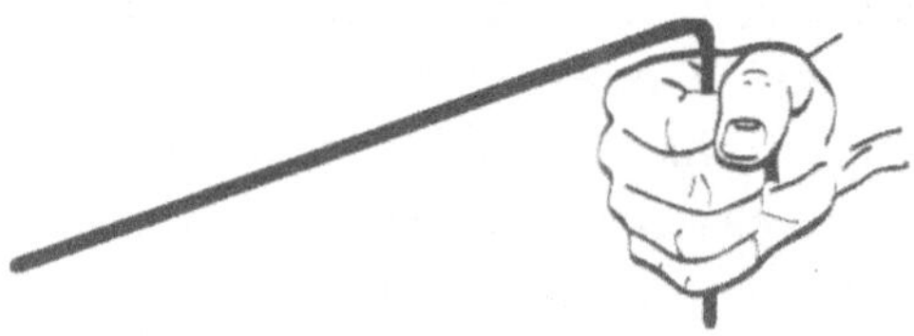

Figura 6-1: Varinha em Forma de L

Embora a varinha bifurcada seja tradicional, as varinhas em forma de L ou o pêndulo são muito mais fáceis de usar. Se não sabe onde comprar uma, você pode fazer um par delas muito facilmente usando um cabide metálico (os cabides que costumam vir da lavanderia servem). Basta dobrá-los em forma de L, usando um alicate para cortar as extremidades. Segure uma varinha em cada mão frouxamente, de modo que fiquem paralelas uma à outra, como mostra a figura 6-1. Depois caminhe lentamente pela área que você quer rastrear. Quando passar sobre um veio d'água, as varinhas vão se movimentar sozinhas para se cruzar. (Ou às vezes para se separar.) Se estiver procurando um metal específico, segure uma pequena amostra numa mão ou no bolso enquanto pratica a rabdomancia. O uso do pêndulo requer um pouco mais de preparação. Enquanto as varinhas são um instrumento com mil e uma utilidades, os pêndulos têm um uso mais específico. Por essa razão, eles precisam ser "sintonizados".

Foi um arqueólogo britânico chamado Tom Lethbridge que descobriu como sintonizar um pêndulo. Na época em que ele se mudou para Devon, em 1957, a maioria dos rabdomantes que usava pêndulos preferia utilizar um peso bem pesado e um fio curto, para que os seus instrumentos não voassem com o vento. Lethbridge teve a ideia de investigar se pêndulos de diferentes comprimentos reagiriam de maneira diferente. Para testar a sua hipótese, ele fez um pêndulo longo e amarrou o fio num lápis, para que pudesse variar o seu comprimento.

Você usa um pêndulo de rabdomancia balançando-o em arco, como mostrado na figura 6-2.

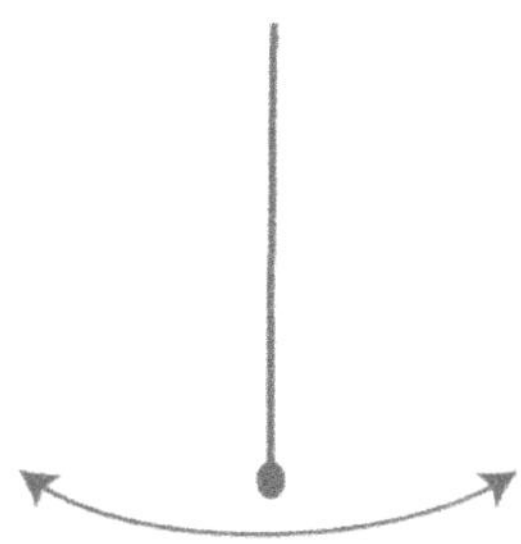

Figura 6-2: Pêndulo de Rabdomancia

Depois que começar, o pêndulo continuará balançando quase indefinidamente enquanto você caminha de um lugar para o outro. Você sabe que conseguiu captar a reação (como a varinha bifurcada se curvando ou as varinhas metálicas se cruzando) quando, num determinado ponto, o pêndulo para de balançar de um lado para o outro e começa a descrever um círculo. (Figura 6-3.)

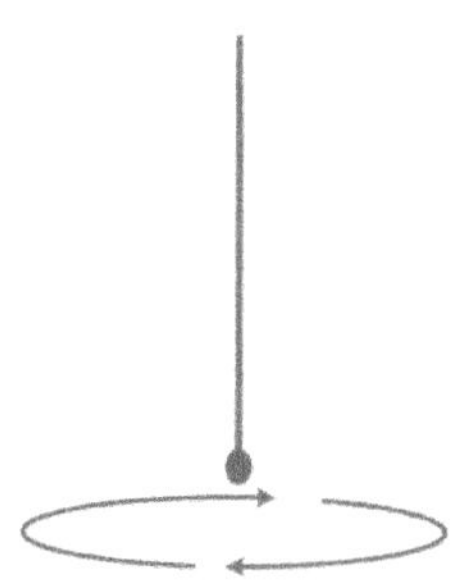

Figura 6-3: Pêndulo Balançando em Círculo

Como no caso das varinhas, esse movimento não é algo que você mesmo faça com o pêndulo. Na rabdomancia, o pêndulo reage sozinho.

Lethbridge colocou um prato de prata no chão e balançou o pêndulo sobre ele. Cuidadosamente, ele variou o tamanho do fio até que o pêndulo começou subitamente a prescrever um círculo. Ele mediu o comprimento do fio (56 cm) e concluiu que um pêndulo de 56 cm de comprimento estava "sintonizado" com o comprimento de onda da prata. Depois de uma longa série de experimentos, ele descobriu o comprimento certo para uma grande variedade de coisas: o cobre tinha um comprimento de onda de 77 cm; a grama, 40 cm; as maçãs, 46 cm; e assim por diante. Ele descobriu até que era possível sintonizar o pêndulo com emoções abstratas (como a raiva) simplesmente visualizando-os claramente. Ele e sua esposa, Mina, pegavam pedras e as atiravam contra uma parede. O pêndulo poderia, então, ser sintonizado para detectar se a pedra tinha sido atirada por um homem ou por uma mulher.

Na época em que os experimentos terminaram, Tom Lethbridge estava convencido de que fizera uma descoberta fundamental a respeito da rabdomancia com pêndulos. Ele escreveu vários livros a respeito do comprimento exato de várias substâncias. Mas essas informações não serão apresentadas aqui. A descoberta de Lethbridge não era o que ele pensava. Descobriu-se que, embora o comprimento de certos pêndulos ajudasse a localizar diferentes objetos, esses comprimentos não valiam para todas as pessoas. Portanto, embora um pêndulo de 56 cm detectasse prata para Tom Lethbridge, ele não necessariamente detectaria prata para você. É preciso que você encontre o comprimento certo para você.

Em outras palavras, você tem de sintonizar o seu próprio pêndulo.

Quando tudo estiver pronto, pratique com a sua própria varinha ou pêndulo até adquirir confiança a ponto de detectar um objeto como uma moeda ou uma tigela com água. Isso feito, é sinal de que está pronto para tentar o experimento que eu fiz. Na companhia de um amigo ou, melhor ainda, de um grupo de amigos, visualize o item que você gostaria de detectar num determinado local. (Mantenha o verdadeiro item fora do seu caminho.) Depois tente detectá-lo da maneira como fez antes.

Você descobrirá, como eu descobri, que quando passa pelo ponto onde os seus amigos acham que esse item está, a sua varinha ou pêndulo mostrará uma reação... à forma-pensamento que eles criaram.

O experimento que descrevi não é muito científico. Alguém pode alegar que, desde que sabe onde os seus amigos estão visualizando o objeto, você pode inconscientemente influenciar o equipamento. Você pode, é claro, fazer o experimento de modo que não saiba onde os seus amigos visualizaram o objeto, não dizendo a eles onde exatamente visualizá-lo, mas seria até mais interessante tentar outro experimento.

Este se originou na Suécia e foi realizado pela primeira vez – obtendo um sucesso dramático – por um pequeno grupo de pesquisadores psíquicos. Os resultados foram posteriormente duplicados por um grupo parecido na Irlanda. O procedimento é o seguinte:

1. Encontre um espaço ao ar livre de aproximadamente 250 metros quadrados, que não gere nenhum tipo de reação. Este experimento não pode ser realizado com sucesso a portas fechadas, pois fios elétricos – que cercam a maioria dos prédios – interferem nos resultados.
2. Marque um ponto no meio desse espaço que você vai rastrear com o seu equipamento de rabdomante.
3. Use como alvo um pequeno objeto como um enfeite ou uma estatueta.
4. Selecione duas pessoas para conduzir a primeira parte do experimento. Essas duas pessoas andarão pelo terreno sozinhas, sem que ninguém as veja. Uma ficará parada no ponto marcado, observando, enquanto a outra esconderá o objeto-alvo em algum lugar, nas proximidades.
5. Isso feito, as duas pessoas devem alertar os colegas e sair de cena.
6. Um rabdomante do grupo, trabalhando sozinho, sem ninguém que o observe, deve caminhar em círculo em volta do ponto marcado, onde ficou o observador.
7. Quando obtiver uma reação rabdomântica (o que de fato acontecerá), o ponto em que a reação ocorreu deverá ser marcado.
8. O rabdomante deve então repetir o processo, prescrevendo ao caminhar desta vez um círculo maior.
9. Uma linha traçada, ligando as três marcas, mostrará a localização do objeto escondido.

Essa é a descrição do experimento na sua forma mais básica, mas ele tem muitas variações empolgantes. O grupo sueco descobriu que não é preciso nem mesmo esconder um objeto de verdade. Um único "observador" em pé no ponto marcado pode selecionar um alvo arbitrário – como o campanário de uma igreja ao longe –, concentrar-se nele por um momento e depois sair dali. O rabdomante ainda assim poderá detectar o "rastro psíquico" que o levará até o alvo.

E o que era mais estranho ainda: quando o objeto real foi usado, o observador não precisava saber onde ele fora escondido. Era suficiente que ele mentalizasse uma imagem nítida do objeto antes de deixar o ponto marcado. Se dois pontos fossem usados e o observador visitasse cada um deles, depois de visualizado o objeto-alvo, a verdadeira localização do alvo poderia ser descoberta pela triangulação – o local onde os dois rastros psíquicos se cruzavam era onde o objeto tinha sido ocultado.

O grupo levou esse processo às últimas consequências na ocasião em que o usaram para rastrear um homicida. Na época, a polícia sueca estava no encalço de um assassino serial e tinha um retrato falado do suspeito. Usando essa foto como alvo, o grupo traçou três triangulações em larga escala e transferiu os rastros psíquicos para um mapa. Eles se cruzavam no local onde o suspeito acabou sendo preso.

Logo se descobriu que o rastro psíquico não era um vestígio eletromagnético. Esconder o objeto dentro de uma caixa de metal não fez nenhuma diferença, tampouco escondê-lo num local submerso. A experiência com o retrato falado indicou que não é preciso nem mesmo visualizar o alvo verdadeiro – uma representação razoável foi suficiente. Um exame acurado revelou que o "rastro" não é deixado no chão, mas suspenso no ar, a alguns centímetros do solo.

A conclusão é inevitável. Os rastros psíquicos são formas-pensamento, que podem ser medidas e detectadas sob condições científicas rigorosas. Elas são, em outras palavras, uma parte do que consideramos como o mundo objetivo.

Saber até que ponto elas são parte desse mundo era o objetivo do trabalho do psiquiatra norte-americano dr. Morton Schatzman, que realizou uma extensa bateria de testes psicológicos sobre o sujeito que ele chamou de "Ruth". De acordo com o artigo que publicou na *New Scientist,*[8] Ruth tinha uma capacidade natural para criar formas-pensamento com tanta intensidade que elas pareciam objetivamente reais para ela.

Quando um padrão de tabuleiro de damas invertido é mostrado, por exemplo, num aparelho de TV, as imagens brilhantes desencadeiam o que se conhece por resposta evocada visual, que é facilmente captada por um aparelho de eletroencefalografia (EEG) ligado ao sujeito. O dr. Schatzman solicitou que Ruth observasse esse padrão e descobriu que o cérebro dela produzia a resposta normal. Ele então a instruiu a visualizar sua filha entre ela e o aparelho de TV.

Ruth fez o que foi solicitado e o seu EEG voltou ao normal, exatamente como se algo estivesse bloqueando a visão do tabuleiro de damas mostrado na TV.

---

8. *New Scientist* 87 (1980): 935.

7 O Astral Misterioso

Herbie discorre sobre: magos e o Plano Astral; por que não há nenhuma menção ao astral nos grimórios; o Plano Astral e a Cabala; o Big Bang; paralelos entre a física e as doutrinas antigas; a imaginação como a base do universo.

Praticamente todos os livros sobre magia publicados nos últimos 150 anos tratam extensivamente do Plano Astral. Éliphas Lévi fala sobre ele no seu livro *History of Magic,*[9] Aleister Crowley fala também no seu *Magick in Theory and Practice.* Esse é um tema discutido por Dion Fortune, Israel Regardie, Madame Blavatsky, Franz Bardon, Bill Gray, Gareth Knight e Ernest Butler, entre muitos outros autores.[10]

De acordo com todos esses autores, o Plano Astral é a principal chave para obter resultados mágicos. É o segredo por trás de praticamente qualquer trabalho de magia sério. Os praticantes da Cabala moderna – o sistema do misticismo judaico que fundamenta grande parte da doutrina mágica – afirmam que o Plano Astral é a própria base do universo físico, o alicerce imediato da manifestação.

---

9. *História da Magia*, publicado pela Editora Pensamento, SP, 1974. (Fora de catálogo)

10. O Plano Astral também é um tema discutido por Herbie Brennan e Dolores Ashcroft-Nowicki; na verdade, a primeira obra publicada de Brennan era sobre o Plano Astral.

No entanto, se examinarmos obras mais antigas, os primeiros grimórios, que poderiam, pelo menos na teoria, ser considerados a base da prática mágica moderna, veremos que não existe absolutamente nenhuma menção ao Plano Astral. Ele não aparece no *Lemegeton* nem nas *Clavículas de Salomão*. Não há nem traço dele no *Grimoire Verum*, no *Picatrix*, no *Black Pullet* ou no *Grimório do Papa Honório*. Nem mesmo Francis Barrett o menciona em sua abrangente obra-prima *The Magus or Celestial Intelligencer*. Essas obras contêm instruções detalhadas sobre todas as operações mágicas comuns – as evocações, invocações e conjurações; os exorcismos; a criação de talismãs; o contato e a comunicação com espíritos e anjos; a escriação e todo resto – mas é como se essas coisas pudessem ser feitas sem nenhum conhecimento do Plano Astral... algo que os atuais praticantes de magia negam com veemência.

Ainda pior é o fato de que, se você consultar o *Sepher Yetzirah*, a maior fonte de informações sobre a doutrina cabalística, base para grande parte da prática de magia moderna, constatará que o termo "astral" não aparece nem uma única vez.

Qual é a razão disso? Será que todos os magos da atualidade estão equivocados?

A chave dessa charada pode estar na terminologia. Embora a palavra "astral" não seja citada nos antigos grimórios, existem referências frequentes a imagens. A base de manifestação no *Sepher Yetzirah* é a esfera de Yesod, associada com a emoção e com a experiência visionária. Em *Archidoxis Magicae*, escrito por Paracelso, o mais notável mago do início do século XVI, há esta interessante afirmação:

> A extraordinária ação da Imaginação e a forma como ela alcança o seu auge podem ser vistas por meio de um exemplo tirado da experiência em tempos de epidemia, quando ela envenena mais do que qualquer ar infectado, e contra a qual nenhum antídoto, seja de mitridato ou de melaço, surte qualquer efeito; a menos que ela definhe e feneça, nada ajudará. A Imaginação é uma corredora e mensageira tão ágil e veloz que não apenas passa de casa em casa e de rua em rua, mas ainda se alastra de uma cidade ou país a outro; assim, pela Imaginação de um único indivíduo, a epidemia pode assolar uma cidade ou um país inteiro e matar milhares de pessoas.[11]

É difícil acreditar que essa passagem signifique mesmo isso. Será que Paracelso realmente esperava nos fazer crer que um único indivíduo pode

---

11. Paracelso, *Archidoxis Magicae* (em inglês *The Archidoxes of Magic*, Londres: Askin, e Nova York: Weiser, 1975).

disseminar uma praga por uma cidade apenas com um ato de imaginação? Aparentemente esperava, pois ele dedica um capítulo inteiro do seu *Archidoxis* ao poder da imaginação. Outro manuscrito do século XVI (de autor desconhecido), o *Regnum Piscator,*[12] é inteiramente devotado ao treinamento e uso da imaginação com finalidades mágicas. Essas fontes dão à imaginação a mesma importância que os escritores modernos dão ao Plano Astral. Haveria alguma ligação entre eles?

Eu (Herbie Brennan)[13] certamente pensava assim em 1971, quando publiquei o meu primeiro livro, *Astral Doorways.*[14] Nessa obra eu conto que, na época em que era estudante de artes ocultas, aprendi que o termo "Plano Astral" era uma outra designação para o mundo da imaginação visual. Três décadas depois, ao escrever este livro, continuo com o mesmo sentimento de descrença inicial. Nasci numa era – ou talvez numa cultura, simplesmente – que não valoriza a imaginação. As crianças que, como eu, tinham o hábito de sonhar acordadas eram acusadas de ter "a cabeça na Lua" e aconselhadas, muitas vezes com um puxão de orelha, a prestar atenção no mundo real. O devaneio era visto como uma absoluta perda de tempo. Na idade adulta, era difícil para mim aceitar que a imaginação não servisse para nada.

Quando comecei a estudar Cabala, porém, passei a ver as coisas de outra maneira.

Segundo a tradição judaica, a essência da Cabala foi transmitida a Adão pelo arcanjo Gabriel. Mais provável, no entanto, é que ela tenha a sua raiz no misticismo do Merkabah, que floresceu na Palestina durante o século I d.C. e foi inspirado na famosa visão de Ezequiel, datada de 592 a.C. Ezequiel viu o que ele acreditava ser o trono-carruagem de Deus, e a meta dos místicos do Merkabah era fazer o mesmo, por meio de uma perigosa jornada visionária através de uma série de "esferas celestiais" comandadas por anjos hostis.

Embora o Talmude advirta que, dos quatro homens que empreenderam essa jornada, um abandonou a sua crença, outro enlouqueceu, outro morreu e apenas um (o rabino Akiba ben Joseph) passou por uma experiência visionária válida, a tradição sobreviveu e acabou dando origem ao primeiro texto cabalístico, o *Sefer Yetzirah* ou "Livro da Criação", que pode pertencer ao século III d.C. e certamente não é posterior ao século VI.

12. Não publicado.

13. Daqui em diante as referências a Herbie Brennan serão feitas por meio das suas iniciais, H.B.

14. Este livro ainda é publicado, agora pela Toth Publications, localizada em Loughborough, Inglaterra.

O *Sefer Yetzirah*, um dos livros mais fascinantes jamais escritos, fundamenta o estudo cabalístico até os dias de hoje. Ele descreve a criação da realidade em termos que cativariam a simpatia de um físico moderno ... se os físicos modernos se sentissem motivados a estudar o misticismo judaico.

Hoje, a criação da realidade – ou pelo menos da porção da realidade que vivenciamos como o nosso universo – é geralmente descrita em termos da teoria do Big Bang. Segundo essa teoria, em alguma época anterior a dez bilhões de anos atrás, surgiu em algum ponto do espaço, a aproximadamente quatro bilhões de anos-luz de onde você está sentado agora, um tipo de átomo primordial de tamanha temperatura e densidade que continha tudo – cada partícula de matéria, cada erg de energia – existente no universo de hoje.

De onde veio esse átomo primordial? Surgiu, dizem os físicos sem nem esboçarem um sorriso, de lugar nenhum. Como eram as coisas antes de ele surgir? Não havia um "antes". Assim como esse átomo continha toda a energia e matéria do universo, ele também continha todo o tempo do universo. Antes do átomo não havia tempo, portanto não faz sentido perguntar sobre o "antes". Nem a minha afirmação de que ele surgiu quatro bilhões de anos-luz de onde você está sentado agora é precisa. Ele só surgiu ali do nosso atual ponto de vista. O que experimentamos como espaço estava contido num átomo, por isso não tinha uma localização absoluta.

Mas, se as origens do átomo primordial são difíceis de compreender, o que aconteceu depois é muito fácil. Textos sérios de física sustentam que ele "se expandiu rapidamente" numa fração de segundo – um jeito educado de dizer que ele explodiu. Os cientistas acham que agora sabem, de modo mais ou menos exato, o que aconteceu durante essa explosão. Observada em câmera lenta, esta seria a imagem:

Durante o primeiro instante da explosão, as temperaturas eram elevadas demais para sustentar qualquer coisa tão sólida e rudimentar quanto um átomo. Em vez disso, o que tínhamos era um universo em miniatura, denso em essência, composto de partículas de matéria e antimatéria. Matéria e antimatéria são reflexos espectrais antagônicos. Se uma partícula de matéria encontra outra de antimatéria, ambas são instantaneamente convertidas em energia pura, resultando numa aniquilação mútua. Se matéria e antimatéria estivessem em equilíbrio no Big Bang, o nosso universo nunca teria passado a existir. Mas elas não estavam. Nos primeiros microssegundos, a matéria exerceu domínio sobre a antimatéria, permitindo que as coisas se desenvolvessem da maneira como se desenvolveram. Os dois estados conflitantes geraram um terceiro, diferente dos outros dois. Os físicos suspeitam que muitas outras partículas elementares foram formadas nesse momento.

Depois de alguns segundos de expansão, o universo novinho em folha se resfriou o suficiente para que núcleos de hidrogênio, hélio e lítio se formassem. Em torno de um milhão de anos, o processo de resfriamento já tinha avançado a ponto de converter esses núcleos em átomos. Nessa fase, tanto o espaço quanto o tempo já tinham sido criados. O espaço era repleto da radiação de micro-ondas, descobertas em 1965 pelo astrofísico americano nascido na Alemanha Arno A. Penzias e o astrônomo americano Robert W. Wilson.

Mas o universo era escuro.

Nesse universo sombrio, um dia uma nuvem de hidrogênio e partículas de poeira entrou em colapso sob a influência da sua própria gravidade. Quando condensada, a sua densidade e temperatura aumentaram até que ela ficou incandescente. Nasceu a primeira estrela e, pela primeira vez na história do universo, surgiu a luz.

As estrelas demonstraram ser gigantescas fornalhas em que mais átomos de vários tipos foram forjados. Esses átomos migraram e formaram coisas que hoje reconheceríamos: partículas de pólen no estame de uma flor, um veio de ouro, um lago profundo e cristalino. Enquanto você lê este livro, é surpreendente – e talvez um tanto reconfortante – saber que você é composto apenas de matéria estelar.

Esse é o quadro científico expresso em todo o seu apelo poético. O *Sefer Yetzirah*, surpreendentemente, reflete esse quadro muito de perto. De acordo com essa importante doutrina cabalística, o pano de fundo de tudo e de todas as coisas é o Grande Imanifesto, um estado de "existência negativa", a natureza do que é totalmente incompreensível. Do ponto de vista atual, o Grande Imanifesto está tão além de qualquer tipo de especulação que poderia muito bem ser coisa nenhuma. Não podemos detectá-lo. Nada podemos conhecer da sua natureza essencial.

A partir desse "nada", surgiu uma "emanação". Na Cabala, essa emanação primordial é chamada de Kether. Ela contém a totalidade do universo e é, por isso mesmo, associada à ideia de unidade. Também está claramente associada ao átomo primordial dos físicos.

Vinda de lugar nenhum, Kether deu origem a duas outras emanações – Chokmah e Binah. Como nas aniquilações matéria/antimatéria da teoria do Big Bang, a interação entre essas duas emanações criou o potencial para outras mais. Portanto, numa série de estágios claramente definidos, o universo físico passou a existir.

É fácil se deixar seduzir pela ideia de que o *Sefer Yetzirah* tenha antevisto as descobertas da física moderna em torno de dois milênios atrás. Mas, embora haja um misterioso paralelo entre as cosmologias, seria imprudência dizer que elas são idênticas, apesar das diferenças na terminologia. O *Sefer Yetzirah* descreve os princípios por trás do surgimento do universo, não o processo. É o processo que é descrito na teoria do Big Bang, não as suas correlações.

Uma vez entendido que as doutrinas do *Sefer Yetzirah* se referem mais aos princípios do que aos acontecimentos, fica evidente que o que está sendo descrito é um plano para a manifestação. Os antigos cabalistas, assim como os predecessores do Merkabah, não tinham nenhum problema em considerá-lo um plano da mente de Deus.

Esse ponto de vista tem algumas vantagens. Ele nos permite ver, por exemplo, que Deus deve se manifestar primeiramente como uma Unidade; que a Unidade sempre conteve e sempre conterá a totalidade de tudo; que o processo de manifestação pode ser compreendido (embora com dificuldade), mas a natureza dessa manifestação não pode. Ele também mostra que nós, apesar de todas as nossas falhas, fazemos parte (em vez de estarmos apartados) de uma totalidade que é, ela própria, uma manifestação da divindade.

Contudo, além de tudo isso, o *Sefer Yetzirah* deixa claro que o processo de manifestação (tão diferente do plano em si) também é um aspecto da mente. Ele tem propósito e significado. O que está sendo descrito não é a criação divina do mundo assim como um artesão criaria o seu artefato, mas o mundo surgindo de uma ideia como um sonho de Deus. A esse sonho não se deu forma. O sonho é a forma.

Isso nos remete mais uma vez à ideia budista do mundo como *maya* criado pela mente. De um ponto de vista, é a sua mente que cria o seu mundo. De outro, é a mente de Deus. Mas, na raiz, ambos são a mesma coisa, desde que você é parte da manifestação divina e a sua mente é um aspecto da mente de Deus.

No *Sefer Yetzirah,* os detalhes desse plano divino estão incorporados numa imagem conhecida como Árvore da Vida, na qual as várias emanações são mostradas como esferas e o relacionamento entre elas como caminhos. O *Sefer Yetzirah* passa a ser tão útil porque a Árvore simboliza o processo psicológico (divino) da manifestação, que nos permite ver a mentalidade necessária para fazermos mudanças no mundo à nossa volta. A esfera final da Árvore da Vida é chamada Malkuth, o Reino, e simboliza o universo físico. A penúltima é chamada de Yesod, a Fundação, que simboliza o estado imediatamente anterior à manifestação física, o estado que dá origem à manifestação física, a plataforma e o padrão em que se baseia a manifestação.

De acordo com a doutrina cabalística, Yesod é a esfera da imaginação de Deus.

A ideia de que existe uma espécie de imaginação universal se reflete na obra de Carl Jung, cujas observações como psiquiatra o levaram a postular o conceito de Inconsciente Coletivo – uma região da mente comum a toda a raça humana. O interesse crescente dos acadêmicos pelo xamanismo, alguns anos depois da morte de Jung, levou à descoberta de que as visões xamânicas permitiam um acesso consciente a esse nível de realidade, e que tal acesso muitas vezes parecia produzir resultados no nível físico.

Duas coisas estão em jogo aqui – o estado objetivo, mas não material do Inconsciente Coletivo, e o estado pessoal e conscientemente acessível da própria imaginação do xamã. Embora permaneça consciente e a par de si mesmo, o xamã – que é, no final das contas, o mais primitivo mago deste mundo – pode atuar dentro do Inconsciente Coletivo, manipular as suas energias e, assim, influenciar a realidade física.

Eis, finalmente, a chave do mistério do Plano Astral. Não importa o que o meu antigo mentor tenha dito, não se trata de um nome antiquado para o mundo da imaginação (pessoal). O Plano Astral é a imaginação do universo, esse vasto substrato de conteúdo mental em que se baseia o sonho que julgamos realidade física. Mas a imaginação humana faz parte da imaginação universal, com a qual está totalmente integrada e compartilha a mesma natureza, só diferindo na medida em que a percebemos separada.

Portanto, o meu antigo mentor não estava enganado em sua definição. A sua imaginação e a minha são, ambas, parte do Plano Astral, e um ponto de entrada para um todo maior, o instrumento pelo qual podemos controlar a luz astral. Em termos práticos, um ato de magia astral é um ato de imaginação treinada, e o primeiro passo de uma jornada astral é uma viagem imaginária.

Em outras palavras, o trabalho no Plano Astral envolve a manipulação de formas-pensamento.

8 Ciberespaço Astral

Herbie discorre sobre: a razão que levou os militares dos Estados Unidos a procurarem a Rand Corporation; soluções de Paul Baran para a Guerra Fria; o nascimento da Internet; a criação do ciberespaço; o ciberespaço e o astral; o ciberespaço esotérico; um experimento na Web para você fazer.

Em 1964, a Rand Corporation, em Santa Monica, Califórnia, publicou um relatório que poucos magos leram, mas que tinha profundas implicações para qualquer pessoa com interesses esotéricos. O relatório foi escrito por um funcionário da Rand chamado Paul Baran, na tentativa de responder a algumas difíceis perguntas dos militares norte-americanos.

No auge da Guerra Fria, o Pentágono estava profundamente preocupado com o que poderia acontecer à rede de comunicações norte-americana na eventualidade de um ataque nuclear. Desde 1960, os generais vinham percebendo que não só as redes existentes se revelariam inúteis como nem se imaginava ainda uma rede que pudesse sobreviver. Eles delegaram o problema à Rand – um grupo de intelectuais especializados em solução de problemas – na forma de duas perguntas abrangentes: 1) Como os americanos poderiam evitar a destruição dos seus centros de controle durante um ataque nuclear? e 2) Como o governo norte-americano poderia lidar com uma rede de comunicação estilhaçada por uma explosão?

Paul Baran respondeu às duas perguntas de modo surpreendente:

Como os americanos poderiam evitar a destruição dos seus centros de controle durante um ataque nuclear? Acabando com os seus centros de controle antes de a guerra começar.

Como o governo norte-americano poderia lidar com uma rede de comunicação estilhaçada por uma explosão? Construindo uma rede de comunicação feita para funcionar mesmo depois de estilhaçada por uma explosão.

Parecia bizarro, mas Baran fez algumas sugestões técnicas envolvendo nodos que, segundo ele, poderiam traduzir suas respostas estranhas em soluções práticas.

Nodo é uma junção para onde convergem várias linhas de um sistema de comunicação. A primeira ideia de Baran era fazer com que todos os nodos do sistema cumprissem a mesma tarefa básica, assim como as antigas bases militares. Em outras palavras, fazer com que todos os nodos fossem capazes de enviar, receber e retransmitir mensagens.

A sua próxima ideia brilhante era deixar de lado o conhecido fluxo de dados usado nos sistemas da época e substituí-lo por "pacotes" de informações. Cada pacote eletrônico teria um endereço-alvo, exatamente como um pacote postal, mas – e esse era o ponto crucial – não teria que ir diretamente ao seu destino. Se a rede se rompesse, como poderia acontecer numa guerra nuclear, o pacote poderia contornar a área devastada e chegar ao seu destino seguindo outra rota. Como os pacotes seriam transmitidos na velocidade do pulso elétrico, não se perceberia nem mesmo uma diminuição na velocidade de transmissão.

Quatro anos depois, o National Physical Laboratory, na Grã-Bretanha, fez experimentos para saber se as ideias de Baran funcionariam na prática. Embora eles só pudessem testá-las em pequena escala, os resultados foram positivos. Os militares norte-americanos, que tinham observado esse desenvolvimento com enorme interesse, decidiram patrocinar um programa mais ambicioso. No final do ano de 1969, tinham conectado quatro supercomputadores usando os princípios de Baran.

Ninguém sabia na época, mas eles tinham acabado de inventar a Internet.

Em 1971, os quatro computadores originais tinham se transformado em quinze. Um ano depois, esse número mais que dobrou, chegando a 37. O ARPAnet, nome que esse sistema recebeu, ainda era financiado pelos militares, mas já transmitia muito mais mensagens e dados acadêmicos e científicos. Os pioneiros desse sistema presumiam que seu maior valor estivesse no âmbito da computação remota – fazer uso da capacidade de um computador enquanto se está sentado em frente ao teclado de outro. Em vez disso, a rede pequena e compacta parecia estar sendo usada principalmente para a transferência de informações.

Graças à maneira como a ARPAnet tinha sido projetada, ela era capaz de aceitar qualquer tipo de computador. Tudo o que você precisava ter era o software certo e não havia nada que pudesse impedi-lo de se conectar à rede. Tantas pessoas se juntaram à rede que os militares (que teoricamente ainda controlavam a ARPAnet) a tornaram um sistema aberto e criaram outro separado, chamado MILNET, que conectaram à ARPAnet. Redes independentes como a BITNET, a USENET e a UUCP não tardaram a se unir a ela. O mesmo fez a NASA. E o Departamento de Energia dos Estados Unidos. E as várias Autoridades de Saúde Norte-americanas.

Em 1989, a ARPAnet original tinha sido tão digerida por esse monstro de crescimento rápido que deixou formalmente de existir. O último controle militar remanescente desapareceu. Surgiu a Internet, como a conhecemos hoje.

Como você pode concluir dessa história, a Internet na realidade não passa de um determinado número de computadores interconectados para troca de informações por meio de linhas telefônicas. Mas atualmente esse número é gigantesco. Apenas dois anos depois do fim da ARPAnet, a nova Internet já tinha setecentos mil computadores hospedeiros e algo em torno de quatro milhões de PCs conectados em 36 países. Entre 1991 e 1994, os próprios computadores hospedeiros já se aproximavam da casa dos quatro milhões, e o número de países envolvidos passava dos oitenta. Por volta de 1996, havia 37 milhões de pessoas com acesso à Internet só na América do Norte. Em comparação com o que acontece hoje, até esses números já parecem incrivelmente baixos. Enquanto eu escrevo este livro, surgem dez milhões de novos internautas a cada mês.

Entre as muitas consequências da Internet estava a criação do ciberespaço.

O ciberespaço é o grande mundo abstrato da informação digital, acessível por meio da interface que você usa quando se conecta à Internet. Mas isso é um pouco como dizer que a sua mulher ou o seu marido é composto de água e substâncias químicas variadas. Isso não deixa de ser verdade, mas diz muito pouco sobre a realidade.

A maioria das pessoas vivencia a realidade do ciberespaço por meio da World Wide Web, que não é tanto uma parte da Internet quanto um modo de comunicação com a Internet como um todo. A Web se apresenta como uma série de páginas eletrônicas interligadas. Muitas dessas páginas são guarnecidas com imagens e cores. Praticamente todas elas têm algum texto. Em muitos aspectos, são como páginas da sua revista preferida. A única diferença das revistas impressas é que as páginas da Web podem incluir imagens em movimento ou sons, e sempre têm potencial para interação.

A interação, mais do que qualquer outra coisa, é o que faz a diferença.

É possível ilustrar melhor o que tudo isso tem a ver com o Plano Astral usando um dos mais intrigantes exemplos de interação simultânea da Internet – os jogos MUD, ou RPGs multijogadores. Os MUD (Multi User Dungeon) são uma versão computadorizada dos velhos jogos em que os participantes assumem o papel de personagens fictícios que vivem num mundo de fantasia. Num MUD, você faz simplesmente isso na Internet, enquanto – ao mesmo tempo – faz muitas, talvez centenas, de outras coisas.

O resultado é que muitas, talvez centenas de mentes se concentram na criação de um universo particular. Elas montam o seu cenário e vivem no seu ambiente.

Os MUDs não são as únicas áreas da Internet onde isso acontece. Em anos bem recentes, as "cidades" da Internet irromperam por toda a World Wide Web. A realidade física dessas cidades não é nada mais do que trilhas magnéticas num disco de computador, mas não é desse modo que se apresentam. Os internautas são levados a pensar nelas como lugares de verdade. Elas têm ruas e distritos, casas que você pode habitar[15], negócios que você pode abrir. Fortune City, que atualmente alega ser a cidade virtual que mais cresce na Europa, elege um prefeito e patrocina atividades de entretenimento municipais.

Como ninguém conhecia nada desse tipo antes do desenvolvimento da Internet, uma nova palavra foi cunhada para descrevê-lo. Dizemos que o mundo dos MUDs ou dos arranha-céus das cidades existe no "ciberespaço".

No meu livro *The Internet,*[16] eu defino ciberespaço (muito bem, acho eu) como "a imaginação humana impulsionada pelo fluxo de dados de um sistema de computador". Mas a imaginação humana está inextricavelmente ligada ao Plano Astral. O que influencia a imaginação coletiva influencia o astral. É por isso que os magos sempre foram advertidos, ao longo das eras, para que tivessem cautela com as suas visualizações.

Nas lojas maçônicas, grupos de iniciados muitas vezes se reúnem para criar estruturas no Plano Astral com a intenção de produzir efeitos mágicos. O sistema que usam é fácil de descrever. O grupo se concentra durante um tempo prolongado numa única imagem visualizada com nitidez, interagin-

---

15. Eu mesmo me mudei para uma – Barney Hill, 184, no distrito de Roswell da Fortune City –, que dediquei a um texto particularmente interessante canalizado dos Planos Interiores: the Way of Laughing.
16. Londres: Scholastic, 1998.

do com a estrutura astral resultante por meio de rituais. Esse tipo de trabalho em grupo tem sido considerado a mais poderosa utilização da imaginação humana.

Várias invenções influenciaram a imaginação humana. A imprensa (que possibilitou a distribuição mundial de livros e revistas), o cinema, o rádio e a televisão, todos eles vêm à mente. Mas a influência de um programa de televisão, do rádio, do teatro, de um livro ou de um filme é quase sempre passageira. É só nas estruturas do ciberespaço que temos os verdadeiros pré-requisitos mágicos da concentração prolongada, da visualização vívida (sustentada permanentemente pelo fluxo de dados) e da interação constante.

Embora o reino físico sempre afete o astral, também é verdade que o astral sempre afeta o físico. Esse efeito pode ser sutil e às vezes retardado – particularmente quando falta intenção –, mas é muito real. Consequentemente, qualquer estrutura construída no ciberespaço acabará reverberando, até certo ponto, no mundo físico.

Quando se trata de MUDs e cidades virtuais, essas reverberações são provavelmente mínimas, pois lhes falta intenção mágica. Mas é só uma questão de tempo até que os magos despertem para o potencial oferecido pelo ciberespaço. A situação é particularmente interessante porque o ciberespaço parece oferecer um atalho para os efeitos mágicos.

Nesta era do computador, as capacidades mágicas estão potencialmente abertas a todos.

O estabelecimento do equivalente esotérico de um MUD permitiria a criação de rituais ciberespaciais com múltiplos participantes e a consequente geração de substancial energia astral. Lamentavelmente, neste momento, qualquer coisa desse tipo requer acesso a um servidor dedicado e um bom conhecimento de programação. Mas, como os preços dos computadores estão caindo e os softwares de servidor estão cada vez mais sofisticados, e portanto fáceis de usar, não demorará muito até que experimentos desse tipo sejam realizados.[17]

Enquanto isso, os leitores que têm os seus próprios websites podem aproveitar o potencial do ciberespaço construindo as dez páginas interligadas codificadas no Apêndice A. O código html é extremamente simples, para incentivar o maior número possível de leitores a participar da experiência. Ele foi elaborado com base num *pathworking* particularmente interessante de Dolores, intitulado Nascido nas Estrelas.

---

17. Se você está realizando algum atualmente, por gentileza comunique-se comigo escrevendo em inglês para a editora original, a Llewellyn Publications (www.llewellyn.com).

Para que os links funcionem da maneira apropriada, as páginas precisam ser intituladas "star1.html" até "star10.html". A sequência de páginas apresentada não passa de um esqueleto que você pode personalizar usando o seu próprio conhecimento mágico e a sua criatividade. Foram incluídas algumas notas sugerindo abordagens possíveis, mas, assim como as próprias páginas, são propositadamente bem simples.

Parte Dois

O PLANO ASTRAL

9 O Triângulo da Causação

Dolores discorre sobre: o Triângulo da Causação e seu papel na arte de criar formas-pensamento; desejo, emoção e imaginação; a localização tripontual do poder oculto no cérebro físico.

Não existe absolutamente nada que possamos fazer sem utilizar como base uma forma-pensamento. Até mesmo para fazer alguma coisa "sem pensar", precisamos de uma fração de segundo em que o pensamento se manifesta antes da ação. Vivemos, agimos, criamos e existimos pelo poder do pensamento. Sentimos fome e pensamos em comida. Vemos uma bola de futebol e pensamos em como a atiraríamos no gol. Ler um documento ou um livro, analisar um ponto de tricô ou seguir uma receita de bolo, comprar um carro novo ou um presente de aniversário, decidir o melhor lugar para colocar um vaso de flores ou de que cor pintar as paredes... tudo isso requer um pensamento, que significa uma imagem mental. Esse poder criativo de pensar está ao alcance de todas as pessoas e nós o usamos em todos os dias da nossa vida.

Os mestres das antigas escolas de mistério conheciam tudo sobre o poder do pensamento e treinavam os seus alunos nesse sentido. Algumas escolas modernas ensinam essa matéria para complementar as aulas de visualização e meditação orientada, ou de maneira mais séria, como conhecimento oculto para poucos. Mas não há muito sentido em esconder alguma coisa que todos usamos no dia a dia. O que precisamos são instruções sobre como construir formas-pensamento eficazes e como aplicá-las no cotidiano e na vida espiritual. No momento em que você vê as mudanças que pode criar à sua volta e dentro de você, a vida adquire um novo sentido e propósito.

Depois que você entender e dominar a técnica e os detalhes visuais, poderá usar o poder do pensamento de maneira consciente, conferindo-lhe a forma escolhida e moldando-o conforme o seu desejo e necessidade. Todo homem e mulher de sucesso têm esse poder, mas a maioria o utiliza de modo inconsciente, sem conhecer as suas origens na Antiguidade. Tudo o que sabem é que ele funciona.

Será que *você* consegue construir uma forma-pensamento e mentalizá-la com clareza e autenticidade? Será que *você* consegue enviá-la ao cosmos para transmitir a sua mensagem e juntar em torno dela os blocos de construção do seu desejo? Será que *você* consegue inverter esse poder e usá-lo para tirar da sua vida aquelas coisas de que não precisa mais? Essas frases parecem a propaganda de um livro de autoajuda. Mas existe uma diferença. Este livro, se usado corretamente e em sequência, irá mostrar como construir uma forma-pensamento que 1) seja específica em todos os detalhes, 2) proporcione-lhe o conhecimento sobre como e por que as formas-pensamento funcionam e 3) ensine-o como construí-las de modo persistente.

Não se consegue nada sem esforço, e o esforço é algo de que você certamente precisará. Existem muitos livros por aí oferecendo "atalhos" para realizar todos os seus desejos. Acredite quando digo que tais atalhos não existem. Se você quer fazer alguma coisa muito bem, esteja pronto para arregaçar as mangas e pôr as mãos na massa. (Lembre-se do conto de Herbie sobre Pema, o chela.) A primeira coisa que tem de fazer é compreender o que torna uma forma-pensamento eficaz. O meu falecido professor, W. E. Butler, ensinou-me que, sem essa compreensão, todo o conhecimento do mundo pode nunca se transformar em sabedoria.

Para ser bem-sucedido, o trabalho oculto precisa ter uma base sólida. A arte de criar formas-pensamento não é nenhuma exceção. A base é conhecida como Triângulo da Causação, e compreende 1) o desejo, 2) a visualização e 3) a imaginação. Esse triângulo é conhecido, no trabalho oculto, como uma das primeiras e mais poderosas figuras geométricas. Ele está associado com Binah, a Doadora da Forma, e foi muito bem adaptado aos nossos propósitos. Mas a maioria das fundações precisa de um quarto ponto de apoio. Os leitores de orientação cabalística sabem que o quadrado pertence a Chesed, a esfera que vem imediatamente depois de Binah, conhecida como a esfera da organização. Se você olhar o Triângulo de Causação (figura 9-1), verá que essa simbologia funciona de acordo com a tradição e a lei do ocultismo.

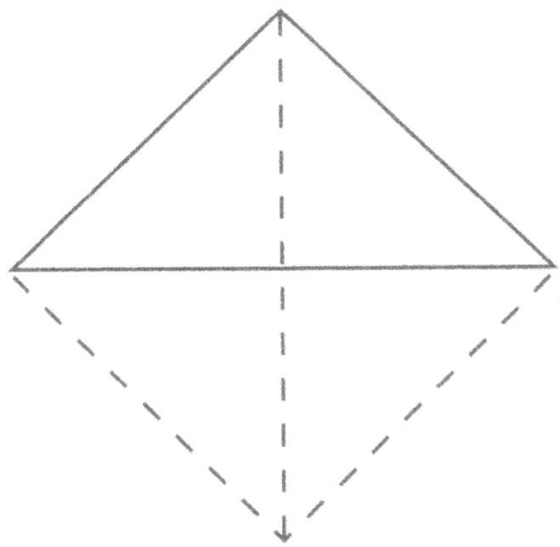

Figura 9-1: O Triângulo da Causação

O Triângulo da Causação é reproduzido com uma linha contínua. Ele indica o que é necessário, no nível astral, para iniciar a criação de uma forma-pensamento. Para completar a fundação e trazer a forma-pensamento para o nível físico, é preciso mais um "ponto" – você mesmo, tanto como recipiente quanto como criador. O Triângulo da Causação obedece à lei segundo a qual "assim em cima como embaixo" e, como mostram as linhas pontilhadas, se reflete no nível inferior. Você se torna o quarto ponto e a figura toda se torna uma fundação quadrangular.

Antes de deixarmos o intrigante jogo da geometria, deixe-me salientar que, depois que tem esse quadrado, você pode, se encontrar o centro exato da figura e elevá-la, criar uma pirâmide com tudo o que essa antiga forma simboliza.

Desejo

O dicionário define o verbo "desejar" como "querer para si a posse ou o desfrute de algo em particular". Geralmente, embora nem sempre, ela costuma descrever uma necessidade sexual irresistível. Mas, como seres humanos, temos muitos desejos e a urgência de realizá-los. Desejamos bens materiais, joias, dinheiro, casas, carros, belas roupas, etc. Também desejamos coisas como vingança ou poder – político, pessoal, religioso e geográfico. Não adianta negar – todos nós, uma hora ou outra, desejamos essas coisas. Na verdade, conhecemos muito bem esse sentimento de desejo, uma necessidade esmagadora de ter ou obter o que queremos, custe o que custar. Para o bem ou para o mal, ele é capaz de causar uma determinação que pode e de fato supera todos os obstáculos, como o antigo deus hindu Jagannath.

É essa determinação, essa necessidade, esse desejo, o principal mecanismo da forma-pensamento mágica – um desejo cultivado tão intensamente na mente, no coração e nas entranhas que cause ondas de antecipação fortes o suficiente para perturbar a plácida superfície da matéria astral. E também faça soar uma campainha de alarme na nossa mente (ou pelo menos deveria). Às vezes desejamos coisas que não podemos ter, não deveríamos ter ou estamos proibidos de ter, ou num ponto específico da nossa vida ou nesta vida inteira. Existem coisas que não estamos destinados a ter, e nada, independentemente da nossa competência mágica, treinamento, emoção, visualização ou força de vontade, trará isso para nós. Quando isso acontece, nós geralmente culpamos Deus, seja qual for o nome que usemos para designar o Uno. Mas devemos culpar a nós mesmos, pois dentro de cada um de nós existe um guardião, um aspecto da Centelha Primordial, cuja tarefa é nos impedir de cometer um haraquiri espiritual. Podemos ignorá-lo, mas saber que fazemos isso por nossa própria conta e risco.

A criação deliberada de um desejo dessa intensidade exige prática e bom senso, um ingrediente que lamentavelmente falta em muitos círculos ocultistas modernos. Em primeiro lugar, pergunte a si mesmo por que você quer essa coisa em particular. Isso é bom para você? Causará problemas na sua vida ou na vida de outras pessoas? Cultive a honestidade consigo mesmo no seu trabalho mágico, pois ela vai lhe servir de defesa contra a mais comum das doenças na magia – o egoísmo descontrolado. Os antigos egípcios se referiam a ele como "trabalhar com Ma'at".

Se tem certeza do que quer, e saber o que quer é a parte mais difícil de toda essa preparação, você pode começar a construir o desejo dentro de você. Use um espelho mágico para conversar consigo mesmo sobre esse desejo. Isso dobrará a introjeção de poder, pois refletirá para fora e de volta para você a ideia, o poder e o impacto. Repetir encantamentos no espelho faz com que eles se realizem duas vezes mais rápido, mas só faça isso com aqueles que lhe trarão benefícios. Lembre-se, você está falando consigo mesmo.

Concentre-se na criação do aspecto do desejo e deixe todo o resto de lado. Não faça, nessa fase, nenhuma visualização ou esforço de imaginação. Concentre-se simplesmente na sua "necessidade". Levará três dias, no mínimo, para que a pressão se acumule. Não poupe tempo: a "síndrome da pressa" já se disseminou demais na prática oculta hoje em dia. Concentre-se em *sentir*, não em ver. Pense em algo que você tem que seja importante para você, examine os seus "sentimentos" com relação a esse objeto e compare-os com o sentimento associado ao objeto que deseja. Existe uma sensação de posse; ele pertence a você de uma maneira muito pessoal; sem ele, você ficaria desolado. Esse é o sentimento que você deve tentar reproduzir. Você deve se sentir como se já tivesse o que quer.

Vou lhe dar um exemplo de desejo – e do papel que ele representa na criação de formas-pensamento – que pode ser muito destrutivo, tanto para a pessoa que deseja quanto para o objeto do seu desejo.

O sentimento de idolatria que os fãs têm pelas estrelas de teatro, cinema e TV é algo que existe desde os tempos do cinema mudo. A histeria das fãs por Rodolfo Valentino, Mary Pickford e Douglas Fairbanks deu lugar ao mesmo tipo de sentimento com relação a Clark Gable, Jean Harlow e Gary Cooper. Depois vieram Marilyn Monroe, Rock Hudson, Frank Sinatra e James Dean. Com a chegada da televisão, a coisa foi além da admiração pelos atores; agora são as personagens das novelas e dos seriados de TV que são objetos da afeição do público. Essas "pessoas" imaginárias são o foco dos desejos sexuais daqueles que assistem ao mundo de sonho em que seus ídolos habitam.

Isso cria uma forma-pensamento de imenso poder. Um poder tão grande que o mundo da telinha passou a ser intensamente real para os fãs. As personagens (e não apenas os atores) recebem cartas de fãs, presentes, provas de amor e propostas de casamento. Jovens imaturos e em conflito com a sua puberdade e desequilíbrios hormonais encontram os seus sonhos personificados nesses ídolos. Eles não conseguem ver a diferença entre o ator e a personagem. Criam em seu mundo interior uma situação em que são o objeto do amor e da afeição encenados na tela. Se o ator se casa na vida real, pode haver cenas de histeria violenta, lágrimas, tentativas de suicídio e, em alguns casos, verdadeira autodestruição. A realidade e o mundo das formas-pensamento se entrelaçam, e com o advento da realidade virtual isso pode representar uma ameaça para a sanidade de pessoas susceptíveis.

Com a chegada das bandas e das estrelas de *rock*, as coisas ficaram ainda pior. Evidentemente, nem todos os fãs chegam a extremos, mas para muitos o objeto de sua afeição se torna a sua razão de viver. O desejo é uma emoção profunda, mas igualmente poderoso é o seu oposto: o ciúme. Quando o suposto amante se casa na vida real, alguns fãs podem se sentir traídos. Projetam sobre o "intruso" uma terceira emoção: o ódio e o desejo de ferir, afastar ou eliminar aquele que parece estar entre eles e o seu objeto de desejo. Eles sonham que o parceiro do seu ídolo partiu e que a pessoa amada voltou para eles.

Isso pode criar de fato uma desarmonia entre o casal, que de nada desconfia. A esposa começa a sentir que existe outra pessoa... e existe mesmo: a fã negligenciada, desesperada, cheia de desejo de vingança. Enquanto essa força-pensamento é alimentada com essas poderosas emoções, seu poder cresce e o inevitável acontece: o casal rompe o relacionamento e a fã sente mais uma vez que tem uma chance de ter o amor do seu ídolo.

Esse é um dos motivos por que a vida amorosa dos astros é tão conturbada. O seu mundo interior é continuamente invadido pelas formas-pensamento de admiradores distantes e desconhecidos, em busca da satisfação de seus desejos. A fama é uma faca de dois gumes. A admiração é, a princípio, muito gratificante para o ego, mas logo se torna um fardo. O astro precisa ter cuidado para não se aborrecer com a afeição caprichosa dos fãs, que ele pode destruir tão rapidamente quanto criou. Uma vez caído em desgraça, o poder sustentador da imagem do desejo esmorece e com ela a popularidade do ídolo.

Imaginação

Imaginação e visualização andam de mãos dadas, mas não se esqueça de que a prática da construção do desejo deve continuar. Use a sua imaginação para criar um cenário usando símbolos, lugares, acontecimentos e efeitos, tudo isso em torno do objeto desejado. É como escrever um livro; você precisa de um começo, um meio – ou clímax – e um final feliz.

Não são as áreas espetaculares da magia que trazem sucesso. Na vida real, os objetos, as pessoas, os empregos e as oportunidades que surgem na sua vida são muitas vezes atraídos por uma sucessão de pequenos eventos mágicos, as aparentes coincidências que vão se atrelando umas às outras. Uma porção de coisas pequenas trabalhando juntas pode dar origem a alguma coisa muito maior. Nunca faça nada dessa natureza apressadamente – é muito fácil cometer um erro ou usar o símbolo errado. Se uma porção de coisas pequenas pode criar uma grande, uma porção de erros pequenos pode fazer o mesmo, produzindo resultados diferentes do que esperávamos. O verdadeiro mago se preocupa com todos os detalhes – é essa a diferença entre um mago e um adepto!

Para ampliar os horizontes da sua imaginação, leia livros que ofereçam excursões a esses horizontes mais largos. Existem escritores cuja capacidade de criar imagens mentais faz com que seus livros sejam ótimos territórios de treinamento: Joseph Conrad, H. Rider Haggard, Ernest Hemingway, Júlio Verne, Michael Moorcock, Gene Wolfe, Isaac Asimov, Arthur C. Clarke, Andre Norton, entre muitos outros. Esses escritores têm tamanha capacidade de fazer voar a imaginação do leitor que este para de ler e passa a "assistir" ao desenrolar da ação. Ler é um outro aspecto da observação, uma arte como qualquer outra. Aqueles que leem apenas as palavras não sentem o verdadeiro prazer da leitura, que é, na verdade, ver, sentir e vivenciar as imagens que o livro apresenta. Ler palavras e transmutá-las em cenas, ações e acontecimentos é saborear toda a maestria e talento de um escritor.

A poesia também pode ser um excelente professor, assim como os contos. Essas duas formas de literatura precisam criar todo um conceito, do começo ao fim, num pequeno espaço de tempo. É preciso ter muita habilidade para se fazer isso com sucesso. Tente criar você mesmo pequenos cenários ou até um poema. Escreva sobre o seu "desejo" e crie um enredo em torno dele. O seu objetivo não será ganhar um prêmio de literatura, apenas satisfazer a si mesmo. Logo você descobrirá que o ato de escrever estimula mais a sua imaginação do que qualquer outra coisa.

Visualização

A visualização é um talento em si e por si mesmo. Eu até hoje só encontrei algumas pessoas, muito poucas, que não conseguem visualizar. A maioria das que dizem que não conseguem mentalizar imagens está, equivocadamente, tentando vê-las externamente com os olhos físicos, ou as visualizam, mas de maneira tão rápida que nem chegam a registrá-las. Você só precisa se concentrar na imagem por um momento para registrá-la no astral. É claro que, se conseguir se concentrar por um longo período, melhor ainda, mas tente a princípio por alguns segundos, depois minutos e, com o tempo, eles se transformarão em horas. Algumas pessoas que se dizem incapazes de visualizar simplesmente não têm um padrão em que basear a imagem. Eu comentarei mais sobre isso no próximo capítulo. Enquanto isso, lembre-se, quanto mais detalhes você acrescentar mais forte a visualização será e mais exata será a réplica que se formará no astral.

A capacidade de criar ou recriar imagens com o olho da mente e reter essas imagens pode ser classificada como uma das mais importantes das artes mágicas, para não dizer *a* mais importante. Embora, sem ela, a prática da magia seja quase impossível, basta uma pequena capacidade de "ver" para se conseguir muita coisa. É fundamental, portanto, treinar ao máximo a visão interior.

Quanto a essa "raridade", digo, a pessoa que realmente não consegue visualizar, seria melhor que ela se dedicasse à prática do misticismo, em que a arte de "sentir" é que se revela mais importante. Mas, tanto para a pessoa experiente quanto para a inexperiente, os três pontos do Triângulo da Causação serão as forças motrizes por trás das operações descritas neste livro.

10 A Localização do Poder Oculto

Dolores discorre sobre: o sistema límbico; os vários cérebros do ser humano; o terceiro olho; os indivíduos que utilizam mais o lado esquerdo ou o direito do cérebro; o triângulo – físico, astral e mental, e como trabalhar com esses aspectos.

Agora trataremos das três áreas do cérebro físico em que esperamos encontrar atributos muitas vezes negligenciados, mas extremamente importantes para a utilização e o enfoque do que vamos chamar de "talentos primitivos". Para ver um diagrama do cérebro, consulte a figura 10-1.

Sistema límbico

Eu, pessoalmente, acho que, para analisar os talentos primitivos, não precisamos ir além do estudo da misteriosa e ainda tão desconhecida área do cérebro chamada mesencéfalo ou sistema límbico. Localizada na região central e inferior do cérebro, essa parte relativamente pequena do nosso mecanismo de raciocínio exerce uma influência desproporcionalmente grande sobre a nossa vida diária e sobre aquela parte que mantemos oculta.

Ali estão o tálamo e o hipotálamo, a pituitária e as amígdalas. Juntos, eles praticamente formam um cérebro inteiro. Os seres humanos desenvolveram o cérebro muito rapidamente, e já tivemos vários deles. O nosso cérebro primitivo, igual ao de todos os animais, é o reptiliano ou bulbo, muitas vezes chamado de ponte. Esse é o tronco onde termina a coluna e começa o cérebro propriamente dito. Ele garantiu a nossa sobrevivência durante milhares de anos, especialmente antes de realmente nos tornarmos "humanos". À medida que as nossas necessidades foram crescendo e o nosso crânio aumentando de tamanho, ele deixou de nos servir e desenvolvemos um outro cérebro. Esse novo cérebro, o cerebelo, assumiu todas as funções remanescentes com que tínhamos de lidar e aprender.

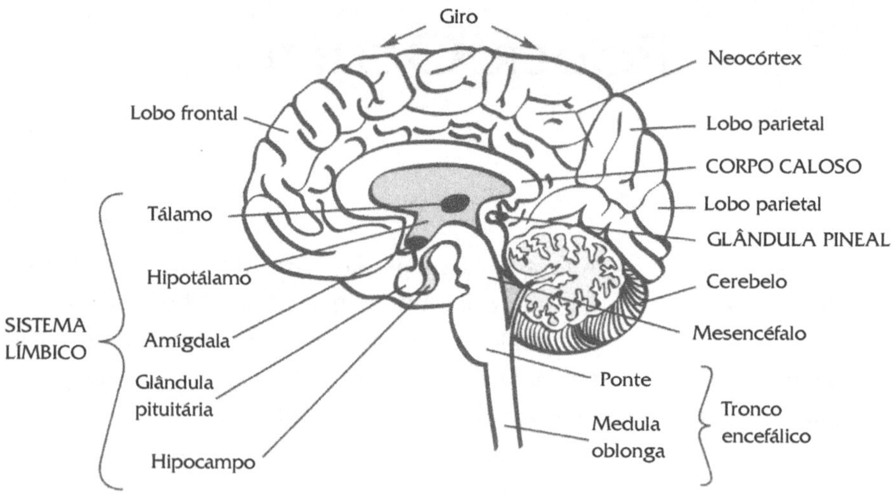

Figura 10-1: O Cérebro Humano

Não tardou para que esse novo cérebro também seguisse pelo mesmo caminho e o mesencéfalo se desenvolvesse. Nessa época a nossa civilização progredia a passos largos e, embora fosse e ainda seja pequeno, esse recém-chegado do tamanho de uma noz era responsável pelo conceito de memória, de armazenagem e recuperação de informações; pela mistura e combinação de substâncias químicas cerebrais presentes na puberdade em ambos os sexos; pelo desencadeamento do trabalho de parto no término da gravidez e pelo início da menopausa, quando o corpo físico não é mais capaz de levar a termo uma gravidez. Os egípcios conheciam essa região do cérebro e a consideravam um conjunto de "câmaras" onde era possível entrar em contato com os vários poderes e atributos de certos deuses. Eles chamavam a pituitária de "Câmara Estelar de Ísis" e afirmavam que ela tinha "paredes de prata que cintilavam com luz própria". O assoalho da câmara era coberto de "lodo do Nilo sagrado". Milhares de anos depois, nós redescobrimos que a pituitária apresenta uma leve fosforescência e que, em aproximadamente 15% das pessoas, existe um resíduo lodoso na parte inferior da glândula, que corresponde aproximadamente à mesma porcentagem de médiuns da população mundial (ver o livro de Colin Wilson *The Outsider*[18]).

O tálamo era consagrado a Thoth, o deus de cabeça de íbis, senhor dos livros e da magia. Como essa região do cérebro guarda as memórias e o conhecimento acumulado, esse foi um bom palpite para um povo antigo sem nenhum equipamento moderno para ajudá-lo. Isso nos leva à amígdala, que controla grande parte da nossa sexualidade e impulsos hormonais. A amígdala era considerada o templo de Hathor, deusa do amor, da beleza e da música.

É por meio dessa área que o indispensável sentido do olfato se liga com o mundo exterior. Houve uma época da história da humanidade em que esse sentido era considerado o mais importante de todos. Os seres humanos dependiam dele para a caça, o reconhecimento, a estimulação sexual (como ainda dependemos) e o senso de direção. Esse é o único sentido que se liga diretamente ao cérebro, por não existir nenhum ponto de junção, e ele ainda é um dos mais importantes, apesar de só usarmos, até este ponto da evolução, uma parte mínima dele. Sabemos que o olfato e a memória reagem um ao outro e a própria memória encontra-se no mesencéfalo.

Glândula pineal

O segundo ponto dos três é a glândula pineal, que fica mais acima no cérebro moderno, entre os lobos esquerdo e direito. Entranhada nos tecidos moles, a glândula pineal se tornou sinônimo de terceiro olho, o órgão da visão interior e da vidência. Dizem que a escuridão total estimula os poderes dessa glândula. Embora o seu papel um dia tenha sido considerado inferior ao da pituitária, hoje ele é considerado muito importante para a nossa saúde mental e psicológica.

Como este livro gira em torno, principalmente, do sentido da visão nos níveis sutis, a glândula pineal será uma importante área a estudar e desenvolver. A vidência, a clarividência e a segunda visão sempre serão os mais cobiçados dos sentidos superiores, os mais raros em estado puro e os

18. Segundo Colin Wilson, renomado autor do livro *The Outsider* e notável apresentador de novas ideias, "A humanidade, nos próximos duzentos anos, dará um novo e empolgante salto evolucionário. Esse salto pode muito bem ser o despertar de uma nova região do cérebro".

mais difíceis de treinar. As pessoas nascidas com esses dons em geral precisam de pouco treinamento básico; elas parecem trazer um conhecimento do que se deve ou não fazer. O que nem sempre se compreende é que a pessoa precisa aceitar tanto o bem quanto o mal. O que eu quero dizer com isso é que nem sempre a pessoa com clarividência vê anjos, fadas e espíritos iluminados. Os reinos sutis são repletos de carapaças, sombras e fragmentos de coisas muito pouco salutares. A glândula pineal é também o ponto onde encontramos as imagens internas que nunca deveriam "vir à tona". É ali que podemos encontrar as visões mais profundas, tanto religiosas quanto seculares. Essa glândula também é a responsável pela visão dos santos. Ela nos permite ver as imagens subjacentes a grandes centros de cura como Lourdes, Chartres e Montserrat, e inspira os peregrinos a caminho de Compostela, Rocamadour, Canterbury e Walsingham. Ela também pode ser a chave para visões como as que atormentaram São Jerônimo no deserto e aquelas que vemos retratadas nas pinturas de Hieronymous Bosch.

Corpo caloso

O último ponto a considerar ainda não manifestou plenamente seus poderes. Vários anos atrás, quando a ciência descobriu as diferenças entre os hemisférios direito e esquerdo do cérebro, uma enxurrada de livros invadiu as prateleiras das livrarias. Havia desde aqueles que mostravam como estimular cada lado de uma vez até os que apresentavam maneiras de estimular um hemisfério à custa do outro. Muito se falou sobre pessoas que utilizavam "apenas" o lado direito ou esquerdo do cérebro. No entanto, precisamos de ambos, por isso temos os dois. Entre o lobo direito e esquerdo, há uma fissura profunda, por onde passa um feixe de fibras nervosas que servem como um cabo telefônico entre os lobos. Esse é o corpo caloso, o terceiro ponto.

É verdade que, na maioria das pessoas, predomina um dos hemisférios. Herbie usa mais o lado esquerdo. Ele se interessa principalmente pelo mundo científico e está mais familiarizado com ele. Gosta de saber como, onde e por quê, mas é também, muitas vezes para a sua própria surpresa, um médium competente. Eu uso mais o lado direito do cérebro, o chamado "fey". Ajo por instinto a maior parte do tempo, mas às vezes posso ser muito lógica. Juntos, nós compomos um cérebro "inteiro" de alta qualidade! No entanto, e esse é o ponto crucial dessa questão do corpo caloso, parece que esse feixe de nervos pode ser um cérebro embrionário feito para "ativar" a porcentagem ainda não utilizada do nosso cérebro. Neste momento, pelo menos um quarto da raça humana está começando a passar por esse despertar.

Os elos entre essas duas metades ainda são frágeis. Eles funcionam, mas só num plano claramente físico. A sua função mais elevada requer a união completa das duas metades, a qual permitirá que os seres humanos vejam os planos sutis e interajam com eles de maneiras que hoje parecem impossíveis. Mas o mesmo aconteceu com as fibras óticas na época em que foram inventadas. A cada era, o que antes parecia impossível logo se torna lugar-comum. Nos últimos cem anos, evoluímos mais rápido do que em qualquer outra época da história humana. Com base nesse fato apenas, podemos pressupor que os próximos cem serão muito interessantes.

O FÍSICO

Ainda sobre a questão do triângulo, vamos analisar brevemente a natureza do nosso próprio triângulo: o físico, o astral e o mental/espiritual. Do ponto de vista físico, muitas pessoas acham que um médium deve ser uma pessoa alta, magra e frágil, ter um caráter fraco e miolo mole. Na verdade, a maioria dos médiuns tende a ter uma altura abaixo da média, compleição sólida e vigorosa por natureza, e ser qualquer coisa menos frágil. A mediunidade requer uma grande dose de força, e quanto mais forte a constituição física, maior a chance de sobrevivência!

Lidar com talentos mediúnicos ou proféticos é algo que exige muito dos níveis de energia da pessoa e, pode, se a pessoa permitir, causar um perigoso enfraquecimento do sistema imunológico. No entanto, se o treinamento for bem fundamentado, em poucos meses o corpo físico do médium passa por um fortalecimento que inclui esse sistema, principalmente se o médium tiver contato com os planos sutis.

O trabalho mágico, quando feito da maneira apropriada, pode trazer grandes benefícios para a mente e para o corpo. Os eventuais problemas têm, em 80% dos casos, apenas causa física. Somente quando o médium vai além dos seus limites, existe a possibilidade de uma baixa energética causar problemas.

O ASTRAL

Quase todas as pessoas acham que o corpo astral é algo que existe e está disponível o tempo todo. Isso porque elas confundem o corpo astral com o corpo etérico. O verdadeiro corpo astral é criado de matéria astral quando necessário. É natural que ele volte ao seu próprio nível quando não está em uso.

Um pouco adiante, estudaremos como criar um corpo astral muito mais eficaz do que um dia já tivemos. Você pode até combinar o etérico e o astral e criar um veículo mais sólido, ou combinar matéria etérica, astral e espiritual para formar o tipo de simulacro usado pelos grandes mestres do passado.

O mental/espiritual

Todo nível é composto de material diverso ao seu próprio estado de ser. À medida que a centelha primordial vai baixando de nível, em sua jornada até o físico, ela vai adquirindo em cada nível um revestimento de matéria. Esse revestimento permanece conosco por um tempo depois do nascimento, mas aos poucos as camadas vão se desgastando, até que apenas a etérica e uma fração da astral permanecem ativas, enquanto as outras ficam latentes. No entanto, como nós as conhecemos em nossos primórdios, elas podem ser reativadas rapidamente quando as técnicas certas são aplicadas.

Você já tem muita teoria em que pensar. Acredite, ela é extremamente necessária para que você tire o máximo proveito da parte prática que vem a seguir.

Agora, respire fundo, pois você vai entrar em outra dimensão.

11 A Arte da Observação (I)

Dolores discorre sobre: reconhecimento e memória; escrita descritiva; fontes de imagens; armazenando memórias de emoção; observação do mundo à nossa volta; os sentidos; a criação da biblioteca particular de imagens; a utilização da Memória Mundial como fonte.

A dádiva da visão é preciosa, no entanto, poucos de nós dão muita atenção a ela. Não basta ver o que está à nossa frente, deveríamos observar tudo o que há para ver. Se pretendemos controlar e manipular a protomatéria do nível astral, então em vez de dizermos simplesmente que "deveríamos observar", precisamos dizer que "temos de observar". A observação é um ingrediente básico e importantíssimo para fazermos visualizações detalhadas e bem-sucedidas.

Todos nós carregamos, no nosso banco de memória particular, imagens e lembranças de tudo o que já vimos, fizemos e ouvimos desde o nosso nascimento. Nove décimos disso estão bloqueados e só são atingidos por meio de hipnose profunda ou de estímulos repentinos, muitas vezes acidentais. O sentido do olfato é um importante gatilho da memória, pois, como já vimos, muitas vezes associamos as pessoas a certos odores. Por exemplo, um perfume ou loção pós-barba pode trazer à memória uma pessoa em particular, pois você associa a pessoa ao aroma.

Reconhecemos pessoas e lugares comparando o que vimos com as imagens que temos deles na memória. Se você vê um conhecido na rua, o seu banco de memória instantaneamente lhe fornece todos os dados de que precisa: nome, idade, tipo de relacionamento, endereço, família, etc. Sem essas imagens armazenadas na memória, não seríamos capazes de reconhecer ninguém, nem nós mesmos no espelho. Para conseguir reconhecer uma imagem, é importante tê-la visto antes; e não só tê-la visto, mas a observado, compreendido e memorizado.

Tome como exemplo o conhecido exercício de meditação orientada. Os alunos costumam ser instruídos a imaginar um ponto de acesso para um estado alternativo de consciência, como uma porta, um portal ou uma paisagem de algum tipo. Mas pode ser assustador ter de imaginar um castelo com uma ponte levadiça, ou uma porta de carvalho de centenas de anos, encravada numa muralha de pedras cobertas de musgo, com dobradiças de ferro e ferrolhos enferrujados. A menos que você já tenha visto essas coisas (nem que tenha sido numa foto ou desenho), não fará a menor ideia de como visualizá-las. Fotos são melhores do que nada, mas o melhor seria já ter cruzado uma ponte levadiça ou tocado a muralha de pedras, a madeira e a porta.

Na Catedral de Durham, na Inglaterra, existe uma escadaria de pedra muito antiga que perfaz um meio-círculo (veja uma escada semelhante na figura 11-1). Por causa da sua largura, a maioria das pessoas sobe essa escadaria pelo lado esquerdo, apoiando-se no corrimão de ferro. Ao longo dos séculos, isso fez com que os degraus desse lado ficassem muito mais desgastados e finos do que do outro. Ver esses degraus, subir por eles, é como sentir o peso dos séculos. A pessoa até consegue imaginar os peregrinos escalando-os num passo cansado. Essa experiência desperta laços emocionais com o passado, que podem fazer com que uma imagem astral pareça surpreendentemente real. Mas, para conseguir usar essas imagens e memórias, é preciso observar e reter detalhes, reparar no sentimento que o lugar desperta e ligá-lo às imagens – depois disso é possível tirar o máximo proveito delas.

Nem só as imagens de objetos são importantes, as de abstrações também. Será que você consegue evocar na sua mente o sentimento da chuva no rosto ou do frio cortante do vento de inverno? Será que consegue criar mentalmente o êxtase que sente ao chegar ao topo de uma montanha num dia de ventania? Essas coisas valem tanto como instrumentos mágicos quanto uma varinha ou uma espada.

Você precisa armazenar emoções também. Como é segurar um bebezinho no colo ou caminhar sozinho por um bosque, à meia-noite, no Dia das Bruxas? Existe algo pelo qual você tenha um sentimento apaixonado?

Como uma causa, um objeto, um ideal ou uma pessoa? Lembre-se desse sentimento, evoque a sua intensidade e use-a como diretriz enquanto estiver criando uma forma-pensamento.

Você consegue se recordar do aroma da grama recém-cortada ou do cheiro úmido e fresco do musgo? Qual a sensação que lhe transmite a textura do veludo, o pelo de um animal ou o couro já desgastado pelo uso? Como exercício, descreva esses sentimentos. Anote as suas impressões por escrito. Você consegue, se lhe pedirem, criar mentalmente um cavaleiro de armadura em todos os detalhes? Ou consegue imaginar uma armadura do século XIV em contraposição a outra do século XVII? O que uma dama da corte usava por baixo do seu traje no ano de 1300? Como um cavaleiro prendia o seu cinturão antes da invenção da fivela?

Figura 11-1: Degraus de Pedra

Você pode perguntar, "Mas isso tudo realmente importa?" Sim, se você quer construir réplicas exatas em matéria astral, importa muito. Por que elas têm de ser exatas? Porque era assim que as coisas eram feitas e usadas naquele tempo. É como a Memória Mundial se lembra delas, como elas foram padronizadas na matéria astral daquela época. Se você não conseguir se lembrar delas como eram, o padrão não será o mesmo e você não conseguirá aproveitar todo o poder que há por trás da imagem. Se conseguir, você não somente imaginará, mas recriará a imagem, ou melhor, se lembrará dela. Pense na sentença a seguir e a anote no seu diário mágico, pois compreender o seu significado é outra daquelas diferenças entre o pretenso mago e o adepto.

"Sempre que possível, recrie em vez de imaginar ou visualizar." Que seja esse o seu lema, sempre que criar formas-pensamento.

Treine a sua memória para reter imagens praticando a técnica dos *scrapbooks*, álbuns de memórias compostos de imagens. Depois que iniciar essa prática, você a achará tão útil que vai querer montar uma biblioteca de suplementos visuais. Para começar, você vai precisar de vários álbuns. Confira um tema a cada um deles. O primeiro pode ser inteiramente dedicado a construções de todos os tipos e de todas as épocas – castelos, palácios, igrejas, catedrais, cabanas, barracos, torres e museus, teatros, templos, ruínas, e assim por diante. Faça um só com portas, degraus e escadas, janelas e vitrais; outro com paisagens, tanto antigas quanto modernas, e imagens do mesmo lugar do tipo "antes e depois". Depois inicie um álbum de costumes históricos e étnicos. Não se esqueça dos animais: como você vai dar forma a um jaguar se não sabe a diferença entre esse felino e um puma? Não se esqueça dos elementos – cenas com água, fogo e tempestades também são necessárias, assim como de cavernas e passagens subterrâneas.

Não se esqueça das cores. Colecione amostras de matizes de todos os tipos, e especialmente imagens de céu, terra e pedra. O azul pálido de uma manhã de primavera é muito diferente do azul profundo do alto verão. As nuvens pesadas que pressagiam uma tempestade e o céu plúmbeo que promete nevasca têm, cada um deles, as suas características próprias. Folheie revistas, livros e anúncios, por exemplo. Acima de tudo, *leia* e *olhe*. Leia livros que tenham uma linguagem descritiva e aproveite-os para ajudá-lo a construir imagens. Leia a descrição, depois baixe o livro e construa a cena descrita na sua cabeça. Posteriormente, tente construí-la novamente com protomatéria. Observe a diferença.

Onde quer que esteja, olhe à sua volta e procure se lembrar do que viu. Tire fotos, faça anotações, desenhe ou pinte. Isso irá ajudá-lo a armazenar imagens mentais. Um bom exercício de memorização consiste em tentar encontrar, enquanto caminha na rua, dez coisas que você nunca tinha notado antes – um vaso numa janela, o quintal de uma casa, a padronagem de uma cortina. Isso ajuda a treinar o seu olho para identificar, no comum, o extraordinário.

Eu gosto de caminhar pela praia de manhã bem cedo, depois de uma noite de tempestade. Gosto de procurar conchas, ossos de pássaros e pedras diferentes para decorar cajados, varinhas e os objetos que uso nos meus encantamentos. Eu fixo a mente no que preciso, enquanto caminho na orla, vendo o objeto com o olho da mente. Depois dou meia-volta e volto pelo mesmo caminho, fazendo uma varredura consciente na faixa de areia à minha frente. Em minutos, as conchas e outros objetos se mostram claramente. Depois de plasmar o meu desejo na matéria astral, eu simplesmente deixo que os objetos se revelem.

Tente ligar as imagens que você já tem com aquelas que vê à sua volta. Junte-as, modifique-as ou transforme-as. Olhe uma das figuras que você tem de um castelo e imagine que essa construção esteja na rua ou na estrada pela qual você passa. Agora entre na figura e explore o castelo em sua imaginação.

Imagine que você esteja montando o cenário de um filme, um cômodo da década de 1930. Como ele seria? O que você usaria para cobrir o chão? Que tipo de enfeites, porcelanas, quadros ou móveis seriam mais apropriados? E o que dizer dos atores? Como eles estariam vestidos e como se pareceriam? Se você olhar os retratos pintados nos últimos trezentos ou quatrocentos anos, verá que as feições humanas e a nossa ideia do que seja beleza mudaram consideravelmente. Dessas pessoas retratadas, muito poucas poderiam andar pela rua sem serem consideradas fora de época.

Passado algum tempo, uma das mais antigas leis da magia começará a entrar em ação. As suas visualizações se tornarão uma segunda natureza e surgirão sempre que você quiser. Quando você pratica algo por tempo suficiente, dando o máximo de si cada vez que faz isso, chega um momento em que não precisa mais se esforçar. Ela acontece. Mas você precisa passar por todo o trabalho preparatório antes de conseguir chegar à Memória Mundial dentro de você. O mesmo acontece com os templos, os instrumentos e os rituais. Um dia, depois de anos de trabalho, você não precisa mais de todos os artifícios costumeiros; eles se internalizam e você passa a tê-los sob o seu comando. É aí que você se torna um adepto.

Se você quer dar forma aos seus pensamentos em vez de simplesmente visualizá-los, tem que decidir primeiro se valerá a pena todo o esforço. Construir formas-pensamento poderosas exige muito esforço concentrado. O meu trabalho aqui não é tentar influenciá-lo com palavras lisonjeiras ou falsas promessas, apenas mostrar como se faz o trabalho. O resto é com você. Mas a visualização é apenas uma parte da arte de construir formas-pensamento. Você tem que ter algo com que formá-las, como matéria astral. Mas o que é matéria astral?

12 A Composição da Matéria Astral

Dolores discorre sobre: matéria astral; uma explicação sobre o seu poder de formação e propósito; passagem para o mundo astral; como vê-lo e entendê-lo; despertando imagens, formas e figuras humanas básicas; o comando "ficar"; textura, cor, perspectiva e peso; usando os sentidos como instrumentos; usando uma imagem central como ponto focal.

O que é matéria astral, exatamente? A resposta é tão simples que muito poucas pessoas compreendem a sua importância. Trata-se de protomatéria senciente, material de construção primordial, a argila dos Elohim – os seres misteriosos que fizeram o ser humano à sua própria imagem (ver Gênesis, 1:26). É o fato de ser um material *senciente* que torna a protomatéria capaz de reproduzir os padrões mentais que nela imprimimos. Chamá-la de matéria astral, embora de fato seja, nem de longe explica o que ela realmente é.

O que conhecemos como vida física, em toda a sua miríade de formas, é na verdade uma manifestação de protomatéria senciente com impressões – em termos mais simples, um pensamento transformado em realidade. Mas que impressões são essas? Ou, para ir direto ao ponto, impressões de quem? Mais uma vez, a resposta é simples: da mente ou de mentes infinitamente mais poderosas do que as nossas.[19]

19. A opinião aqui expressa é de Dolores. Herbie acredita que, embora mentes "mais poderosas do que as nossas" pos-

Para se chegar a uma compreensão profunda dessa ideia, é preciso voltar aos princípios básicos – aos primórdios do nosso universo, para dizer a verdade – e lançar uma hipótese. Dê uma olhada na figura 12-1. Ela representa uma área do nada imanifesto, um espaço de matéria inerte e não senciente. Tendo em mente o axioma "Assim em cima como embaixo", dê uma olhada agora na figura 12-2.

Figura 12-1: O Nada Imanifesto

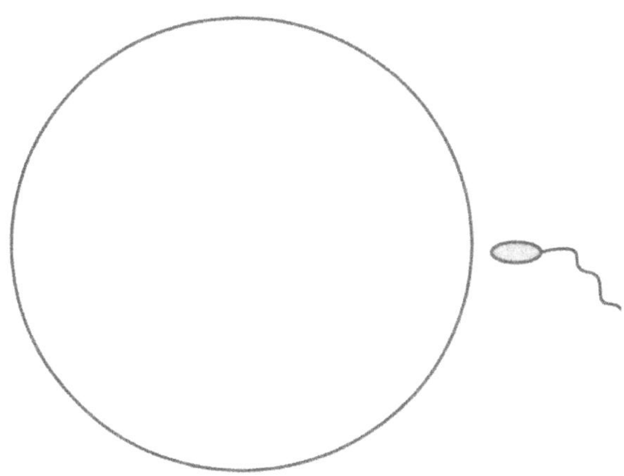

Figura 12-2: A Entidade Inteligente

---

sam certamente ter participação na criação do universo como um todo, o nosso ambiente imediato resulta de uma impressão feita na matéria astral pelas nossas mentes, geralmente no nível inconsciente.

Ela mostra um símbolo muito conhecido se aproximando da área do espaço inabitado. O recém-chegado é uma Entidade Inteligente. Não temos como saber quem ele é ou de onde veio, mas podemos supor que esteja procurando um lugar em que possa se tornar ele próprio. (*Asher Eheieh Asher*, Eu Sou o que Sou.) A entidade entra nesse lugar proibido e percebe, cunhando uma frase, que o espaço a recebe e arrebata.

Por incontáveis éons, ela medita e reflete sobre si mesma e sobre as suas razões de existir. Por fim, percebendo que a verdadeira realização não pode ser atingida em solidão, ela age, e portanto causa uma reação. Essa "ação" é a emanação, ou abandono, de uma parte da sua própria substância; e a reação que ela causa é a *primeira* onda de criação.

Ela não tem outra imagem em que se inspirar a não ser a sua própria. Portanto, o que passa então a existir é, como ela mesma, capaz de atingir a autorrealização e criar outras formas. Mas elas são como crianças na escola, e não têm conhecimento ainda da existência pré-cósmica do Pai. Elas são o Elohim, os Primeiros Filhos do que é agora, e para sempre será, o Uno (figura 12-3).

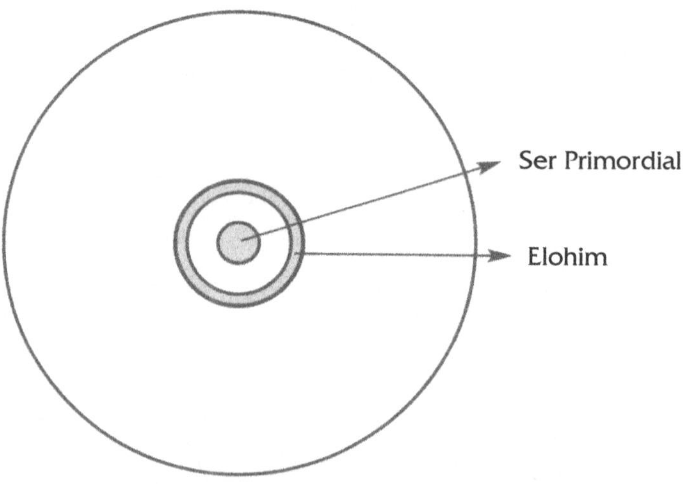

Figura 12-3

Mas isso não é tudo. O Uno tem um grande plano para o seu universo. Ocorre outra emanação de substância primordial. Como a primeira, ela tem razão e capacidade de compreensão, mas a experiência a transformou. Essa segunda onda produz seres com uma tarefa específica: canalizar a vontade do Uno – o Chayot Ha Kadesh, os Quatro Seres Viventes Sagrados. (Ver figura 12-4: o Leão Alado, o Touro Alado, a Águia e o Ser Humano Alado.)

Figura 12-4: Os Quatro Seres Viventes Sagrados

A terceira e a quarta emanações trouxeram à vida os arcanjos e as hostes angélicas inferiores. Agora, são lançadas ondas sucessivas de Matéria Primordial, e cada uma delas, à medida que se afasta da Fonte Primordial, vai perdendo a força (ver figura 12-5).

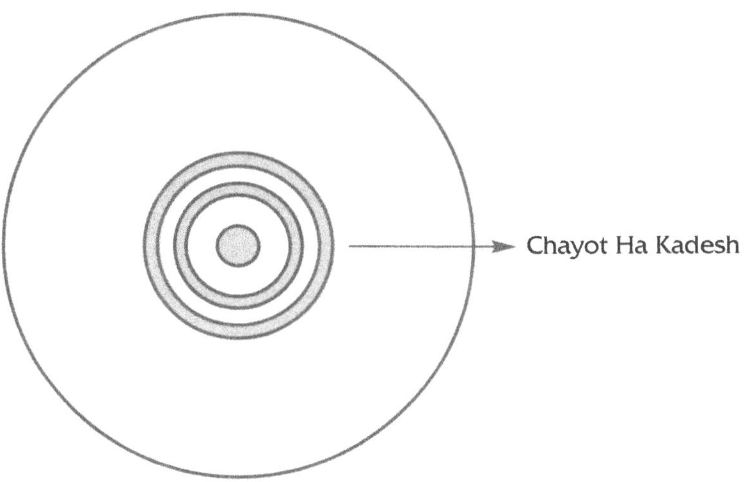

Figura 12-5

Ocorre então uma pausa, enquanto pensamentos, ideias e planos são preparados, adaptados e aperfeiçoados. À luz do que foi aprendido, o plano final do universo é determinado. E que plano! O Uno deseja saber, entender e vivenciar a realidade, mas a sua substância é rarefeita demais para se tornar tão densa, portanto é preciso encontrar outra maneira. Lançando mão ainda da sua própria substância, o Uno emana uma sucessão de camadas cada vez mais densas de matéria. No entanto, ele só pode prover a substância. Não pode acompanhar o seu progresso. Isso fica a cargo dos seres que ele já criou. Cada nível o traz ao máximo para baixo. Essas são as dimensões, que ficam cada vez mais densas à medida que se distanciam da influência do Uno. No entanto, como a matéria se origina do corpo do Pai Primordial, ela herda um senso de eu e a capacidade de criar, embora imensamente diminuída. Na verdade, ela só pode criar se for provida de um padrão. (Ver figuras 12-5, 12-6 e 12-7.)

O último nível de todos tem três instintos básicos – sobreviver, viver em grupo e se reproduzir. Embora separado do Pai Primordial, ele obedece à lei e cria sua condição repetidamente. Esse é o nível que o Uno fez para usar como veículo de seu plano. Esse plano é vida inteligente, por meio do qual ele pode vivenciar seu próprio universo no nível mais denso. Para tornar isso possível, cada uma das partículas de matéria do último nível recebeu uma

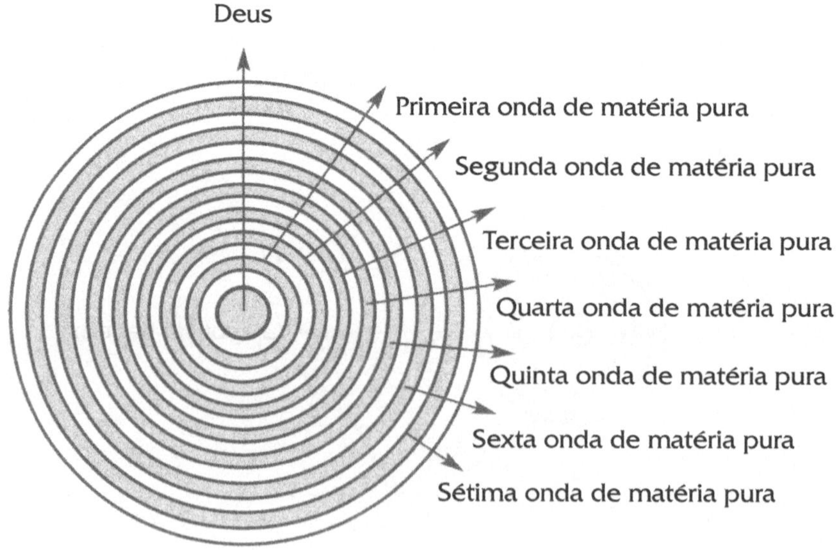

Figura 12-6

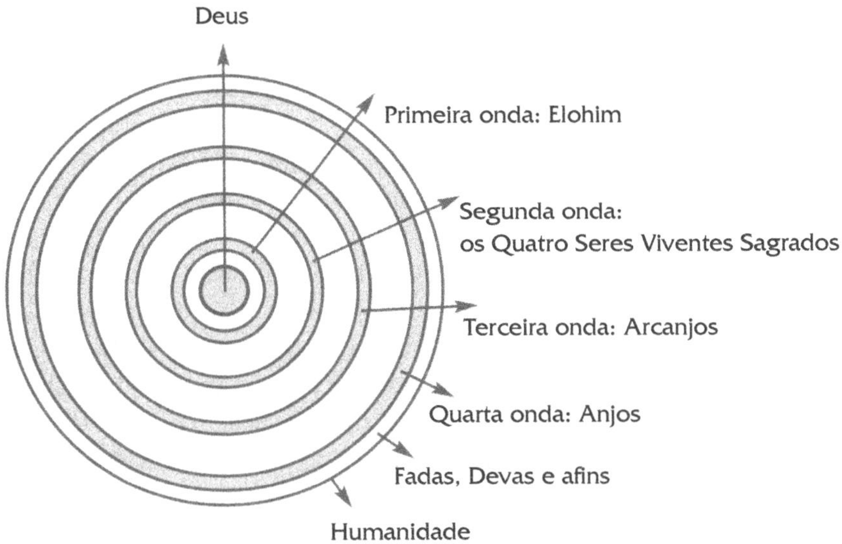

Figura 12-7: Arcanjos e Hostes Angélicas Inferiores

partícula de mente pura, a maior das dádivas, pois ela inclui livre-arbítrio, concedido pela primeira vez. Lembre-se, os seres criados nas primeiras ondas não são humanos, embora vivam no senso que conhecemos e compreendemos a vida. Podem ser superiores em poder, mas não têm livre-arbítrio.

A palavra do Uno ecoa, levando aqueles que ele criou a fazer a sua vontade: "Dê-me formas de vida para habitar. Dê a essas formas a dádiva do som. Que sintam desejo, alegria, esperança e raiva. Que vivam, cresçam e morram. Elas voltarão várias e várias vezes até que tenham passado por todas as experiências, então voltarão para *mim*."

Então os Elohim e as Criaturas Viventes Sagradas se juntaram e confabularam por muito tempo. "Vamos fazer o homem à nossa imagem e semelhança", disseram os Elohim. E eles fizeram, usando a protomatéria do nível de existência imediatamente superior ao físico. As formas-pensamento então criadas atravessaram o astral em direção ao nível físico. Quantas vezes você já leu que os primeiros seres humanos eram mais etéricos em sua forma do que os modelos posteriores? Talvez fosse porque tenha sido preciso muitas eras para que o padrão pudesse se revestir das camadas de substância astral e etérica de modo a proteger em seu âmago a forma-pensamento divina. Graças à nossa origem divina, possuímos a mesma capacidade de criar formas, tanto no plano físico quanto no astral.

Todas as dimensões são capazes de receber impressões por meio do poder conjunto do desejo e da imaginação, mas as dimensões superiores são difíceis de alcançar e mais difíceis ainda de manter por tempo suficiente para deixar ali impressões. Contudo, o nível astral é próximo ao nosso e responde bem ao pensamento forte e sustentado do nível físico e dos planos superiores mental e espiritual, depois que a mente é treinada.

Qualquer um pode construir uma forma-pensamento astral, mas sem treinamento ela desaparece tão logo deixa de ser cultivada na mente. Quando essa forma-pensamento é alimentada por muitas pessoas e por um longo período de tempo, surge uma forma semipermanente. É desse modo que as formas de Deus são criadas e os antigos egípcios criaram os guardiães das suas tumbas; e é essa a razão por que imagens que atraem os olhos, a mente e o coração das pessoas se tornam reais nesse nível. Como exemplo podemos citar o Rei Artur, Mickey Mouse, *Jornada nas Estrelas*, *Guerra nas Estrelas*, as Tartarugas Ninja, os Power Rangers e todos os seus subprodutos, juntamente com outras imagens televisivas, cinematográficas e literárias. No entanto, depois que elas deixam de encantar a mente humana e são esquecidas, essas formas-pensamento voltam à condição de matéria astral. Sabe-se também que poucas pessoas têm força mental para construir e sustentar essas imagens. *Não* se trata de um jogo para entreter ou estimular os sentidos. Construir formas-pensamento em níveis superiores pode ser muito perigoso – um aviso que repetiremos ao longo de todo este livro. Por outro lado, você provavelmente só precisará cometer esse erro uma vez (bem... talvez duas), antes de perceber a verdade dessa afirmação.

Tendo aprendido a estrutura básica do material com que você trabalhará, podemos seguir adiante. Você já aprendeu como é importante colecionar imagens fotográficas para servir de padrões para as suas visualizações. Agora daremos um passo à frente. Como eu já expliquei, o mundo astral não tem as suas próprias paisagens naturais. Ele consiste simplesmente em uma amplitude branca ou cinza-enfumaçada de protomatéria não estruturada. Para que você possa ter uma experiência direta disso, arranje uma caixa de papelão do tamanho aproximado de uma caixa de sapatos, corte um dos lados e pinte por dentro com uma tinta acrílica branca, como mostra a figura 12-8.

Quando a tinta estiver seca, segure a caixa perto dos olhos e imagine que ela seja uma passagem para o nível astral. O efeito lhe dará uma ideia de como seria um mundo todo branco e o ajudará a visualizá-lo com o olho interior.

Parece uma tolice? Pode ser, mas funciona. Até que você possa "ver e sentir" o efeito de um território totalmente branco, não poderá visualizá-lo realmente. Pense nele como a imensidão inóspita do polo norte sem o frio.

Figura 12-8: Caixa de Papelão

Passe algum tempo (um ou dois dias) vivenciando e internalizando plenamente o efeito, pois é assim que o plano astral é em seu estado natural. A "brancura" total pode desnortear um pouco no começo, pois é como estar perdido numa tempestade de neve. Quando se anda pela sua superfície, ela dá a impressão de ser macia e elástica.

Aborde o mundo astral com cuidado; a princípio só se deixe ficar nessa amplidão branca e plana, e observe os efeitos sem tentar fazer nada. Você vai notar que todo pensamento que lhe ocorre vai fazer com que algum tipo de forma se materialize nessa matéria básica, geralmente sem muita cor, simetria ou detalhe. Então a forma se desvanece tão rapidamente quanto surgiu, à medida que você deixa de dar atenção à imagem mental. Algumas das formas podem estar distorcidas ou inacabadas; isso porque a forma-pensamento não foi suficientemente específica para se reproduzir com exatidão.

Depois que você conseguir criar esse mundo branco na sua cabeça, pode dar o passo seguinte, que é compreender a estrutura e o propósito do nível astral. O que circunda você é *matéria viva*, a um passo da manifestação – uma espécie de fluido sólido! Um paradoxo? Sim, mas o mundo da magia é cheio deles.

A protomatéria obedece ao pensamento, a qualquer pensamento, seja ele detalhado ou não. Ela *precisa* se manifestar e aproveitará toda e qualquer oportunidade para fazer isso. Ela está em constante movimento, embora seja um movimento tão leve que parece quase imperceptível. Em seu estado natural, ela se manifesta sempre que você pensa, exatamente do modo como você pensa, incluindo falhas e imperfeições. E, quando pratica magia, a última coisa que você quer são falhas e imperfeições.

A maioria das visualizações não funciona muito bem porque a matriz do pensamento é falha. Quanto mais claro e exato for o padrão de pensamento, mais forte e eficaz é a forma no plano físico. É por isso que você precisa observar as coisas em detalhe, reunir exemplos que o ajudem a visualizar, e ter dados precisos no seu arquivo mental. Imagens criadas às pressas vão gerar manifestações feitas às pressas. Nunca tenha pressa ao fa-

Figura 12-9: O Mago

zer visualizações – planeje tudo de modo que saiba o que vai precisar e como precisa olhar, trabalhar e se comportar.

Se o seu objetivo é controlar a protomatéria, primeiro precisa aprender a controlar as suas imagens mentais. Esse é um dos significados ocultos, velados, da carta de tarô O Mago (ver figura 12-9).

Ele está alheio a tudo, menos à tarefa que tem à mão. Diante dele, no altar, estão os ingredientes da manifestação, os símbolos dos quatro elementos (os Quatro Seres Viventes). A mão erguida simboliza a vontade (agindo em consonância com a vontade do Uno), orientando a forma que esses elementos vão futuramente assumir. A outra mão aponta para a Terra, onde a manifestação ocorrerá. A letra hebraica associada com essa carta é *Beth*, que significa casa, um símbolo de solidez, forma e proteção. O Mago está totalmente no controle.

Quando um seixo é jogado numa tigela de leite ou uma gota de água cai de certa altura numa superfície sólida, a cena em câmara lenta mostra o líquido numa erupção em forma de coroa. Do mesmo modo, a mente controlada e adestrada pode "erguer" da protomatéria astral uma forma que pode então ser aperfeiçoada em outras configurações. O único instrumento "mágico" necessário é o pensamento.

É assim que todas as formas-pensamento são manipuladas. Não existe uma maneira rápida de aprender – você precisa passar por toda a sequência, começando pelos primeiros estágios. Também não existe uma maneira de traduzir esse "impulso mental" em palavras – você precisa tentar por si mesmo, acertar ou errar.

Exercício um

Para este exercício, você vai precisar do seguinte material:

1. Uma placa de poliestireno branco de 5 mm de espessura.
2. Massa de modelar para confeccionar um cubo de cinco centímetros, uma forma piramidal com uma base de cinco centímetros, uma esfera de cinco centímetros de diâmetro (você pode usar uma bolinha de pingue-pongue, se quiser) e um retângulo de 5 cm de largura, 2 de espessura e 10 de comprimento.
3. Uma faca afiada.

Faça um buraco na placa, grande o suficiente para deixar passar, pelo poliestireno, alguns milímetros do cubo, como mostra a figura 12-10. Faça o mesmo com as outras figuras geométricas.

Guarde os pedaços de poliestireno que você recortou da placa, pois precisará deles mais tarde. Dê uma boa olhada na placa; ela representa o mundo astral.

Encaixe o cubo no buraco a partir da parte inferior da placa. Aos poucos, vá empurrando o cubo, até ele começar a aparecer do outro lado, como mostra a figura 12-11.

Pare e olhe o cubo. É assim que você "ergue" a matéria astral da sua matriz. Olhe o cubo de perto por alguns minutos e memorize-o em detalhes. Empurre-o um pouquinho mais e depois pare para olhar o resultado. Faça isso até que o cubo esteja inteiramente à mostra. Faça o mesmo com as outras figuras geométricas, uma de cada vez. À medida que a forma emerge da base, ela lhe dará uma ideia clara de como criar uma forma a partir de matéria astral. Quando tiver feito isso com as quatro figuras, você já estará pronto para a segunda etapa do exercício.

Retire as figuras dos buracos e recoloque os pedaços de poliestireno. Coloque o cubo sobre a base e observe-o por alguns minutos. Em seguida, insira uma extremidade de um longo pino ou agulha em um dos cantos da figura geométrica e a outra extremidade na placa. O cubo deve ficar apoiado num dos cantos (ver figura 12-12).

É assim que você separa a sua forma da matriz. Vire-a lentamente para poder observá-la de todos os ângulos. Faça o mesmo com as outras formas.

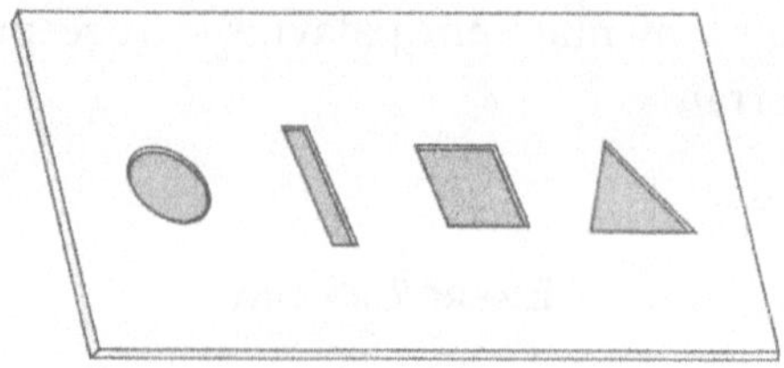

Figura 12-10: Placa com Formas Geométricas Encaixadas

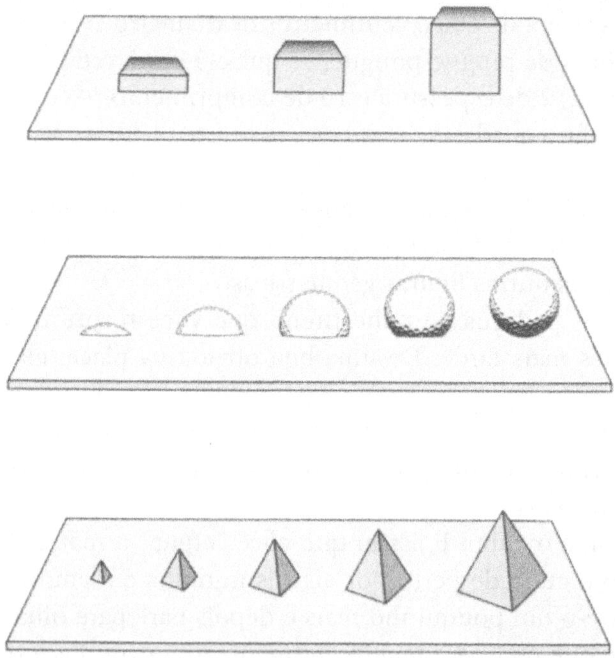

Figura 12-11: Matéria Astral Moldada a Partir da sua Matriz

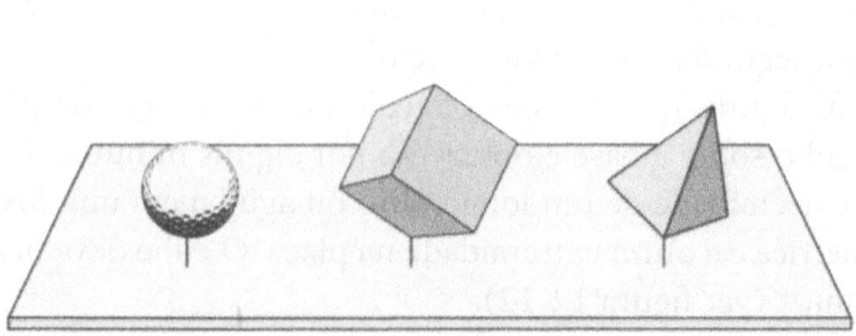

Figura 12-12: Formas Geométricas Espetadas na Placa

Com a ajuda de agulhas, você pode dispor as figuras de várias maneiras diferentes. Agora pinte cada lado do cubo de uma cor e gire-o novamente. Observe as cores e ângulos. Se tiver paciência e determinação, você pode fazer outras figuras geométricas de cores e formas diferentes.

Se quiser, faça figuras com outros materiais e fixe-as a diferentes distâncias umas das outras e de você, no papel de observador. Note que a perspectiva é necessária até no nível astral. Coloque outra figura no centro e espalhe as demais em volta para ter um ponto focal. Você vai perceber que esse é um truque muito útil quando trabalha no astral, pois confere profundidade à sua visualização. Tudo isso requer tempo e esforço, mas a recompensa será uma imagem penetrante e um elevado grau de controle sobre o seu trabalho astral.

Os estudantes de magia que não treinam nem estudam em escolas de alto nível quase nunca aprendem que cada plano ou dimensão possui uma sobrealma que consiste, ela própria, num ser senciente. No nosso mundo (este planeta), essa sobrealma é conhecida como Gaia. O mundo astral, que chamamos, em termos cabalísticos, de Yetsirah, tornou-se consciente de si mesmo pelo nome de Levanah.

Nos tempos medievais, os alquimistas e magos descobriram e usaram artifícios para aprisionar porções de matéria astral. Como a natureza dessa matéria é criar formas quando estimulada pelo pensamento, as ideias supersticiosas e assustadoras presentes na psique humana naquela época acabaram por criar formas horríveis, que eram imitadas pela protomatéria aprisionada. A pobre forma era então amaldiçoada, ameaçada e condenada por exibir a forma que lhe fora dada copiar. As figuras de pesadelo pintadas por Hieronymus Bosch são um exemplo excelente dessas aventuras insensatas. Tudo isso para provar que, se você encontra monstros no seu mundo astral, é porque os trouxe com você!

Chega de brincar com formas no plano físico. Agora vamos partir para o teste de verdade.

Exercício dois

Prepare-se para fazer uma meditação orientada. Mentalize a paisagem branca e contemple-a como pano de fundo de três a cinco minutos. Você deve começar toda sessão de criação de formas-pensamento com esse período de preparação. Por quê? Porque (1) ele sintoniza o seu olho interior com a alteração, tanto na perspectiva quanto na dimensão, assim como o olho físico precisa de um tempo para se adaptar da luz à escuridão, e (2) possibilita que o mundo astral reconheça e se ajuste a você. Lembre-se, trata-se de matéria *viva*: ela reage não só aos nossos pensamentos, mas também à nossa personalidade.

Mentalizando o seu mundo astral branco, fixe o olho interior num ponto a uns dois metros de você e imagine a figura de um cubo, mas muito maior do que o cubo do exercício anterior. (Faça com que ele tenha um metro quadrado, aproximadamente.) Passados alguns segundos, você deve começar a ver as bordas do cubo emergindo da matéria astral. Concentre-se em erguer o cubo da matéria ao redor até que ele esteja completo. Agora acrescente os detalhes. Defina melhor as bordas e pontas e separe todo o cubo de sua matriz. Agora caminhe até ele, circunde-o, examine-o de todos os ângulos e procure fazê-lo o mais perfeito possível. Para dar mais substância a ele, acrescente sombra. Agora o afaste da matriz e segure-o a certa altura do chão; ele ainda não tem peso. Vire-o, faça com que fique suspenso por um dos cantos, pinte cada face de uma cor, depois deixe-o apoiado num dos lados e ordene para "ficar", como faria com um cãozinho ao ser adestrado.

Faça o mesmo usando outras formas geométricas. Arraste as figuras para cima bem devagar, tornando-as muito maiores do que no exercício anterior. Separe-as da base principal. Erga-as, pinte-as, gire-as no ar. Tente o mesmo com letras, números, símbolos, o que for. Essa é uma brincadeira que você pode fazer durante viagens longas, enquanto espera no saguão de aeroportos, passeia com o cachorro ou toma sol num dia de folga. Um pouco de treino por dia causará uma melhora de 300% na sua capacidade de visualizar – isso é uma promessa. Sempre dê o comando "ficar", se quiser que a figura permaneça.

Experimente outras figuras – losangos, hexágonos, triângulos isósceles ou cilindros. Essas são as figuras mais fáceis com que iniciar o seu treinamento e entrar no mundo fascinante do astral. Depois que tiver domínio da arte de criar formas simples, tente criar figuras duplas, uma esfera dentro de um cubo, uma pirâmide no topo de outra invertida, uma série de figuras interconectadas, uma dentro da outra, colunas entrelaçadas ou escadas que sobem em todas as direções, até conseguir visualizar uma paisagem como a da escada de Esher até o plano astral.

Enquanto trabalha com figuras, tente mudar as texturas e os materiais: mármores estriados, granitos, pórfiros, lápis-lazúli ou alabastro, por exemplo. As cores também têm de fazer parte desse exercício, que deve ser praticado diariamente até você conseguir criar qualquer tipo de figura ou forma, em qualquer textura, material ou cor que quiser. Depois que chegar a esse ponto, você pode começar a acrescentar "peso" ao seu programa de exercícios. Segure, durante alguns minutos, um torrão de açúcar ou algo com peso semelhante na mão e depois tente imitar esse peso no astral.

Você se sentirá tentado a fazer esses exercícios apressadamente, especialmente se já tiver algum treinamento em magia. No entanto, repetir algo que já sabemos nunca nos traz prejuízo algum; só nos lembra de que nossas habilidades vão se embotando quando a familiaridade vira presunção. Um mês de prática diária durante alguns minutos provavelmente de nada adiantará. Eu sei que isso não é o que você gostaria de ouvir. Eu aposto que você já disse a si mesmo que não precisa desses exercícios, já é suficientemente competente para pular este capítulo. Mas eu aposto que você está errado. *Ninguém* é tão bom que não possa se beneficiar de um curso de atualização com práticas intensivas.

Ao longo de um mês, você deve concentrar todos os seus sentidos nessa prática. Não basta ver, você tem de ouvir também. Dê uma batidinha nos cubos, retângulos, etc., e ouça o som que eles fazem. Se não ouvir nada, repita a ação no nível físico até que você consiga se lembrar do som no astral. Experimente com vários sons. Um cubo oco faz um som diferente de um cubo sólido.

Associe cores a aromas quando acrescentar cor às suas figuras geométricas. Lembre-se do aroma de uma rosa vermelha e aplique-o a uma esfera vermelha. Associe um cubo dourado ao perfume suave da camomila. Um retângulo verde pode ter o cheiro de grama recém-cortada.

O toque pode ser associado à superfície lisa da madeira polida ou à aspereza do granito, à maciez da grama e ao toque agradável do couro. Lembre-se, os seus sentidos vão se elevando a cada plano assim como você e se tornando mais sensíveis; num certo ponto entre o plano mental superior e o espiritual inferior, eles se fundem e se tornam um único sentido. Quando isso ocorre no nível físico (o que é raro), o fenômeno é chamado de sinestesia, um estado em que os sentidos se misturam e começam a interferir uns nos outros. A pessoa pode ver, por exemplo, cada letra do alfabeto com uma cor diferente. Essa pode ser uma condição neurológica debilitante, deprimente e até perigosa. No astral, no entanto, especialmente nos níveis superiores, ela expande a consciência.

Em seguida vem o paladar; você pode se perguntar como é possível sentir o gosto de uma forma geométrica. Com referência à síndrome da sinestesia mencionada anteriormente, há um livro chamado *The Man Who Could Taste Shapes*, escrito por Richard Czytowic. Lembre-se, você não está trabalhando com as limitações do mundo físico aqui. A sua esfera vermelha pode se tornar um grande tomate, combinando forma, cor, cheiro e gosto, além de peso. As suas figuras não precisam ser grandes; você pode fazê-las pequenas para que caibam na palma da mão.

E há também o sexto sentido, aquele que você usa quando está se lembrando das figuras, formas, cores, etc. Esse sentido extra tem uma ligação com o tempo e com a memória, pois esta o leva de volta a acontecimentos passados. Você precisa se lembrar de como é a aparência de uma esfera ou de um triângulo, de como é o azul ou o verde, de qual é o aroma de certa flor ou da diferença entre a textura do veludo e a do vidro. É esse sentido que pode revelar o futuro ou levá-lo a rever acontecimentos do passado. Você verá que há muito trabalho a fazer com respeito a esse exercício.

Descobri, no meu treinamento, que é muito útil construir uma estante de matéria astral e enchê-la com as figuras geométricas que eu tento construir. Isso me ajuda a recuperá-las quando volto a fazer o exercício. A mente subconsciente é a sua grande aliada aqui. Ela reconhece símbolos e os aceita como reais. A estante é um lugar para se guardar objetos, por isso é um símbolo de armazenagem. As minhas figuras geométricas ficam no lugar onde as deixei porque a minha mente subconsciente acredita que uma estante é um lugar onde as coisas ficam guardadas até que sejam necessárias.[20]

Outro instrumento, ou melhor, acessório para esta etapa do trabalho é o "ponto central", um meio inestimável de focar imagens e figuras. Eu uso uma coluna dórica alta e robusta para dar a impressão de força. Ela é o meu ponto focal logo ao entrar no plano astral, o que me ajuda a me orientar nesse ambiente monocromático. Figuras e formas podem ser agrupadas em torno do ponto central de acordo com o tamanho ou a cor, ou usando figuras idênticas com cores e materiais diferentes. A coluna dá perspectiva e causa um efeito na paisagem. Dê a ela uma cor forte que a destaque no ambiente em volta. A minha primeira coluna era preta, mas, à medida que fui progredindo, acrescentei outra a distância, num tom verde-musgo.

O ponto central não precisa ser uma coluna. Experimente uma pirâmide ou uma escada em caracol em que possa pôr uma figura em cada degrau. A escada pode ser bonita *e* prática ao mesmo tempo. Satisfaça o seu gosto pela beleza e tenha prazer com o que constrói. Siga essa regra sempre que estiver criando formas-pensamento, não importa o seu nível de competência. Você sempre tem de dar o melhor de si no seu trabalho. Como dizia Dion Fortune, "Só o melhor é bom o suficiente para os deuses".

Lembre-se, você ainda está usando a paisagem branca e plana, mas logo poderá mudar para outra mais colorida e interessante. No entanto, ainda há algumas coisas a fazer antes de prosseguir. Já pensou em olhar para

20. Ver, mais adiante neste livro, capítulos escritos por Herbie sobre o Palácio da Memória.

cima? Sim, você encontra a mesma brancura! No nível físico, essa cor pode significar neve. Portanto, encha a mente com a ideia de neve caindo e então... ela começa a cair. Até agora você construiu formas-pensamento fazendo com que elas brotem do chão, mas no plano astral a matéria com que você trabalha está em todo lugar: embaixo, em cima e dos lados. Você está cercado da matéria com que são feitos os sonhos, para usar não só na magia mas também para lhe dar prazer.

Os flocos de neve pararam de cair quando você parou de pensar neles. Comece outra vez e se divirta numa nevasca de verdade, sem ficar com os pés e mãos gelados. Amontoe a neve em torno das figuras que construiu ou faça um boneco de neve. Você não vai precisar nem de uma pá. Pense e ele aparece. Não foi suficiente? Pare com a neve e pense na chuva. Lembre-se da chuva no nível físico, a sensação da roupa molhada e dos pés molhados. Faça uma chuva gostosa de verão e se divirta embaixo dela. A chuva pode ser tão molhada no astral quanto no físico. Faça esses dois mundos reais para você, deixe que um seja reflexo do outro e, acima de tudo, aprenda a criar no seu mundo interior o que lhe agrada no mundo físico.

Exercício três

Crie um círculo de pedra com base na ilustração de um livro ou numa foto. Faça isso bem devagar, acrescentando uma pedra por vez. Se você tem uma foto nítida, tente fazer uma réplica exata de cada uma delas. Faça-as surgir da matriz de matéria como você aprendeu, com a aparência das originais. Aperfeiçoe cada pedra, altere a textura, a cor, o tamanho, etc., até que ela esteja bem próxima do que você queria.

Faça o mesmo com a pedra seguinte. Trabalhe uma pedra ou duas por dia, até que o círculo esteja completo. Depois passe para o chão, criando grama, turfa ou xisto. Quando estiver pronto, você vai descobrir que o resto da paisagem aparece sem que você precise fazer muito esforço. Lembre-se, criar objetos tanto no plano físico quanto no sutil é algo que fomos programados para fazer. Somos uma parte viva do Criador, com os mesmos poderes que ele, embora num nível muito inferior.

Com este exercício, você completa esta parte do treinamento.

13 A Arte da Observação (II)

Dolores discorre sobre: imagens estáticas, simples e múltiplas; recordação de imagens do passado; arquitetura astral, teatro astral e atores astrais; a animação de imagens; diferenciação de personagens e aparências; imagens audíveis; sons seletivos; impressões de voz; imagens musicais.

Agora você já conhece todos os princípios básicos. Sabe o que é matéria astral e o que ela faz. Você pode extraí-la da matriz para criar figuras e padrões geométricos. Aprendeu a observar, reter e armazenar imagens tanto mental quando fisicamente, na forma de fotos e ilustrações. Explorou as profundezas dos seus desejos e aprendeu a ver e usar os sentimentos como instrumentos mágicos, o que eles realmente são. Agora é hora de começar a desenvolver os seus talentos ainda mais.

Vamos começar com imagens estáticas. Procure a foto de uma estátua no seu álbum de memórias. Escolha uma que seja simples e descomplicada. Uma estátua egípcia seria o ideal; as suas linhas são simples, fortes, bem definidas e sem complicação. Entre na sua paisagem astral e erga ali uma coluna indefinida de protomatéria, centralize-a e dê a ela o tamanho que desejar; em seguida dê-lhe o comando "ficar". Lembre-se da estátua escolhida e mentalize-a. Diante do pilar de matéria indefinida, lembre-se da imagem memorizada. Comece a construir o desejo de ver essa imagem criada com matéria astral. Aguce a sua curiosidade com relação a sua capacidade de fazer isso. Deixe essa curiosidade cada vez mais forte até que ela se transforme numa necessidade real de provar que você pode fazer isso.

Imprima a imagem mental da estátua na matéria. Não tente mantê-la estável; deixe que tremule um pouco. Aos poucos, exerça a sua vontade de controlar essa tremulação e em poucos minutos a coluna começará a assumir a forma da estátua. Tão logo ela estiver completa, dê-lhe o comando "ficar". Nesse ponto ela ainda não será exata. Você precisa aperfeiçoá-la e defini-la de acordo com a sua imagem mental. Pode torná-la maior ou menor. Tente se lembrar do tipo de pedra de que ela é feita, da sua cor e textura, e imprima essa imagem sobre a figura. Mentalize-a sendo empurrada para o chão, até se dissolver novamente, mudando de aspecto em segundos; então acrescente novas instruções.

Além do comando "ficar", você pode usar outros, como "prepare-se para mudar", "volte a ser o que era" e "depois de concluída, fique e salve". A estátua agora pode voltar à sua forma natural. Dali em diante, tudo o que você precisará fazer é puxar pela memória dizendo: "Volte a formar a estátua de Amenhotep III", e ela brotará da matriz assim como você a mentalizou antes.

Experimente vários tipos de estátuas egípcias e "salve-as" para usar futuramente. Por que salvá-las? Porque o seu cérebro funciona como um computador e, portanto, pode arquivar, salvar, formatar e editar. Esses comandos passaram a fazer parte da nossa linguagem. O cérebro instantaneamente compreende o que eles significam e procede de acordo. Ele salva o padrão e o arquiva, dispensando você de processos complicados de pensamento. A protomatéria é capaz disso porque, assim como nós, ela é matéria viva, tem memória e pode pensar e agir como nós, embora de maneira diferente. Ela também guarda lembranças de todo "padrão" que foi solicitada a reproduzir, desde que o primeiro pensamento imaginativo a despertou como a Bela Adormecida. Quando você trabalha por muito tempo com o plano astral, começa a entender que ele é como um "ser" e merece cortesia e apreço. Na verdade, cada plano tem um senso de si mesmo, algo que os estudantes modernos de ocultismo nem sempre aprendem, mas que era bem conhecido pelos alquimistas de antigamente. O dr. Dee pode ter usado a mediunidade de Kelly para desvendar os segredos dos planos sutis, mas ele também entrou em contato com os processos de pensamento do próprio Plano Astral, e dali extraiu o conhecimento pré-diluviano dos Nephilins, que agora é chamado enochiano.[21]

21. A autora se refere aqui aos ocultistas dr. John Dee e Edward Kelly que alegaram ter descoberto uma nova língua denominada enoqueana, cuja base eram comunicações angélicas. (N.T.)

Uma das piores coisas que um candidato a mago pode fazer é pensar que está acima do resto da criação. O uno é tudo e tudo é o uno – nunca se esqueça disso. Faça amizade com Levanah, a sobrealma do Plano Astral, e você achará muito mais fácil lidar com a magia.

Agora treine as suas habilidades com as linhas mais fluidas e precisas dos santuários gregos. A ênfase neste caso é dada à criação de uma cópia verdadeira da forma humana. Em nenhum outro lugar isso foi feito com tamanha maestria do que na forma soberba de *Hermes*, de Praxíteles, que hoje se encontra no Museu Arqueológico de Olímpia, na Grécia. Exposta num pequeno cômodo exclusivamente seu, a estátua parece flutuar um pouco acima do chão, tamanha é a maestria do escultor. Paredes azuis e um teto branco dão a impressão de um céu amplo de cuja vastidão acaba de descer a figura em tamanho maior do que o natural.

Originalmente, Hermes segurava com o braço esquerdo o infante Dionísio e, com o direito erguido, um cacho de uvas fora do alcance da criança. O sorriso gentil no rosto de Hermes e a expressão de cuidado pelo meio-irmão revelam muito do seu bom temperamento. Todo movimento é belamente definido e a graça elegante de todo o corpo cria a leveza de um ser alado. Mas o talento do artista não acaba aí. Quem contempla a escultura pode ver sob a "pele" de mármore o contorno definido da musculatura. A figura está nua e foi talhada com tal maestria que os músculos tensionados do braço erguido e da lateral do corpo podem ser vistos nitidamente. Ao lado do *Davi* de Michelangelo e da *Vênus de Milo*, *Hermes* é uma das maiores representações de forma humana jamais feita. Fazer uma delas é a sua próxima tarefa. Proceda como antes, avançando devagar enquanto tenta reproduzir a figura tão exatamente quanto possível. Quando tiver conseguido – e isso pode exigir várias tentativas –, salve-a do modo costumeiro.

Você pode achar essa prática extremamente entediante e desnecessária, mas, cada vez que a repete, você está aperfeiçoando a sua técnica e capacidade de observar e recriar uma peça original. Lembre-se de que foi no plano astral que Praxíteles apreendeu o conceito final da sua obra, muito antes de pegar no cinzel e no martelo para esculpir o mármore. Logo você não precisará mais fazer esforço algum, pois a observação minuciosa do que quer criar se tornará algo natural para você.

Agora tente imagens múltiplas, compostas de várias figuras. Mais uma vez, comece com uma imagem egípcia simples. A que eu escolhi foi a de Ra Hotep e sua esposa. As linhas descomplicadas serão mais fáceis de reproduzir. Preste atenção nos contornos e nas bordas da figura que escolher, pois são essas áreas as que mais provavelmente se "desvanecem" e ficam distorcidas. As cores brilhantes do original devem ser deixadas por último.

Comece com a pedra branca. Erga um bloco retangular de protomatéria e torne-o sólido, ajustando a altura e a largura, se preciso. Dê ao bloco o comando "ficar" e depois comece a imprimir uma imagem mental do original sobre o bloco. Você o verá aos poucos se transformando, mudando de forma e movendo-se como se fosse líquido até o contorno ficar bem definido. Agora você pode aperfeiçoá-lo. Dê o comando "ficar" e descanse um pouco. Quando voltar ao trabalho, retome-o do ponto onde parou, usando o comando "abrir arquivo". Isso deve fazer com que o bloco surja da matéria básica como se emergisse de um mar branco. Adicione as cores e os detalhes finais. Se fizer um bom trabalho, o que você deve ver agora é uma figura tridimensional e em cores vívidas.

Você deve tentar agora um projeto mais ambicioso. Experimente *As Três Graças* esculpidas por Antonio Canova. Essa é uma obra de arte extremamente complexa, que pode demorar um pouco para ser concluída. No entanto, se estiver praticando e tiver um pendor para a visualização, você pode se surpreender com o resultado. A certa altura, a sobrealma do astral começará a antecipar o que você deseja, pois se conectará com os seus pensamentos sobre a matéria.

À medida que você entra no astral, a superfície branca começa a se encrespar e dela emerge o conceito original da peça em questão. Deixe que ela se erga do chão até se revelar inteiramente. Quando isso acontecer, você pode se dar os parabéns: você fez um contato definitivo e duradouro com a sobrealma. De agora em diante, a menos que esteja criando algo totalmente novo, pode entrar em contato com a sobrealma mentalizando o que você quer e esperando que ela faça o trabalho por você. Isso não acontece sempre, mas é bem provável.

Por que você não podia fazer isso antes? Simplesmente porque não sabia que podia. Você tem de fazer o contato fazendo as coisas da maneira mais difícil. Você está começando a reutilizar técnicas antigas que poucos seres humanos usaram durante séculos. Leva tempo até que a sobrealma perceba que estão tentando entrar em contato com ela novamente. Qualquer coisa que um dia tenha sido feita, construída, coletada, pintada, esculpida, escrita ou desenhada permanece ali, guardada na memória da sobrealma do astral. Por que você acha que ela é chamada de "O Cofre do Tesouro das Imagens"? Ela é "A Sede da Câmara dos Registros", "O Maquinário do Universo", "A Biblioteca Cósmica da Criação".

Mas não deixe que isso lhe suba à cabeça! Você ainda tem muito trabalho a fazer e técnicas a praticar.

A arquitetura é o próximo item da lista. O que você faz com estátuas agora pode fazer com o Partenon, a Praça São Marcos em Veneza, o Castelo de Windsor, o Prado em Madri, os Jardins Suspensos da Babilônia ou a Troia original. No entanto, antes de tentar reconstruir o Palácio de Ninevah, dê uma olhada em fotos de outros edifícios. A complexidade do desenho arquitetônico ainda será o seu maior desafio. Fixar essas imagens mentalmente é algo que exige intensa concentração. Portanto, avance por partes e bem devagar, salvando frequentemente, como você faria se escrevesse um livro no computador.

Qualquer coisa que não exista mais no nosso mundo precisa ser resgatada da memória da sobrealma. Você pode não ter a mínima ideia do material que foi usado na construção de Babilônia, Persépolis ou da cidade de Ur dos caldeus, portanto você precisa pesquisar a respeito para que as suas visualizações contenham imagens verdadeiras. Só então a sobrealma será capaz de lhe mostrar o que você quer ver de uma maneira que possa entender. A menos que saiba o que está procurando, a sobrealma não poderá localizá-la. No que diz respeito à arquitetura, o melhor jeito de se fazer isso é usar a ideia do cenário de teatro.

Muitos de vocês provavelmente já viram os teatros de fantoches que eram brinquedos muito populares anos atrás. Só a escala realmente separa esses teatrinhos em miniatura dos teatros de tamanho natural e, na verdade, dos gigantescos cenários de cinema. Portanto, o exercício seguinte consiste em criar o seu próprio cenário no astral. Visite a biblioteca do seu bairro e consulte alguns livros sobre cenografia. Esses cenários são produto de uma mente fértil e criativa, e podem criar um mundo mágico a partir de madeira, papel, telas e tintas. Os desenhistas de cenários, tanto de palco quanto de cinema, precisam ter um olho para detalhes, além de uma imaginação muito bem treinada. Você pode usar a experiência deles para ampliar o seu poder de criar formas-pensamento.

Todos os cenários começam na prancheta e depois passam pelas maquetes, algumas delas extremamente elaboradas e construídas nos mínimos detalhes. Escolha a ilustração de um cenário, estude-o e depois faça um esboço no papel. (Não precisa ser um esboço muito bom, apenas reconhecível.) Primeiro construa-o com o olho da mente para fixar na memória o seu desenho arquitetônico, depois passe para o astral e o construa com protomatéria. Leve o tempo que quiser, e a princípio o construa como um cenário de teatro, plano e sem nada atrás. Depois descarte-o e refaça tudo outra vez, quantas vezes for necessário, até conseguir erguê-lo em poucos minutos, sem muito esforço. Quando conseguir reproduzi-lo em um minuto, pode passar para outro cenário. Lembre-se, você pode dar aos cenários o comando "ficar", mas, nos primeiros sete a dez dias, é melhor reconstruí-los para se acostumar a construí-los desde o rascunho.

Quando sentir que deu conta dessa tarefa, pare de fazer cenários bidimensionais e passe para os tridimensionais. Você faz isso entrando no cenário e explorando o qùe há por trás da fachada. A princípio, tente não antever o cenário, mas deixar que sua imaginação mostre o que ela quer criar. Você se lembra do conselho de Obi-Wan Kenobi a Luke Skywalker? "Deixe que a Força entre em ação, deixe que ela controle as suas ações." Esse é um conselho muito bom – siga-o.

Agora que você tem o cenário, acrescente os atores, um a um. Mas, antes, aí vai um conselho: nunca, mas nunca mesmo, construa a imagem de uma pessoa viva. Isso é algo que nunca me canso de enfatizar. Se tiver construído uma cena de *Jornada nas Estrelas*, o final de *Casablanca* ou a cena da Estrada de Tijolos Amarelos do *Mágico de Oz*, não simule os atores originais.

Por quê? Porque o poder alimentado por meio do simulacro pode afetar a pessoa. Ela pode causar um acidente numa autoestrada, pode sofrer um ataque cardíaco ou ter um lapso momentâneo de memória que poderia ser fatal. Se o ator já é falecido, deve haver um intervalo de dois a três anos entre a morte e a criação da forma-pensamento. Isso dá ao espírito tempo suficiente para assimilar as suas lições de vida, avaliá-las e se distanciar suficientemente da sua última vida, preparando-se para a próxima, sem ser atraído de volta para uma "reprise".

Construa as personagens como fez antes, fazendo-as emergir da matéria astral e moldando-as. Construa uma por vez no lugar que você quer que elas fiquem e, é claro, em tamanho natural. Deixe-as, de preferência, no local do cenário onde acontecerá parte da ação. Procure diferenciar uma personagem da outra. Combine características, para que cada uma delas seja um tipo diferente de pessoa. Misture tipos raciais, cores de pele, sexos, padrões de voz, estaturas, compleições físicas e idades diferentes para torná-las tão diversas quanto possível. Para animar as personagens, use, para começar, um pouco do calor do seu corpo. Mas primeiro vamos dar uma olhada no que você criou a partir da matéria astral. Você tem o cenário de uma cena tirada de uma peça, de um filme ou de um livro. A paisagem à sua volta combina a ação com a estação, o tempo e o lugar. De um modo infinitesimal, você está brincando de ser um deus. Você criou tudo isso e agora vai lhe dar uma pseudovida. Como brinquedos de corda, os personagens vão aos poucos perdendo os movimentos, até parar totalmente e exigir uma recarga.

Por que você se dará o trabalho de fazer tudo isso? Porque faz parte do seu aprendizado para controlar, criar, animar e construir usando a protomatéria senciente que compõe o "corpo" do Levanah, o mundo astral.

Eu não tenho ilusões de que todos os leitores deste livro (a) o levarão a sério ou (b) farão os exercícios à medida que forem sugeridos. Vinte por cento o lerão e aproveitarão o que mais interessá-los, descartando o resto. Muitos acharão que já sabem o suficiente. Quinze por cento começarão a fazer os exercícios com entusiasmo e depois desistirão, quando se sentirem entediados. Dez por cento persistirão por um tempo e avançarão até metade do caminho. Cinco por cento avançarão devagar e chegarão ao fim aos tropeços. Um por cento perceberá o seu espírito, o compreenderá e o usará como um trampolim para a condição de adepto. Todo o trabalho valerá a pena só por essa pessoa.

Postado em meio às suas criações, comece a evocar o calor do seu corpo físico. Concentre-se no seu plexo solar até sentir esse calor. Alimente o seu eu astral, nesse mesmo ponto, com esse calor. Faça com que ele suba pelos seus ombros e saia pelas mãos. Com as mãos em concha, crie uma esfera branca de calor. Erga-a no ar, a uns cinco metros do "cenário" e faça-a girar. Anéis de luz e calor serpentearão para baixo, até entrar em contato com cada personagem, causando uma explosão de energia elétrica. Tente fazer com que isso aconteça a todos os personagens ao mesmo tempo e o seu cenário ganhará vida. Graças ao esforço e aos detalhes com que foi construído, ele se tornará praticamente real e, com a sua orientação e direção, continuará em ação até que a carga elétrica se esgote.

Você poderá descobrir, a princípio, que, se tiver muitos personagens, alguns pararão antes dos outros. Isso acontece porque a sua atenção está mais focada em outro personagem. É difícil controlar mais de dois ou três por vez. Esse exercício, que o ajuda a controlar a protomatéria, a concentração e a visualização e pode ser feito sem a ajuda de ninguém, se praticado com regularidade, pode trazer resultados surpreendentes.

14 A Formação do Trovador

Dolores discorre sobre: as desvantagens da televisão; os antigos contadores de histórias; as antigas lendas; o treinamento de um bardo; os escaldos e seannachies*; o amor cortês; o som astral; músicas recomendáveis; som-ambiente.*

Estamos tão acostumados com a televisão, os filmes, os vídeos, o rádio e os jogos de computador que nos esquecemos de que esses entretenimentos só passaram a fazer parte da nossa vida há muito pouco tempo. Antes havia os teatros e, mais antigamente ainda, artistas ambulantes, mascarados e mambembes, prestidigitadores, cantores e dançarinos. Mas, se retrocedermos ainda mais no tempo, até uma época em que não havia muito divertimento, podemos encontrar os contadores de história profissionais, os cantores de rua, os músicos andarilhos e os trovadores – todos eles altamente treinados no uso da imaginação e com talento para compor cenas e imagens por meio da voz e projetá-las na mente dos ouvintes.

Na Idade Média, cada vila, aldeia ou cidadezinha tinha um lorde ou senhor feudal – alguém com terras e/ou um título –, que morava numa grande propriedade com dormitórios, um refeitório comunitário e uma sala de convivência. Uma vez por ano – com sorte, duas –, um bardo, escaldo ou *seannachie* (todos eles contadores de histórias, de um modo ou de outro) faziam uma visita.

Vinham muitas vezes acompanhados de um rapaz, um aprendiz, que carregava a harpa e os seus poucos pertences. Essa chegada causava grande alvoroço e em poucos minutos todos já sabiam da novidade.

Esse tipo de visitante em geral era recebido na sede da propriedade. Primeiro lhe ofereciam as melhores iguarias e bebidas da casa, depois água para lavar as mãos e os pés da poeira da estrada. Para aumentar ainda mais a expectativa geral, o recém-chegado podia então dormir até a refeição da noite. O dono da propriedade convidava amigos, vizinhos e familiares e lhes oferecia um banquete, enquanto a plebe se aglomerava num cômodo abafado, acomodando-se onde houvesse lugar.

Por fim, chegava o grande momento. O bardo ficava de pé e perguntava ao anfitrião o que ele gostaria de ouvir: um épico, um conto de batalha e de glória, talvez a história de um mago com poderes de vida e de morte. Talvez uma antiga lenda da região ou, para agradar as damas, um conto romântico de amor não correspondido. A lenda irlandesa Deirdre of the Sorrows, Tristão e Isolda, Gawain e o Cavaleiro Verde, qualquer uma dessas agradaria. Ou ele podia oferecer uma história nova, contando escândalos e intrigas de Londres, Caerdyffyd ou Dubh-linn.

Escolhida a história, ele tomava da harpa (ou, se o aprendiz fosse suficientemente experiente, acompanhava o mestre); o silêncio reinava na sala lotada. Ao iniciar a história, o calor e a fumaça da lareira, o cheiro acre de suor humano e dos cães, dos furões, da cerveja e do que mais estivesse entre as fendas do assoalho há mais de uma semana, eram logo esquecidos. Quando a voz treinada do bardo começava a tecer o seu encantamento, as paredes se desvaneciam, o vento e o tempo lá fora eram ignorados e as dores e queixas dos mais velhos, deixadas de lado.

O mais provável é que o bardo fosse a única pessoa do grupo que soubesse ler e escrever. Mesmo que não fosse, os poucos livros que havia estariam sem dúvida trancados na biblioteca do convento mais próximo. Essa era uma época em que uma biblioteca de dez ou doze livros fazia com que a fama de um mosteiro corresse solta por toda a região.

Poucos ouvintes, se é que algum, teriam se distanciado mais do que uns trinta quilômetros do seu local de nascimento. Os donos da propriedade poderiam ter feito a longa e perigosa viagem até Winchester, Salisbury, Canterbury ou até mesmo Londres, mas apenas uma vez na vida. As cruzadas só aconteceriam uns cem anos depois, por isso as terras do Oriente ainda eram praticamente desconhecidas. O barulho, o alvoroço, as paisagens, os sons e os cheiros da cidade eram coisas que essa gente não conhecia. Mas, por meio da magia do bardo, se podia ter um raro vislumbre de outro mundo. A voz mágica, o mistério das palavras e o poder hipnótico da harpa se combinavam para alçar os ouvintes a outro nível de ser. Os nomes dos grandes bardos, trovadores e escaldos, como Taliesin, Amergin, Llewarch Hen of Wales, Senchan, Coipre e Aithirne of Eire, Snorri Stursluson, o mestre do *skaldskaparmal* (dicção poética dos reinos nórdicos) ainda estão ao alcance daqueles que os pesquisam.

A formação dos bardos levava anos, pois eles eram muito mais do que simples contadores de histórias. Eram guardiães da história do seu tempo e lugar; também ilusionistas e mágicos, tecedores de encantamentos e feitiços. Memória pródiga e presença de espírito davam a eles enorme vantagem sobre os demais. A maior parte do que sabemos sobre esses tempos remotos chegou até nós por meio de seus poemas épicos. Quando aprendizes, eles estudavam *Clasarch*, um tipo de harpa, *Ben shene* e *Ballach*, que compreendiam muitos tipos diferentes de música. Eles podiam fazer rir ou chorar, cantar e dançar ou incitar o espírito para a batalha.

Eram necessários doze longos anos para formar um bardo, e depois disso ele ainda precisava ganhar fama – ou não, como às vezes acontecia. Para aqueles que quiserem conhecer mais a fundo esse assunto fascinante, recomendo o ótimo *The Bardic Source Book*, organizado e compilado por John Matthews e publicado pela Blandford Press. Eu não poupo elogios a esse livro. Na Introdução, o autor escreve: "[São os] dois polos do verso e da visão que definem os Mistérios Bárdicos. Na verdade, os dois são inseparáveis, uma vez que o verso sem a visão está morto e a própria visão é mais bem expressa em versos. Na realidade, os poetas são um tipo de xamã, que entra no outro mundo por meio do transe e volta com o fruto de suas visões."

Os escaldos da Escandinávia e os *seannachies* da Irlanda eram, como os bardos, andarilhos e provedores dos mistérios do verso e da visão supracitados. *The Edda, Beowulf and Grendel* e o *Kalevala* são os grandes poemas épicos da Escandinávia; *The Mabinogion, The Battle of the Trees, The Gododdin Poems, The Black Book of Carmarthen* e *The Red Book of Hergest* podem, todos eles, trazer à luz a antiga Gales, até mesmo quando lidos em outras línguas.

Ouvimos pela primeira vez sobre os antigos "contos de cavalaria" na França. Tratava-se de canções de gesta (ou "canções de feitos heroicos"), compostas pelos menestréis para bajular os patronos. Muitas vezes a narrativa de uma longa batalha era feita ao longo de várias noites, deixando a plateia em suspense até o episódio seguinte. Não eram canções, no sentido que conhecemos hoje, mas algo mais parecido com cânticos ritmados, com métricas específicas, que levavam os ouvintes a um estado semelhante ao transe, capaz até de provocar visões. Mas não eram só os contos de batalhas e os atos de bravura que interessavam os presentes no grande salão – também era preciso agradar as damas. As cantigas de amor lhes proporcionavam o seu quinhão de entretenimento. Os menestréis e trovadores recebiam pedidos para compor poemas e canções que exaltassem a beleza das formas e do rosto de uma dama. O ideal era que houvesse uma "veneração a distância". Cortejar a dama em segredo, no coração, mas nunca consumar esse amor. Do contrário a sua pureza seria destruída. A propósito, era assim que se extravasava o excesso de energia nos tempos em que não havia guerra!

Apesar de tudo isso, os trovadores tinham um lado sério. Eles participavam de competições, nas quais disputavam ferozmente pelos melhores versos ou canções. É possível conhecer um pouco de tudo isso por meio da ópera *The Mastersinger*. No entanto, como os bardos, os escaldos e os *seannachies*, a maior habilidade deles era evocar imagens e cenas na mente dos ouvintes, alçá-los ao mundo da imaginação astral.

Agora, vamos tentar um experimento particular de imaginação astral.

> Voltemos no tempo, até uma pequena propriedade saxônica do ano de 783 d.C. Iluminada apenas pelas luzes bruxuleantes das tochas e da lareira, a sala normalmente ruidosa está agora silenciosa e calma, com todos os olhares voltados para a figura alta e esguia do bardo de barba branca, enquanto ele caminha lentamente para o centro do cômodo. Ele se volta para os presentes, com os seus olhos penetrantes fitando cada rosto e guardando cada um deles na memória. Ele já observou a qualidade do som no edifício e ajustou o ritmo da respiração para compensar a ressonância extra de que precisará. Quando ergue o seu cajado magistralmente entalhado, todos os olhos o seguem, como ele pretendia. Os fragmentos de cristal encravados na sua superfície refletem as chamas do fogo e servem para focar a mente das pessoas. Com a habilidade ganha pelos anos de experiência, ele começa a povoar as suas mentes com imagens que criou com todo cuidado ao longo dos anos e que agora mantêm a sua própria realidade nos reinos das fadas. Elas verão o que ele quer que vejam, ouvem com atenção extasiada a sua voz, perdidas num mundo que ele está criando especialmente para elas, com nenhum outro pensamento a não ser as imagens moldadas pela voz, o tom e a música de um verdadeiro bardo.

Ainda existem bardos, mas, lamentavelmente, não como os de antigamente. Nos tempos modernos, quem mais perto chegou de um bardo foi Robin Williamson, que, praticamente sozinho, manteve viva a tradição antiga da harpa e da voz. Procure pelos seus CDs e ouça o seu som mágico.

Tudo isso nos leva ao uso do som astral. Existe som no Plano Astral? Sim, mas trata-se de um som astral, que só pode ser ouvido nos níveis interiores. Você já dever ter ouvido o termo "clariaudiente", que significa um médium que ouve em vez de ver. O que ele realmente ouve é o som astral. Todos nós ouvimos o plano interior, mas não percebemos o seu significado.

Todos nós já passamos por aqueles momentos irritantes em que ficamos com uma música na cabeça, sem conseguir nos livrar dela. É como um disco riscado. Quando você levanta a cabeça de repente, crente de que ouviu a sua mulher, o seu marido ou a sua mãe chamando o seu nome, o que ouviu, na realidade, foi um som astral. Muitos dos meus alunos já disseram ouvir o som de um sino tocando. Esse fenômeno é muitas vezes chamado de Sino de Ísis. Ele geralmente indica que estão chamando a nossa atenção para uma mensagem do Plano Espiritual.

Com a prática, você pode desenvolver um banco de "imagens sonoras" (ou imagética sonora) a ponto de conseguir reproduzir nos planos interiores qualquer peça musical, ouvir qualquer cantor ou música favorita, o canto de pássaros ou sons do ambiente, desde o uivo de um lobo até o rugir de uma cachoeira. Como acontece com as imagens visuais, primeiro é preciso coletar dados. Aprenda a ouvir as vozes das pessoas à sua volta; feche os olhos e tente captar a cadência, o timbre, o sotaque e a altura da voz. Quando estiver sozinho, sente-se calmamente e tente se lembrar da voz de alguém que você conhece bem. Trave uma conversa com essa pessoa na sua cabeça e tente conseguir uma réplica exata da voz dela, enquanto faz isso.

Coloque para tocar várias vezes sem parar a sua música favorita. Ouça as palavras, se tiver, os intervalos entre elas e a entonação. Procure prestar atenção na maneira como uma canção moderna ou uma peça orquestral é dividida em várias partes diferentes. No caso de uma música clássica, pode haver três, quatro ou mais seções distintas. Quando achar que está pronto, sente-se em silêncio e comece a ouvir a música na sua cabeça. Ouça-a atentamente, seguindo cada parte, ouvindo as palavras, a voz e os instrumentos.

A meu ver, existem três áreas importantes, instrutivas e prazerosas na imagética musical. A primeira é a capacidade de identificar cada instrumento quando ele se apresenta e ser capaz de se desligar dos outros e ouvir cada um deles separadamente.

A segunda é ouvir a música e deixar que ela desperte uma emoção ou estado de espírito, e acompanhar essa emoção ou estado de espírito à medida que ele vai mudando com a música. No final, você descobrirá que fez uma jornada através de uma paisagem verdadeira de sons por meio de emoções e sentimentos. Você também pode fazer isso com cores, assim como no filme *Fantasia*, da Disney.

A terceira área da imagética sonora é exatamente isto: imagens. Muitas peças clássicas e semiclássicas oferecem uma série de imagens que despertam na mente enquanto elas são tocadas. Algumas evocam algumas regiões geográficas. "Concerto de Aranjuez", de Rodrigo, e "El Amor Brujo", de Falla não poderiam vir de outro lugar que não fosse a Espanha. A abertura taciturna de *Carmen*, de Bizet, anuncia tragédia mesmo para quem nunca ouviu essa ópera antes. As suítes "Piano Concerto" e "Peer Gynt" de Greig, e uma das mais magnificentes, a abertura "As Hébridas", de Mendelsson, são outros exemplos de músicas evocativas.

Com a imagética sonora, você pode reproduzir a música na sua cabeça, se a memorizou inteira, ou ouvi-la com os ouvidos físicos, mas deixando o som evocar imagens, cores ou emoções.

Além dos exercícios desta parte do seu treinamento, você também deve ouvir várias trilhas vocais de cantores cujas técnicas, timbre de voz, etc., sejam bem diferentes, e depois reproduzir essas trilhas sonoras no nível interior. Três vozes lhe darão uma grande variedade de dados. Você pode escolher Frank Sinatra, Janis Joplin e Loreena McKennitt – uma mistura quase assustadora! Outro trio pode compreender Nat King Cole, Jim Reeves e o falecido John Denver – vozes e estilos muito diferentes, mas que você reconhece instantaneamente.

A suíte "Os Planetas", de Holst é a música ideal porque uma peça é bem diferente da outra. Procure qualquer música que seja descrita como "poema sinfônico", pois ela será justamente isso – um poema em forma de música. "As Fontes de Roma", de Respighi; "Tintagel", de Clifford Bax; e "Till Eulenspiegel" de Richard Strauss são talvez as mais conhecidas. Para solos de instrumentos, você pode apostar em "A Young Person's Guide to the Orchestra", de Benjamin Britten, que introduz cada instrumento e permite que você ouça as suas qualidades tonais. "O Carnaval dos Animais", de Camille Saint-Saens; "Quadros de uma Exposição", de Mussorgsky; "Bolero" de Ravel e "La Mer", de Debussy, farão com que você veja imagens, cores e quadros enquanto ouve. Até a música moderna é capaz de provocar esse efeito – "Memories" de Andrew Lloyd Webber, do musical *Cats*; "With One Look", de *Sunset Boulevard*; ou "Bring Him Home", de *Les Miserables*; "America" e "Tonight", de *West Side Story*, ou até a deliciosamente evocativa "The Stripper!"

O que estou pedindo é que você ouça música!

Experimente CDs de sons da natureza, como raios, chuva, ondas do mar, água corrente, canto das baleias, uivo de lobos e canto de pássaros. Nos anos de 1930, um compositor chamado Albert Ketelby compôs uma série de peças musicais evocativas: "Sinos Através dos Campos", "No Jardim de um Mosteiro" e "Num Mercado Persa"; embora elas arranquem esgares de horror de puristas e *rappers*, para o propósito desta experiência, elas são perfeitas. Todas elas, que foram relançadas recentemente, evocam as imagens do título muito facilmente. Deixe-as tocar algumas vezes e depois as reproduza mentalmente, observando o quanto consegue se aproximar das versões originais.

Parte Três

A UTILIZAÇÃO DE FORMAS-PENSAMENTO

15 A Criação de Formas Ocultas

Dolores discorre sobre: a criação de formas divinas e angélicas; a prece como criação de formas-pensamento positivas; a prece e o êxtase; a adoração dos santos e dos ícones; os exercícios de São João da Cruz e de Santa Teresa d'Ávila; visões; a revelação de São João, o Divino.

A esta altura, você já deve ter adquirido um bom controle da matéria astral, por isso pode partir para outros aspectos da sua utilização em vários setores da magia. Um dos mais importantes, tanto na meditação orientada quando no ritual, é a criação de formas divinas.

Como na ocasião em que coletava fotos de lugares, portas, escadas, etc., a regra aqui é: você precisa saber o que quer construir. Precisa "conhecer seus deuses e deusas". Também precisa conhecer mitologia – os contos, as lendas, os atributos, os símbolos e a aparência dos deuses cujas formas-pensamento você quer criar. Voltemos aos álbuns de memória! Comece a coletar ilustrações de deuses e classificá-las de acordo com o panteão a que pertencem. Você não precisa ter muitas imagens – uma ou duas é suficiente –, mas elas precisam lhe parecer aceitáveis. Em outras palavras, elas precisam mostrar a divindade de uma maneira que lhe seja agradável.

Folheie livros sobre mitologia e procure ilustrações coloridas ou reproduções de pinturas, para descobrir o que mais lhe agrada. Tente tirar uma cópia colorida e use-a como base da forma-pensamento desse deus ou deusa. Procure saber mais a respeito de lugares, poderes e símbolos relacionados a ele. No meu livro *The Ritual Magic Workbook*,[22] escrevi que os estudantes de magia precisam ter uma compreensão e conhecimento razoáveis de pelo menos dois panteões. Os deuses sempre serviram para a humanidade como um meio de externalização de seus poderes interiores. Contemple um deus e você estará contemplando o seu verdadeiro eu divino. É importante, portanto, que você construa divindades que lhe agradem como pessoa.

Esse tipo de criação de formas-pensamento é diferente de qualquer outra, pois você tem duas opções: pode construí-las e depois observá-las à medida que interagem tanto no físico quanto no astral, de acordo com os seus comandos; ou pode construí-las, depois assumir a forma que você construiu e, por um curto espaço de tempo, tornar-se o que construiu. Esse segundo procedimento é chamado de "Encarnação de Formas Divinas".

As formas angélicas são criadas de protomatéria da mesma maneira, mas não é aconselhável assumir a forma angélica, como poderia fazer com a forma divina. Por quê? Porque, na mente dos seres humanos, os anjos se tornaram sinônimo de religião, Deus, vida após a morte, e variações sobre símbolos da fé cristã. Acredite neles ou não, em algum nível da sua mente subconsciente existe um sentimento inquietante de que se trata de algo proibido. Essas formas são extremamente poderosas no seu próprio nível, e é melhor admitir que existem coisas com que é melhor não mexer. (Isso não deterá alguns leitores, mas certamente será uma experiência bem interessante!)

Os deuses e os anjos têm o seu próprio nível de existência, que se iniciou muito antes do nível astral ou físico. Eles tinham e ainda têm uma realidade que está muito além do nosso entendimento e não tem nenhuma relação com formas de verdade. Eles não precisam de formas. Eles simplesmente *existem*, e têm *existido* desde as primeiras ondas de esforço criativo lançadas pelo Uno. As formas que nós, seres humanos, damos tanto aos deuses quanto aos anjos baseiam-se apenas na aparência que achamos que eles têm. Na realidade deles, os anjos e os deuses são abstrações, e o mais próximo que chegamos disso é vê-los como formas geométricas, equações, conceitos.

Podemos construir uma forma divina ou angélica de matéria astral de acordo com a aparência que atribuímos a eles. Como as formas divinas são inferiores aos anjos na escala de poder, podemos encarná-las por breves períodos durante um ritual ou meditação orientada. As formas angélicas são algo completamente diferente. Tão logo construímos uma forma angélica, a essên-

22. Weiser, 1998. Dolores Ashcroft-Nowicki será designada, a partir deste ponto, de D.A.N.

cia de um poder angélico tende a assumi-la. Essa é outra razão para que evitemos encarná-la: ela pode ficar sobrecarregada e poderosa demais! O mesmo pode-se dizer de elementais, Reis elementais e outros seres dos reinos sutis. A regra é: se você não sabe o que é ou o que faz, é melhor não encarnar.

Vamos agora retroceder um pouco e tratar da criação de uma forma divina.

Primeiro decida que deus ou deusa você quer formar. Estou supondo que você já tenha olhado várias figuras diferentes de deuses e escolhido uma como padrão. Espero que você também já esteja totalmente familiarizado com os atributos, símbolos e poderes desses deuses, e, o mais importante, que você, conhecendo esses poderes, esteja preparado para qualquer fenômeno que possa acontecer. Como exemplo vamos usar a forma do deus Hermes, que já serviu de exemplo para uma explicação no Capítulo 13.

Informações preliminares

Hermes era filho de Zeus, o "pai dos deuses e dos homens" na mitologia grega, e de Maia, uma ninfa. Ele era uma criança precoce, que andou e falou algumas horas depois do nascimento. Desde cedo mostrou tendência para o roubo. (Ele era o deus dos ladrões e dos batedores de carteira!) Quando tinha 2 anos de idade, roubou, matou e comeu o rebanho do seu meio-irmão Apolo. Compreensivelmente, o deus solar ficou aborrecido e foi se queixar a Zeus. Com o seu poder de persuasão, Hermes aplacou a ira do pai e de Apolo, especialmente quando lhe deu de presente um casco de tartaruga com o qual talhou a primeira lira. Esse se tornou posteriormente o mais conhecido símbolo de Apolo, pois ele é o deus da música, como também da cura e da profecia.

Para afastá-lo das travessuras, Zeus fez de Hermes o mensageiro do Olimpo e lhe deu um par de sandálias e um capacete alados, além de um bastão conhecido como caduceu. A nova designação não mudou a disposição de Hermes, que continuou sendo travesso, astuto e embusteiro, embora todos o amassem.

Hermes é um jovem alto e esguio, embora atlético, que aparenta uns 25 anos. Tem o rosto grego clássico: nariz reto, olhos grandes, cabelo cacheado (os gregos antigos tinham pele e cabelos claros; os gregos modernos são descendentes dos turcos e dos citos, povo antigo da Cítia). Hermes é muitas vezes retratado nu ou seminu, com uma longa capa sobre os ombros. As suas sandálias aladas têm vida própria, sensibilidade e são símbolos mágicos, assim como o capacete alado, que representa o pensamento.

Utilize a mesma técnica que usou para criar figuras numa paisagem. Ao entrar no plano astral, estabeleça o seu ponto focal, que deve ser algum tipo de pilar. Isso dá a você uma ideia do tamanho das coisas e um senso de perspectiva. Agora crie uma coluna a partir da matéria astral. Faça-a maior do que o normal, pois a maioria dos contos mitológicos retrata os deuses gregos como seres maiores do que os humanos. Mentalize a figura de Hermes e projete-a na matéria astral informe, remodelando-a conforme essa imagem. Aos poucos ela tomará forma. Não tenha pressa; deixe que isso aconteça num ritmo natural.

A princípio, surgirá uma forma semelhante a uma estátua, branca e inanimada. Para lhe conferir mais substância, você terá de fazê-la adquirir um tom cor da pele, com um leve toque dourado. Os cabelos deverão ser cor de mel; os olhos, acinzentados e com um traço de bom humor. Pense na cabeça do deus se voltando para você e observe esse movimento. Como você tem uma ligação mental com a sua criação, ela obedecerá aos seus pensamentos. Agora você pode escolher: ou pode querer que a sua consciência entre nessa forma e lhe dê vida dessa mesma maneira, ou pode invocar a essência abstrata do conceito original que originou Hermes, para que essa essência passe a habitá-la. Você faz isso desejando fazer contato com a energia de Hermes para propósitos ritualísticos. Pode então dirigir essa energia para um templo ou local sagrado da sua escolha e convidá-la a participar do ritual. Uma alternativa é infundir na forma uma pequena dose de energia e usá-la para fazer uma meditação orientada ou como companhia, guia ou informante. O mesmo procedimento é usado para deuses e deusas.

Já mencionei que não é aconselhável encarnar formas angélicas, mas elas certamente podem ser construídas e usadas em trabalhos de magia. Essas formas são usadas principalmente como pontos ou quadrantes focais em rituais, ou como guardiães de templos, locais sagrados, crianças, mensageiros de formas-pensamento de preces ou simplesmente como acompanhantes daqueles que têm necessidade dessa energia em particular; é preciso lembrar, no entanto, que os anjos e arcanjos têm diferentes atributos ou poderes. Se você está se sentindo solitário, desanimado, traído ou magoado, ou precisa superar uma prova particularmente difícil na vida, a companhia de um anjo pode ser um grande consolo. Nesses casos, a pessoa deve construir a forma com um cuidado ainda maior e depois invocar a essência do próprio ser angélico, para que ela passe a habitar essa forma. Desse ponto em diante, você precisa construir fortes laços de afinidade com a essência interior do ser e buscar a força, o amor, o apoio, a cura ou a companhia diretamente dessa essência. Foi dessa maneira que procederam os místicos e santos ao longo das eras.

Como eu já disse, a verdadeira forma dos anjos não tem nenhuma semelhança com a imagem angélica vitoriana, com túnicas esvoaçantes, cachinhos e asas de penas. Eles estão mais próximos da geometria primitiva do que de qualquer coisa humana. Até as figuras geométricas são meras alusões ao que eles realmente são. E isso vale duplamente para níveis elevados como os Quatro Seres Viventes Sagrados. Isso posto, não há por que não criar formas-pensamento para que sejam insufladas de poderes. Afinal, os seres humanos têm feito isso desde que a Bíblia foi escrita, e até mesmo antes.

Na crença judaica, cada letra do alfabeto hebraico é uma entidade *per se*, com um conhecimento implícito do seu próprio poder e significado interiores. Não se trata de um ser angélico, mas outro originário de uma alta esfera da criação. Isso significa que as letras hebraicas também podem ser recriadas com matéria astral e um vínculo mental estabelecido para que o mago possa ter acesso ao cabedal de sabedoria interno dessa letra em particular. Para isso é essencial um conhecimento abrangente da forma e do significado corretos de cada letra. Pode-se levar essa ideia ainda mais longe. Cada letra também é uma imagem (e um número), e com essas imagens pode-se construir no plano astral todo um cenário.

Tome como exemplo a letra BETH, que significa casa, prédio, edifício ou um abrigo de qualquer espécie. Essa letra pode ser dividida em imagens como a seguir: B=Casa, T=Tau/Cruz, H=Heh/Janela/Fonte de Luz. Construa um estábulo (abrigo) de matéria astral com uma cruz em Tau dentro dele e acrescente uma janelinha por onde jorre a luz do interior do estábulo. Assim você terá uma ligação cristã simbólica com o Natal, a Luz do Mundo jorrando pela janelinha para o mundo exterior, e a Páscoa, com o símbolo do nascimento de Jesus (o estábulo) e da sua morte (a cruz) e a Luz do Sacrifício. Ambos ligarão a sua mente com a cidade de Belém, cujo significado é "a Casa do Pão", que mais uma vez remete a mente e as formas-pensamento à hóstia sagrada.

Todas as letras do alfabeto hebraico podem ser decompostas dessa maneira, manifestadas astralmente e usadas como método de estudo. O exemplo anterior não é, obviamente, de um simbolismo puramente cristão, pois ele tem origem judaica. Contudo, para aqueles que preferem o cristianismo esotérico, ele pode ser um caminho muito poderoso de imagética mística que conduz às visões de pessoas como Santa Teresa d'Ávila e São João da Cruz, entre outras. Também é possível encontrar imagens de outros credos equivalentes às cristãs, que se apliquem e sirvam ao mesmo propósito. Mitra, por exemplo, nascido de uma virgem e de pai desconhecido em 25 de dezembro, numa gruta cercada de animais, caberia no mesmo cenário.

É fundamental que o mago em treinamento perceba tudo em grande escala: a utilização e importância da criação de formas-pensamento em todas as áreas da prática da magia. Sem competência suficiente na manipulação da protomatéria senciente no plano astral, o caminho à frente será quase impossível, e só os níveis inferiores da magia se abrirão para você.

A prece

"Minhas preces volitam no ar, meus pensamentos permanecem na terra. As orações sem pensamentos nunca para o céu se vão." Assim diz o rei em *Hamlet*, de Shakespeare, ao pedir perdão enquanto é observado pelo próprio Hamlet, meditativo. As palavras do dramaturgo são verdadeiras. Quantas vezes já ouvi as pessoas dizerem, "Rezei com tanto fervor e nada aconteceu. Deus não deve existir". Para algumas pessoas a prece é um estilo de vida, uma parte viva da sua fé; para outras é algo em que se agarrar quando já se tentou tudo. Mas será que rezamos do jeito certo? Afinal, o que é uma prece?

Quando rezamos, nós nos dirigimos a um poder muito superior para pedir ajuda, algo de que precisamos, algo que desejamos, algo que está além da nossa capacidade de manifestar. Ocasionalmente, mas muito de vez em quando, oferecemos uma prece de agradecimento, de gratidão pelo que recebemos. Outro tipo de prece, oferecida geralmente por aqueles cujo estilo de vida e caminho espiritual a requerem, é a prece de adoração e louvor. Quando a pessoa comum faz uma prece, ela muitas vezes a entremeia de promessas acerca de fazer algo, resistir a algo ou parar de fazer algo, como um suborno, na esperança de que Deus a ouça e aja de acordo.

Mas Deus não aceita subornos.

Então, o que aconteceria se olhássemos a prece como uma comunicação por meio de formas-pensamento, entre o Uno e a humanidade? E se parássemos de usar palavras e voltássemos ao jeito antigo em que se usavam símbolos, figuras, formas e breves meditações dirigidas? O pensamento veio muito antes das palavras, tanto faladas quanto escritas. *Ele* estava lá desde o início. Na verdade, o pensamento foi o início.

Dizem que, se você quer rezar, deve se colocar numa atitude de prece para que ela seja atendida. Foi assim durante centenas de anos, mas agora, com a chegada do novo milênio, é hora de fazer uma mudança.

Nos contos de fadas, os três desejos concedidos geralmente acabam em desastre, pois o felizardo não consegue decidir o que pedir. A prece muitas vezes tem um efeito semelhante. Você pode saber o que quer, mas não saber como se expressar. Portanto, não tente, simplesmente imagine.

Você está pedindo perdão por algo que fez? Em primeiro lugar, recorde o seu ato. Recapitule a cena mentalmente e analise o papel que representou nele. Você foi a única pessoa responsável? Agiu deliberadamente? Está realmente arrependido e quer corrigir o seu erro? Existe algo que possa fazer pela(s) pessoa(s) que prejudicou? Você fará isso porque realmente quer ser perdoado ou só para salvar as aparências?

Se você realmente quer ser perdoado, então passe para o plano astral. Esse é um local que agora você já conhece e sabe como as coisas funcionam. Não pense que não terá que se esforçar! Do plano astral, faça brotar uma coluna alta de protomatéria que adquira os padrões de uma torre de pedra cinza. Essa torre é muito alta e parece ameaçadora. Tem uma porta no andar térreo e, no alto, pode-se ver uma janela estreita. Abra a porta e entre. Bem diante de você há uma escada que sobe em caracol até o topo. Aqui e ali, uma réstia de luz entra pelos vãos das pedras e ilumina os altíssimos degraus. Ao todo, são 365 degraus que, somados ao andar térreo e o superior, fazem com que a torre tenha uns trinta metros de altura. Visualize-a nitidamente e em detalhes. Depois que fizer isso, comece a subir a escada.

Não é o tipo de prece que você esperava, imagino! Centenas de degraus, e você escalará cada um deles astralmente. À medida que sobe os degraus em caracol da torre, você capta, pelas fendas nas paredes, vislumbres de uma paisagem. Mas você está concentrado, principalmente, na razão que o levou a entrar na torre. Você está passando por uma expiação – você *precisa* passar pela experiência de subir cada um dos degraus. Não corra, apenas suba, enquanto pensa no porquê está pedindo perdão. Repasse isso na sua mente repetidas vezes, até que toda experiência tenha sido consumida pelo fogo da sua consciência.

Se o exercício for feito corretamente, você chegará ao topo da escada num estado de completa exaustão astral. Existe uma porta no patamar da escada que leva à sala da torre. Abra essa porta, vá até a janela e olhe para fora. Contemple a paisagem, que mostra a silhueta cinza-azulada de uma cadeia de montanhas a distância. Sem dizer palavra, abra o centro do coração e envie um pedido de perdão. Continue olhando para as montanhas e logo você verá um pássaro voando na sua direção. Observe-o enquanto se aproxima e, agora, estenda a mão. O pássaro pousa nela e você vê em seu bico um ramo de oliveira. Esse é o seu símbolo, a prova de que foi perdoado. Agora vem a parte difícil: você consegue aceitar esse símbolo e se deixar perdoar? Como você trabalhou com imagens e símbolos, o seu eu interior se comunicou com a parte mais antiga de você, uma parte extremamente poderosa e capaz de alterar a sua perspectiva da vida e do lugar que ocupa nela.

Nem é preciso dizer que a prece não precisa ser em palavras. Uma prece pode ser expressa em forma de dança ou canto, enquanto observamos o nascer do Sol por trás de uma montanha. Um jardim pode ser uma prece. Se você quer pedir um favor, auxílio, apoio ou o que quer que seja, aprenda a construir uma prece num cenário parecido com o cenário teatral sobre o qual já aprendeu neste livro.

Exemplo número dois: O jardim da prece

Isso é algo que você pode fazer e manter "arquivado" para usar em circunstâncias parecidas no futuro.

Crie um jardim murado no nível astral usando as técnicas que já aprendeu. Procure ilustrações de jardins e selecione ideias, plantas, árvores e cores que o agradem. Lembre-se, você está construindo de dentro para fora. Faça uma pérgula de parreiras, rosas, glicínias ou outras trepadeiras do tipo. Dentro dela, deve haver um banco de madeira.

Faça caminhos ladeados de canteiros com flores perfumadas e ervas aromáticas. Coloque bancos aqui e ali, um chafariz ou pequeno regato para refrescá-lo no calor do verão, árvores frutíferas cujos galhos avancem sobre os muros, chorões que se arrastem pelo chão e refúgios secretos onde descansar. Você agora precisa de duas portas. Uma será a sua entrada para o jardim, a outra será a sua entrada para outro nível. Esta também será a porta usada por aqueles que o ajudarão quando você precisar.

A sua porta é estreita, em arco, e feita de madeira clara. Ela está destrancada e tem como trinco uma velha aldrava como as de antigamente. Dos dois lados da porta, há no nível dos olhos um símbolo entalhado na madeira, que você não deve revelar a ninguém. Sempre que entrar ou sair pela porta, você deve tocar o símbolo antes de levantar a aldrava.

A outra porta é mais larga, feita de um carvalho sólido e está sempre trancada.

Você pode usar esse jardim para relaxar, usufruir momentos de paz quando está estressado ou na agitação do dia a dia, e para rezar e pedir ajuda aos reinos superiores. Se quiser, você também pode fazer do ato de tocar o símbolo um sinal para que se veja usando uma túnica leve de algodão ou lã e sandálias de couro. Agora você precisa criar uma forma para um ser de um plano superior.

Pode ser um homem ou uma mulher, um religioso ou uma pessoa comum. Crie a forma como já fez antes, ajustando-a para que se sinta à vontade na presença desse ser, tornando-o talvez mais velho do que você ou alguém da mesma idade. A escolha é sua. Construa essa forma com cuidado e atenção aos detalhes, depois a ofereça aos poderes superiores para que eles a habitem e utilizem.

Suponhamos que você tenha um problema que o preocupe ou um pedido que tenha feito em oração. Isso lhe parece importante e você gostaria de conversar com alguém a respeito. Então você decide ir ao jardim da prece e conversar sobre o assunto com guardiães, amigos, companheiros... seja qual for o nome que você prefira usar.

Depois de passar pela porta, você caminha por entre os canteiros perfumados, sorvendo o ar e relaxando na atmosfera pacífica. Você chega à pérgula e ali encontra o seu amigo. Agora sente-se e expresse o que lhe vai no coração. Não deixe de dizer nada – você sabe que nada do que é dito neste jardim ultrapassa esses muros. Peça um conselho, mas não espere que ele lhe dê respostas diretas. Ele pode lhe pedir para voltar depois que tiver pensado no seu problema. Pode lhe dizer o que você não quer ouvir. Pode até permanecer em silêncio ou dizer que dessa vez você precisa fazer uma escolha. Pode impor as mãos sobre você e lhe doar energia de cura, ou rezar com você. Você pode pedir que ele transmita as suas preces pessoais ao Uno quando partir. Você pode enviá-las por meio de um símbolo, um pequeno buquê de flores ou um único botão, uma fruta ou a pena de um pássaro.

Você nunca será expulso desse jardim. O seu amigo nunca se recusará a ver você. Você nunca deixará esse lugar sem uma infusão de força para que possa enfrentar as adversidades do mundo físico. Ah, sim, você pode querer falar com o jardineiro de vez em quando. Ele muda de tempos em tempos. Pode usar o turbante verde de um muçulmano, ou a *yamulka* de um judeu, a barba e o turbante de um *sikh*, o hábito de uma freira ou a túnica laranja de um lama. Ele pode usar o *schenti* de algodão de um egípcio ou o quitão de um grego. Às vezes ele é um simples jardineiro, tanto que você pode até ver as cicatrizes nas suas mãos e pés. Os salvadores são muitos e haverá muitos mais.

E se você estiver numa igreja e não puder construir cenários tão elaborados? Junte as mãos em prece e pergunte a si mesmo para o que ou para quem você quer rezar. Não pense, tente perceber os sentimentos brotando no centro do coração. Imagine o que você quer ou precisa como um objeto e cerque-o de emoção. Se esse pedido se relaciona a uma pessoa querida, visualize o rosto dela dentro de um botão de rosa. Para uma criança, você pode usar a forma de uma pomba. Seja o que for, tente ligar o objeto da sua prece com algo dessa natureza e guarde-o no coração. Deixe que a emoção vá se intensificando até que não possa mais contê-la no peito. Depois libere-a e deixe que ela siga em direção à luz.

As palavras podem nos confundir quando rezamos, pois elas não transmitem com precisão os pensamentos e sentimentos que despertam em nós o objeto das nossas preces. Portanto, nem tente; deixe o centro do coração repleto de amor e gratidão pela possibilidade de sucesso. Sempre termine a prece com o corolário, "que seja feita a tua vontade", pois às vezes rezamos por algo que não podemos ter. Talvez não seja o momento, não seja permitido ou não seja bom que tenhamos aquilo, muitas vezes porque a reação pode causar prejuízo a outras pessoas. Lembre-se da lei universal de causa e efeito, pois tudo o que existe é tanto a causa quanto o resultado de um efeito. Palavras são raramente necessárias; basta abrir o coração e deixar que esses seres cuja missão é servir como mensageiros entre os planos decidam o que é necessário e levem as nossas preces até onde elas precisam chegar.

A prece é um tesouro, independentemente do credo a que ela pertence ou nome pela qual possamos designar o Uno a quem ela é endereçada. Reserve um tempo para dirigir uma prece de gratidão e agradecimento pelo que você tem e pelo que lhe foi dado.

A prece longa e concentrada ocasionalmente resulta num estado de êxtase. Isso está relacionado a reações químicas no cérebro, mas não se sabe ao certo se é o estado extático que provoca essas reações ou o contrário. Quando esse êxtase acontece, leva a um estado de espírito enlevado que abre os sentidos para um plano mais sutil e refinado. Isso muitas vezes envolve os centros visuais e auditivos, resultando em visões e vozes que normalmente não são percebidas no mundo físico. A atmosfera também é um fato importante. O ambiente fechado, silencioso e enlevado de um mosteiro ou convento, especialmente em épocas passadas, seria muito propício para esse tipo de fenômeno. Santa Teresa D'Ávila, São João da Cruz, Bernadete de Lourdes, Santa Terezinha, Francisco de Assis e Joana D'Arc deixaram, todos eles, registros do que viram e ouviram nesse estado de êxtase. A levitação e o fenômeno dos estigmas são, muitas vezes, outro aspecto desse estado mental.

Mas como já observei anteriormente, a mente precisa ter um arquivo de imagens ao qual possa recorrer. No caso dos santos e videntes religiosos, eles podiam se inspirar em pinturas, estátuas, registros e descrições daqueles que já haviam percorrido o mesmo caminho, assim como em símbolos e ícones. Depois que o estado de espírito precursório é atingido, o "arquivo de imagens" é atingido e as imagens e símbolos relevantes são liberados, junto com uma torrente de emoções e erotismo por muito tempo reprimidos. Basta ver a estátua de Santa Teresa D'Ávila, de Bellini, com a seta angélica enterrada no coração, ou ler a poesia espiritual erótica de São João da Cruz para compreender a simbologia por trás dessas visões. O erotismo *não* depõe contra a mensagem espiritual, mas a exalta, pois sublinha o poder de amor tanto sagrado quanto secular.

Ícones, pinturas religiosas e esculturas têm, todos eles, início numa forma-pensamento. Se você quer ver o nascimento de criações astrais no físico, consulte os cadernos de anotações de Leonardo da Vinci. Esses rabiscos, garafunhos, esboços e desenhos cheios de detalhes são exemplos claros de alguém cuja mente vive num plano superior ao do corpo. As suas formas-pensamento de um helicóptero e de um submarino primitivos foram retratadas de modo tão vívido que persistiram no astral e, um dia, centenas de anos depois, tornaram-se um fato. (O mesmo aconteceu com os livros de Júlio Verne *Vinte Mil Léguas Submarinas* e *Da Terra à Lua* e também com histórias publicadas em antigas revistas de ficção científica. As ideias, a princípio consideradas ridículas pelos cientistas, tornaram-se realidade nos últimos cinquenta anos num ritmo impressionante.

Os pintores, mais do que ninguém, são responsáveis por traduzir pensamentos em imagens. Desde as incríveis pinturas rupestres, com as suas cores vívidas e capacidade impressionante de transmitir movimento, até a majestosa Capela Sistina, temos um legado de imagens tão rico em variedade e complexidade que desafia a nossa imaginação.

Muitas dessas pinturas tornaram-se pontos focais para a prece e o pensamento concentrado, mas nenhuma delas superou o ícone religioso. Originárias principalmente da Europa Ocidental e das igrejas ortodoxas, essas representações altamente especializadas de santos, de Jesus Cristo e da Virgem Maria tornaram-se os "ídolos domésticos" do seu tempo, assim como Terá, pai de Abraão, valorizava os seus deuses domésticos a ponto de levá-los com ele na sua jornada de Ur dos caldeus.

Alguns ícones são extremamente antigos e valiosos, e se tornaram centros de peregrinação e cultos. Um dos mais famosos é a Madona Negra de Czestochowa, localizada numa cidadezinha polonesa de mesmo nome. Transpassada pela espada de invasores turcos, a imagem supostamente sangrou copiosamente. Os profanadores fugiram, dando origem a uma lenda que persiste até os dias de hoje. Milhões de peregrinos visitam a cidade para ver a pintura miraculosa e rezar no seu relicário. A pintura é protegida por um escudo de aço com relevos em prata, erguido apenas na presença de peregrinos.

Montserrat, perto de Barcelona, na Espanha, é um mosteiro beneditino nas montanhas, onde se encontra a Virgem Negra de Montserrat, visitada por milhões de devotos todos os anos. A sua imagem é ponto focal de veneração e prece. Vemos o mesmo em Chartres, na França, e em muitos outros lugares no mundo todo. Todos eles são locais em que uma estátua ou pintura específica mexeu com a imaginação das pessoas e despertou-as a ponto de tornar a sua forma astral original uma realidade em nosso mundo físico.

Isso não acontece apenas no mundo cristão. O islamismo também tem seus símbolos sagrados, geralmente expressos na sua caligrafia fluida e em mosaicos. Os budistas têm estátuas, relicários e edifícios sagrados; e o mesmo acontece em todos os credos. Esses objetos, sejam pinturas, estátuas, livros, símbolos abstratos ou locais sagrados, são, todos eles, representações de formas-pensamento sagradas e fazem parte do culto e do fervor religioso da humanidade. A concentração e a prece focada neles liberam um poder e uma imagética acumulados, ao longo de centenas de anos em alguns casos, pelos pensamentos, esperanças e sonhos daqueles que já partiram deste mundo. Nunca subestime o poder da prece.

Se você acha que as meditações orientadas são uma novidade, experimente ler os *Exercícios Espirituais* de Santo Inácio de Loyola. Eles não são exatamente meditações orientadas com as quais estamos acostumados, mas são uma prova de que esse tipo de treinamento já existe há muito tempo. Os padres jesuítas ainda usam hoje em dia visualizações e criação de formas-pensamento, o que pode ser o segredo do seu sucesso em muitas áreas, pois eles são os "místicos mágicos" da Igreja Católica Romana.

A revelação de São João

A Bíblia, especialmente o Velho Testamento, é incrivelmente rico em matéria de formas-pensamento. Esse é um assunto que requer um livro inteiro e eu já comecei a escrevê-lo.

As visões dos profetas mostram claramente que suas experiências no plano interior eram levadas a sério e colocadas em prática quando diziam respeito ao bem-estar e orientação da humanidade. Desde as visões extasiantes e surpreendentes de Ezequiel, Elias e Samuel até a mensagem espiritual inspirada pelo divino e conhecida como Apocalipse, o mundo antigo era povoado de formas-pensamento tão poderosas que era possível vê-las, caminhar ao lado delas e conversar com elas. A humanidade não era tão cética naquela época e aceitava que anjos e seres semelhantes caminhavam entre nós.

Este parece um momento oportuno para explicar que até agora só tratamos da capacidade dos seres humanos de criar formas-pensamento a partir de matéria astral. Normalmente não se explica que os seres de planos superiores também têm essa capacidade e que a utilizam para encapsular porções diminutas de suas energias mentais superiores. As formas resultantes podem então descer para o plano físico por breves períodos de tempo, algo que esses seres não poderiam fazer em seu estado natural de existência.

Essas são as formas que vemos, na maioria das vezes com o olho interior, mas volta e meia com os olhos físicos também, e tendem a remeter a anjos ou, no mundo antigo, a deuses. A exaustivamente relatada capacidade dos grandes lamas tibetanos de enviar simulacros de si mesmos a outras lamarias é bem conhecida. Esses seres "temporários" parecem sólidos, podem manter conversas e ensinar os discípulos.[23] Isso explica muitos fenômenos relatados tanto no Velho quanto no Novo Testamento – eventos como o encontro entre Tobias e o anjo, a visita que Lot recebeu dos três "anjos do Senhor", a Anunciação e, embora isso sem dúvida provocará discordância e denúncias, até a transfiguração e aparição de Jesus aos discípulos depois da morte. Lembre-se, Jesus disse, "Não me toque, porque eu ainda não ascendi ao meu Pai".

Se o "corpo" do qual Jesus se valia era feito de protomatéria, é bem possível que estivesse instável com a energia puríssima de que se compunha. O toque poderia ter desestabilizado toda a forma-pensamento e liberado uma onda de energia que poderia matar a todos. Advertindo os discípulos, ele poderia manter coeso o corpo de matéria astral por tempo suficiente para transmitir as instruções finais. Depois, e só então, esse corpo provisório poderia ser descartado e a energia pura de Cristo ascender ao seu próprio nível.

Muito mais poderia ser discutido e considerado a respeito dessas palavras de Jesus, mas seria preciso outro livro. Por hora precisamos voltar a uma das visões mais espetaculares dos registros históricos, o Livro do Apocalipse de São João, o Divino (ou Revelação a São João). Deixando de lado a hipótese moderna de que ele não poderia ter sido escrito pelo próprio São João, vamos dar uma olhada no texto pura e simplesmente como uma experiência visionária.

O que significa a palavra "revelação"?

---

23. Uma professora britânica me contou (H.B.) sobre uma experiência pessoal que teve com esse fenômeno. Ela decidiu com relutância não participar de uma excursão da escola às montanhas porque tinha uma aula. Durante o passeio, ela se arrependeu de não ter ido e passou várias horas sonhando acordada com as montanhas. No dia seguinte, uma das colegas insistiu em dizer que a tinha visto nas montanhas..., pois tinha passado a tarde toda conversando com ela.

Significa "algum conhecimento ou informação que se manteve oculta até o momento e que foi então explicada e esclarecida a todos".

Quem está fazendo a revelação?

Certamente não era São João – ele só serviu de mensageiro. A sua missão era transmitir a mensagem às outras pessoas. Isso é o que sabemos do livro A Revelação de Jesus Cristo, que ele recebeu diretamente de Deus. Jesus "enviando-a por intermédio do seu anjo, notificou ao seu servo João".

A quem esse novo conhecimento é revelado?

João endereçou-o às "sete igrejas que se encontram na Ásia". Ele diz a elas que a revelação é da parte daquele que é, que era e que há de vir [o Criador] e também da parte dos "sete espíritos que se acham diante do seu trono" (os Elohim?). Só então ele acrescenta, "e da parte de Jesus Cristo". João então lhes fala, "Achei-me em espírito, no dia do Senhor, e ouvi, por detrás de mim, grande voz, como de trombeta".

"Em espírito" significa sem dúvida que ele estava num estado mental alternativo; e subentende-se que ele não tenha simplesmente visto por meio da clarividência, mas também ouvido por meio da clariaudiência. Ele é instruído a escrever num livro o que ouve e vê e enviá-lo para as sete igrejas que se encontram na Ásia, cujos nomes foram inclusive citados. Em seguida, surge uma torrente de visões, uma atrás da outra.

Não é minha intenção interpretá-las. Eruditos muito mais qualificados do que eu passaram a vida toda fazendo justamente isso. O que eu quero fazer aqui é mostrar um pouco da escala gigantesca da visão e da sua diversidade de imagens, e provar que o que você leu e aprendeu neste livro não é besteira: trata-se de um talento inerente para a comunicação entre dois mundos e que existe em todos nós, em grau maior ou menor. A criação de formas-pensamento não é algo novo. É uma capacidade que partilhamos com todos os seres. Na verdade, eu ousaria dizer que todos os seres vivos deste universo, não só desta galáxia, mas do universo como um todo, têm essa capacidade, não importa que forma habitem. Trata-se de um dom nato concedido pelo Uno, o Criador, a Matriz de toda a matéria universal. Durante centenas de anos, tivemos a tendência de rejeitar e ridicularizar esse dom, e agora é hora de reivindicá-lo e usá-lo, ou talvez perdê-lo para sempre.

Uma das coisas que todos os videntes têm em comum é a tendência para ver uma mescla de formas vivas e símbolos. Por exemplo, um escritor da Bíblia descreve um anjo como um ser que tem pernas como pilares, uma nuvem como corpo e um rosto como o Sol. Albrecht Dürer fez uma gravura com base nessa descrição; ele seguiu a descrição exata e o resultado ficou estranhíssimo. Mas, lembre-se de que naqueles dias, quando essas palavras foram escritas, esses escritores tinham, no máximo, um repertório de mil palavras em seu vocabulário. Isso dificultava a descrição de coisas que estavam além do seu entendimento.

A perspectiva era desconhecida na época, por isso, se a visão era muito mais alta que o observador, as longas pernas podiam ser interpretadas como pilares. A única coisa que o observador conhecia de tão alto ou longo eram os pilares de um templo. Se o visitante fosse criado de matéria astral, o seu rosto podia muito bem ter uma aparência pálida e anuviada, e a inteligência abrasadora que habitava a forma astral insubstancial poderia transbordar pelos olhos e ofuscar a visão do pobre receptor desse visitante extrafísico.

Portanto, quando lemos que João viu sete candeeiros de ouro (note que ele não diz menorá ou candelabro de sete braços), podemos supor que se tratava de sete seres irradiando uma luz dourada. Também podemos deduzir que se tratava dos sete espíritos diante do trono mencionados anteriormente. Isso é sublinhado pela sentença a seguir: "Vi sete candeeiros de ouro e, no meio dos candeeiros, um semelhante ao Filho de homem."

Do centro do universo vêm os sete diante do trono e Jesus em glória. Tinha na mão direita sete estrelas, outra referência aos sete; mas dessa vez são estrelas, não candeeiros, embora ainda sejam descritos em termos de Luz. A referência à mão direita é um sinal de que eles são seres importantes e de posição elevada. Seus "conselheiros da mão direita" são, sem dúvida, os Elohim.

A explicação dada no texto é a de que eles são os anjos das igrejas e as estrelas, as próprias igrejas. Eu tenho um ponto de vista diferente. As sete igrejas são os sete níveis de existência, cada uma delas regida por um dos Elohim. Não há razão para que as igrejas da Ásia sejam as únicas a receber esse conhecimento – existem muitas outras igrejas. Tudo isso acontece num nível muito mais elevado que o físico. Conhecendo as visões proféticas de João, podemos supor que isso tenha se passado em Atziluth, o que explica por que João caiu como morto, pois a pressão deveria ser insuportável nesse nível.

É preciso ter em mente, quando se interpreta simbologias antigas, que nem todas as palavras são originais e que muito se perdeu.

Cada uma das "igrejas" é mencionada, elogiada ou censurada, mas à certa altura esse Deus de amor diz, "Tens, contudo, a teu favor que odeias as obras dos nicolaítas, as quais eu também odeio". Isso é bem diferente do que esperaríamos de um misericordioso Deus de Amor.

As visões agora se sucedem rapidamente. Em Apocalipse 4:2-6, João vê o Uno sentado no trono, no centro do universo, cercado por 24 anciões, ou horas do dia e da noite, e diante do trono ardem sete tochas de fogo, que são os sete espíritos/arcanjos/Elohim. Ele também vê os seres viventes de Ezequiel: o Leão, o Touro, a Águia e o Homem. Em ordem descendente, agora temos o quatro, o sete e o 24.

Lembre-se de que essas interpretações são minhas e não devem ser tomadas como "evangelho". Como exercício, tente desvendar a simbologia do Apocalipse; isso aumentará a sua capacidade de observar e ver além do que está diante dos olhos. É muito tentador seguir adiante e investigar mais a fundo algo que ocupa a mente dos eruditos há dois mil anos, mas este livro é algo finito num universo infinito, e ainda há, à frente, outras coisas interessantes a investigar.

Contudo, antes de deixarmos essa área, deixe-me esclarecer que não são apenas os santos e seres humanos altamente espiritualizados que têm visões e experiências de êxtase. Pense nas crianças e nas visões de Fátima. Não poderia haver alguém mais "pés no chão" do que Bernadete, de Lourdes. Existem inúmeros místicos modernos, e você certamente conhece os livros de Teilhard de Chardin e, num outro extremo, de Arthur C. Clarke. Ambos são visionários à sua própria moda. Ambos mudaram a maneira como encaramos as nossas crenças. As pinturas abstratas podem parecer, a um olho destreinado, um amontoado de figuras desordenadas e sem sentido, mas *retrata o que o pintor viu*. Essa foi a visão dele, e só conseguimos ver o que ele viu se nos empenharmos muito; mesmo assim, talvez não vejamos.

16 O Palácio da Memória

Herbie discorre sobre: a importância oculta da memória; Simônides e o banquete desastroso; a criação do lócus; testando a sua memória e aperfeiçoando-a; Hanibbal Lecter, o ocultista improvável; o Castelo Interior e o Palácio da Memória; a construção do seu palácio.

Uma das mais antigas aplicações das formas-pensamento, na prática formal da magia, é a criação do Palácio da Memória Renascentista. Essa estrutura, totalmente construída mentalmente, ajudou gerações de ocultistas crentes de que um simples escorregão na cansativa litania dos seus rituais bastaria para que fossem carregados por demônios. Esses homens (e as poucas mulheres praticantes de magia na Europa do século XV) precisavam ter uma excelente memória, e era justamente isso que o Palácio da Memória lhes proporcionava. Esse método pode oferecer os mesmos benefícios hoje, mas desenvolvimentos mais recentes indicam que ele também pode ser usado como poderoso instrumento de autodesenvolvimento e progresso espiritual.

Os fundamentos do Palácio da Memória são de uma época anterior ao Renascentismo. A técnica que lhe serve de base parece ter sido descoberta por um poeta lírico chamado Simônides, no século VI a.C. Simônides estudava música e poesia na ilha de Céos, mas partiu quando era jovem para morar em Atenas. Famoso por ser autor de epigramas como "A pintura é a poesia em silêncio e a poesia é a pintura que fala", ele era um convidado frequente da aristocracia, e seu nome era associado a regentes tirânicos de Atenas, e Crannon e Larissa, na Tessália. Numa ocasião, Simônides foi convidado para um banquete em comemoração a uma vitória, mas que acabou em tragédia, quando o chão do salão cedeu, matando muitos convidados.

Simônides escapou do desastre por um golpe de sorte – foi chamado em outro recinto um pouco antes de tudo acontecer. Quando voltou, a cena era de horror: centenas de corpos desfigurados e irreconhecíveis. Pediram a Simônides que ajudasse a identificar os corpos. A princípio isso lhe pareceu impossível, mas então descobriu que conseguia se lembrar dos nomes dos convidados visualizando o lugar onde estavam sentados.

A experiência o fez refletir. Perguntou-se se poderia transformar essa descoberta num sistema de memorização em larga escala. A ideia básica era a de que, se pudesse visualizar um lugar em detalhes – como tinha feito no salão do banquete –, poderia se lembrar da disposição dos itens num local imaginário, exatamente como tinha se lembrado dos convidados. Ele começou a fazer experiências. De início, por conveniência, visualizou locais próximos à sua própria casa e colocou objetos em versões imaginárias de suas cristaleiras ou mesas. Depois, quando queria se lembrar, bastava visualizar o local (imaginário) e observar o que havia ali.

Por tentativa e erro, ele descobriu que o sistema funcionava. Percebeu que de fato conseguia se lembrar das coisas com mais facilidade. Depois de visualizar apenas alguns lugares específicos, avançou um pouco mais e passou a visualizar lugares mais amplos, começando naturalmente pela sua própria casa, mas logo passando para outros edifícios que conhecia. Por fim, ele contou sobre as suas descobertas a alguns colegas, que também comprovaram a eficácia do método. Logo a técnica de Simônides se espalhou pela elite intelectual da Grécia. Nem todos a usavam, é claro, mas muitas pessoas instruídas sabiam pelo menos da sua existência.

Da Grécia, o método se difundiu para Roma, onde ganhou fama entre os oradores. Estes descobriram que, se visualizavam os pontos principais de seus discursos (simbolizados por objetos concretos) em locais imaginários, conseguiam se deslocar mentalmente através desses espaços, o que facilitava muito a lembrança de seus discursos. A prática se tornou tão conhecida que resultou no hábito, ainda muito usado pelas pessoas que falam em público, de iniciar comentários com frases do tipo, "Em primeiro lugar" e "Em segundo lugar". Nos tempos romanos, os "lugares" eram locações literais, quando não imaginárias.

Com a queda do Império Romano e o início da Idade das Trevas, muito desse conhecimento das épocas clássicas se perdeu. Mas parece que a técnica de Simônides continuou viva na cultura *underground*, preservada secretamente por ocultistas conscientes do seu valor prático.

Pelo que pude descobrir, Simônides não foi um mago, por isso é improvável que soubesse algo sobre o Plano Astral. Contudo, tenha percebido ou não, ele se dedicou a uma operação astral. Como Dolores já observou, o astral reflete o físico. Embora qualquer aspecto do físico requeira uma "ideia" astral para poder se manifestar, a ideia em si precisa da manifestação física para se estabilizar. Isso cria algo parecido com um círculo virtuoso. Tudo o que existe no plano físico tem a sua contraparte astral. Quanto maior o tempo de existência no físico, maior a estabilidade da imagem no astral. Isso significa que, usando uma imagem da sua própria casa, Simônides escolheu algo que já estava refletido no astral e por isso era mais fácil de visualizar. (Você pode fazer o teste comparando a facilidade com que visualiza a Grande Pirâmide de Gizé – que, pelo calendário ortodoxo, já existe há mais de quatro mil anos – com a dificuldade que talvez tenha para visualizar o Empire State Building, construído em 1931.)

Em alguns casos, os "objetos" que Simônides coloca no seu lócus – como pode ser chamada a sua casa imaginária – também tinham uma contraparte no plano físico, o que lhes dava mais estabilidade astral. Não surpreende que ele tivesse mais facilidade para se lembrar. Eles realmente existiam em outro nível.

Você pode começar os seus próprios experimentos acerca dessa técnica exatamente como Simônides fez: usando a sua própria casa como base para um lócus astral. Ao utilizar as técnicas de criação de imagens astrais apresentadas neste livro, tente vê-las o mais nitidamente possível com o olho da mente. Visualize-se do lado de fora da porta, depois imagine-se entrando na casa e percorrendo cada cômodo numa determinada sequência. Repita o processo várias vezes, certificando-se de manter a mesma sequência, até se familiarizar com a técnica. Faça o exercício a seguir.

Primeiro, leia a lista abaixo. Concentre-se ao máximo, pois, quando terminar, vou lhe perguntar de quantos itens você consegue se lembrar.

Gato	Televisor
Porta	Lua crescente
Lâmpada	Pássaro preto
Rosa	Barco a vela
Garrafa	Jornal

Mesa
Leão
Estrela
Estátua de Buda
Pacote
Telefone
Mala
Óculos
Abajur
Casaco
Ovo frito
Árvore
Chocalho de bebê
Livro
Almofada
Janela
Panela
Vassoura
Bola de praia
Prato
Espelho
Bolsa
Cadeira
Coqueteleira
Ninho de passarinho
Computador de colo
Baralho
Clipe de papel
Pincel
Chapéu de *cowboy*
Tesoura

A lista é longa – mais de quarenta itens –, mas eu gostaria que você fechasse este livro agora e anotasse num papel o maior número de itens de que se lembra. E tente se lembrar na ordem em que eles apareceram.

Quando acabar, não fique deprimido com as falhas de memória, pois, por pior que seja a sua memória, você vai perceber que pode melhorá-la criando formas-pensamento. Faça o exercício de novo, mas desta vez, em vez de apenas se concentrar, visualize o seu lócus, a sua casa, e imagine-se andando por ela como antes. Mas desta vez, disponha os vários itens da lista pelo lócus.

A menos que você more num casarão como eu, é provável que não disponha de quarenta cômodos, por isso não será possível deixar um objeto em cada um deles. O que você vai fazer é deixar vários itens em cada cômodo da casa – um logo atrás da porta, outro perto da janela, outro no meio do cômodo, um sobre a mesa, outro na estante, outro sobre o lustre e assim por diante. Se você seguir a sequência mais uma vez, ao posicionar os objetos, vai conseguir se lembrar deles na ordem em que foram apresentados na lista.

Não é preciso que você tente se lembrar dos vários itens enquanto os posiciona. Você deve se concentrar na tarefa de visualizá-los o mais nitidamente possível. Depois que tiver posicionado um objeto, simplesmente passe para o item seguinte da lista.

Quando acabar de posicionar todos os objetos, para facilitar um pouco as coisas faça um intervalo e tome um café. Depois, quando terminar o café, você pode testar a sua memória usando o lócus para se lembrar da lista.

Neste caso também não há necessidade de se concentrar muito. Simplesmente ande mentalmente pela casa, fazendo o mesmo percurso e tomando nota dos itens que encontrar. É possível que você não se lembre de todos os objetos da lista, pois essa é a primeira vez que usa a técnica. Mas eu posso garantir que você se lembrará de um número cada vez maior à medida que treinar – e a maioria das pessoas acaba conseguindo se lembrar de todos os itens na ordem correta.

À medida que você for se acostumando com o seu lócus, descobrirá que o seu número de acertos vai aumentando, até a lembrança de todos os itens se tornar algo corriqueiro. Você também pode se divertir tentando "memorizar" os itens de trás para a frente – algo que você pode conseguir simplesmente invertendo a ordem em que percorre os cômodos imaginários.

Muitos ocultistas – e algumas pessoas sem nenhum conhecimento esotérico – usam o lócus apenas como instrumento de memorização. Mas essa técnica tem uma aplicação esotérica muito mais ampla.

Só a título de curiosidade, saiba que a descrição mais clara já publicada do potencial do lócus apareceu no romance de suspense *Hannibal,* de Thomas Harris, que esteve nas listas dos *best-sellers* de 1999. No seu livro anterior, *Red Dragon*, Harris apresentou a sua mais perturbadora criação ficcional, o dr. Hannibal Lecter, um canibal psicopata que conseguiu um espaço ainda maior no segundo romance, *Silence of the Lambs*, que foi depois filmado e estrelado por Anthony Hopkins e Jodi Foster (*O Silêncio dos Inocentes*).

Nos dois romances, Lecter era uma figura monstruosa que ficava na periferia da ação, como um fantasma medonho escondido nas sombras. Em *Hannibal*, Harris o coloca no centro do palco e dá aos leitores informações sobre o passado da personagem, a sua personalidade e psicose. Na opinião de pelo menos um crítico (que escrevia para o jornal britânico *Sundays Times*), isso foi um erro, pois a seu ver os monstros mais assustadores são os que permanecem nas sombras. Não obstante, a abordagem de Harris apresenta o conceito de lócus para o público em geral num nível notavelmente sofisticado. Para criar *Hannibal*, Harry decide que seu personagem sobreviveu à sua própria loucura usando um Palácio da Memória.

O Palácio da Memória (tão diferente de um lócus simples) parece ter sido desenvolvido por um grupo seleto de iniciados do século XIV, que, com quase toda certeza, atuava na Itália. Em vez das humildes casas, eles começaram a se familiarizar com prédios públicos, para usar como *loci*, e depois treinaram a mente para construir equivalentes imaginários das mansões mais grandiosas e complexas da sua região. Assim nasceu o verdadeiro Palácio da Memória, uma complexa estrutura astral formada por um labirinto de corredores, às vezes com milhares de cômodos.

A suposta razão para essa criação monumental era o fato de alguns magos terem muitas informações de que precisavam se lembrar. Mas a verdade não era bem essa, e Thomas Harris chegou tão perto dela em seu romance que é preciso aplaudir a extensão da sua pesquisa. Em *Hannibal*, ele explica como o dr. Lecter controlava as suas lembranças mais destrutivas trancando-as numa masmorra imaginária – um calabouço secreto no seu Palácio da Memória, acessível apenas por um alçapão. O romance também mostra que o ardiloso médico melhorava o seu estado de ânimo "reproduzindo" lembranças de experiências agradáveis armazenadas em seu palácio. Às vezes, Lecter fugia para a sua criação astral para resistir a torturas. Isso já vai muito além da memorização de listas.

O romance *Hannibal* é, evidentemente, uma ficção, e o Palácio da Memória de Lecter é usado por um assassino psicopata, por isso a ênfase é colocada no controle e na criminalidade. Mas nem por isso a descrição de Harris do Palácio da Memória e do seu uso iniciático deixa de ser acurada, pelo menos até onde se propõe.

Usado em toda a sua extensão mágica, o Palácio da Memória tem basicamente a mesma natureza de outra estrutura astral, às vezes criada pelos magos como parte do seu treinamento básico: o Castelo Interior. O Castelo Interior aparece nos textos dos místicos – principalmente nos de Santa Teresa d'Ávila, do século XVI –, nos quais se descreve um edifício visionário que a pessoa pode explorar em sua busca pelo Divino.

Segundo a psicologia junguiana, cuja ênfase são os estados mentais profundos, quando um edifício de qualquer tipo aparece nos sonhos, ele pode ser interpretado como um receptáculo da psique. Examine o edifício e você terá dicas do que está acontecendo com os seus processos interiores no momento. Uma cabaninha acanhada sugere atividade mental limitada, enquanto uma universidade indica uma perspectiva mais ampla, com muitas lições a aprender.

A filosofia mágica, que está entre a psicológica e a mística, vê o Castelo Interior como uma analogia astral do corpo, da mente e até do espírito, quando apropriadamente construído. Tipicamente, uma escada sobe em caracol pelo pilar central da espinha, e glifos, em certas câmaras superiores, podem ser usados como centro de controle, para gerar certos resultados desejáveis.

Diferentemente dos místicos e dos junguianos, que tendem a buscar um Castelo Interior que aflore espontaneamente de estados psicológicos ou que tenha sido gerado no curso de uma vida religiosa, os magos preferem construí-lo eles próprios. Esse castelo é muitas vezes moldado sobre uma estrutura mística, como o castelo do Rei Arthur em Camelot, por isso franqueia o acesso à energia do mito associado.

O Palácio da Memória combina elementos de um lócus simples com um Castelo Interior estendido, para criar um instrumento mágico que supera ambos. Para criar e utilizar o seu próprio Palácio, eis o que você tem que fazer: primeiro, escolha uma construção física para usar como modelo do seu Palácio da Memória. Você não deve pensar na sua própria casa. Esse edifício deve ser muito maior do que ela, um lugar onde você nunca entrou antes. Uma estrutura antiga e sólida é melhor do que uma construída recentemente. Talvez você tenha sorte de encontrar um edifício assim na sua região. Se tiver, visite o lugar e conheça a sua parte externa (só a externa – você não deve entrar no edifício). Ande por ali para ter uma ideia do seu tamanho. Tire fotos ou faça um esboço da fachada, particularmente da entrada principal.

Se não houver nenhum edifício adequado na sua região, é perfeitamente aceitável usar um ponto de referência arquitetônico ou até fotos de pontos turísticos. O mundo é cheio de edifícios maravilhosos, desde o Palácio de Potala, em Lhasa, até o Palácio Ducal, em Veneza.

Agora, reserve diariamente um horário para visualizar a parte externa do prédio escolhido, até conseguir vê-lo com o olho da mente, nitidamente e em detalhes. Não tente "entrar" no seu Palácio da Memória nesse estágio. Agora se preocupe apenas em construí-lo e – o mais importante – evitar ideias preconcebidas acerca do interior do edifício; essa é razão por que você está usando um edifício em que nunca entrou antes.

Depois que tiver uma imagem mental clara da parte externa do edifício – o que não deve demorar muito –, você pode começar a criar a parte central do interior do palácio. Mas antes que faça isso, quero explicar a teoria.

Quando usa um edifício físico como modelo, você cria o elo inicial entre os mundos astral e físico. O edifício já existe no físico e, portanto, tem um reflexo astral. A sua visualização da parte externa conecta você com esse reflexo, facilitando a construção de um segundo edifício astral parecido. Esse ponto é importante. Você não estará usando o reflexo astral original do edifício físico que escolheu, mas a sua própria contraparte astral desse reflexo. É como se você visse uma casa que lhe agradasse e construísse uma parecida só para você.

Mas a aparência externa do seu Palácio da Memória é o seu aspecto menos importante. Na parte seguinte deste exercício, você precisará fazer a estrutura pessoal para você. Isso você fará posicionando um análogo do seu corpo físico dentro do Palácio. (Eu lhe direi como fazer isso no momento certo.)

O análogo do corpo gera automaticamente um segundo, dentro do Palácio. Trata-se do análogo da psique, que inclui áreas como o seu inconsciente mais profundo, o seu eu superior e, mesmo que possa ser difícil de encontrar, o seu ponto pessoal de contato com o Inconsciente Coletivo.

O segundo análogo surge porque o seu corpo e a sua psique não estão separados. O seu corpo é algo criado pela sua psique para funcionar no reino físico. Criando um análogo de um, você automaticamente cria um análogo do outro. E como certamente você tem mais familiaridade com o seu corpo do que com a sua psique, faz sentido criar um análogo dessa maneira.

O jeito mais simples de criar os análogos mente/corpo consiste em gravar um CD com o roteiro a seguir, para que possa ouvir em estado de relaxamento. Se você não tem como fazer essa gravação, peça a um amigo para ler o roteiro em voz alta para você. Das duas maneiras você vai precisar repetir o processo várias vezes até se familiarizar com as estruturas descritas, a ponto de conseguir visitá-las mentalmente com facilidade. Eis o roteiro:

> Você está entrando pela porta principal do seu Palácio da Memória. Ao atravessar o umbral da porta, você se vê num saguão espaçoso, com paredes forradas de painéis de madeira, chão de mármore e estátuas de mármore rodeando todo o cômodo. Você pode examinar esse saguão com mais detalhes mais tarde; agora se dirija diretamente para a porta na parede em frente à entrada.
>
> Ao abrir essa porta, você vê um segundo cômodo, com assoalho de madeira. Há várias portas levando a outros ambientes, mas mais uma vez você deve ignorar todas elas, com exceção de uma, na parede em frente.
>
> Ao abrir essa porta, você encontra um terceiro cômodo, muito mais amplo do que os outros dois. No centro, há uma escada em espiral de pedra que leva, até onde você pode ver, para cima, em direção a uma pequena torre, e para o andar inferior, onde estão outros cômodos do Palácio. Mais uma vez você deve ignorar as portas por um momento e se concentrar na escada em caracol.
>
> Vá até a escada e comece a sua subida no sentido horário, para que possa explorar os cômodos superiores da torre. À medida que sobe, você notará, num patamar da escada, duas portas que levam a um andar superior. Você logo saberá o que existe por trás dessas portas, mas por enquanto continue a subir a escada em direção a uma câmara superior da torre, uma biblioteca com dois janelões, por onde você vê os campos ondulantes que circundam o seu Palácio.

Através das janelas você pode ver os jardins bem cuidados e conhecidos que cercam o Palácio. Além deles, há bosques e campos da sua propriedade e, mais além, uma região inculta que você não conhece muito bem.

Se voltar a atenção para os livros nas estantes da biblioteca, você verá que o lugar de honra está reservado para vários volumes que compõem a sua biografia pessoal, um para cada ano da sua vida. Pegue um, examine-o e você verá que ele contém informações – ilustrações e texto – sobre a sua vida naquele determinado ano. No entanto, existem lacunas e espaços em branco nas suas páginas, como se faltassem alguns dados. Você nota que essas lacunas se tornam mais frequentes nos volumes mais antigos e diminuem naqueles que tratam dos anos mais recentes da sua vida. Todos os volumes, no entanto, incluindo o último, têm pelo menos alguns espaços em branco.

Se examinar o volume mais recente, aquele numerado com a idade que você tem agora, você vai reparar que o texto está inacabado. Mas verá também que existe uma pena de escrever ornamentada e um vidro cheio de tinta na escrivaninha ao lado das prateleiras, para que você possa continuar os registros quando quiser. Agora você sabe que cada livro da sua biografia é uma forma de registro diário que você faz pessoalmente.

Afaste-se agora da sua biografia em vários volumes e examine os outros livros que estão nas prateleiras. Você logo descobrirá que são obras sobre assuntos pelos quais tem grande interesse. Mais tarde você terá tempo para examinar alguns desses livros mais atentamente, embora eles não contenham muito mais do que você já sabe.

Agora que você já visitou essa parte da torre, volte para a escada em caracol e comece a descer até chegar às duas portas mais recuadas, pelas quais você passou enquanto subia. Ao entrar na primeira, você vê dois foles de couro gigantescos, que pegam quase o cômodo inteiro e estão ligados a um maquinário pesado, responsável por fazê-los inflar e desinflar num ritmo cadente.

Atravessando o umbral da segunda porta da escada, você entra num cômodo muito parecido, onde há uma máquina contendo uma enorme bomba de ar, ligada a uma série de dutos por onde circula um fluido vermelho. Assim como os foles, a bomba se mantém num ritmo estável. Se você prestar bem atenção, vai reparar que a bomba segue o ritmo das batidas do seu coração, enquanto os foles seguem o ritmo da sua respiração.

Se descer mais um lance de escadas, você voltará para o cômodo onde iniciou a subida, mas continue descendo até o porão do Palácio, onde vai encontrar a sala da fornalha. A fornalha está funcionando a todo vapor, mas ela tem um termostato que impede que o calor gerado seja excessivo.

Agora volte para o cômodo inicial e deixe o Palácio, fazendo o mesmo percurso até sair pela porta principal. Agora abra os olhos e termine a visualização.

Você precisará repetir esse exercício várias vezes, procurando acrescentar mais realismo, cores e detalhes cada vez que o fizer, até perceber que consegue visualizar as áreas descritas sem precisar se esforçar. Isso feito, tente fazer todo o exercício de memória e continue a praticá-lo até que a excursão pelo seu Palácio da Memória torne-se uma segunda natureza para você. Quando chegar a esse ponto, você poderá ter certeza de que construiu um análogo astral do seu corpo físico – o que significa que também tem um análogo astral da sua psique, e o seu Palácio tornou-se um instrumento para alguns trabalhos psicoespirituais sérios.

17 Como Utilizar o seu Palácio

Herbie discorre sobre: a casa que Jung descobriu; o que Freud pensava; um modelo da mente; a imaginação ativa e o astral; o eu essencial; a faxina mental; explorando o seu Palácio; utilizando o seu Palácio; o Templo Interior; o seu Guia Interior.

Em 1909, quando Carl Jung tinha 34 anos de idade, ele fez uma viagem aos Estados Unidos com o seu mentor, o pai da psiquiatria moderna, Sigmund Freud. Durante um período de sete semanas, eles ficaram na companhia um do outro e passaram a ter o hábito de conversar sobre os seus sonhos.

Num dos sonhos que contou a Freud, Jung estava no andar superior de uma casa de dois andares, que, embora ele não conhecesse, sabia ser sua. Esse andar da casa consistia num salão decorado em estilo rococó, com as paredes cobertas com vários quadros antigos e valiosos. O ambiente estava bem de acordo com o gosto pessoal de Jung e lhe agradava a ideia de que a casa lhe pertencesse; contudo, de repente ele percebeu que não sabia como era o andar inferior.

Jung desceu as escadas e descobriu que o térreo era muito mais antigo do que o andar superior. O chão era de tijolos vermelhos; o lugar todo era sombrio e melancólico; a mobília, medieval. Ele teve a impressão de que essa parte da casa deveria pertencer ao século XV ou XVI.

À medida que percorria os cômodos, Jung se convencia cada vez mais de que precisava explorar toda a casa. Ele chegou a uma pesada porta que se abria para uma escada de pedra em direção ao porão. Jung desceu as escadas e se deparou com um lindo cômodo cortinado de aparência muito antiga. Quando examinou as paredes, concluiu que o cômodo datava da época do Império Romano.

Empolgado, olhou o chão mais de perto e viu que era composto de lajes de pedra. Uma delas tinha um anel de metal que erguia um alçapão ao ser puxado, revelando degraus de pedra muito estreitos, mergulhando na escuridão. Novamente Jung desceu e desta vez encontrou uma gruta de teto baixo, esculpida no leito de rochas sob a casa. O chão estava empoeirado, coberto de ossadas e cacos de cerâmica, como se fossem resquícios de uma cultura primitiva. Ele encontrou dois crânios, muito antigos e parcialmente decompostos. Nesse ponto acordou.

Ao ouvir o sonho, Freud se fixou nos crânios, suspeitando de que representassem um desejo oculto de morte. De brincadeira, Jung aventurou-se a dizer que talvez cultivasse um antagonismo inconsciente com relação à esposa e à cunhada, mas não acreditava nisso de verdade. Ele achava, isto sim, que a casa do sonho representava a psique. O salão do andar superior era a sua consciência com relação ao momento presente, os negócios do dia a dia, relacionados à sobrevivência e subsistência do mundo moderno.

No entanto, abaixo do limiar da consciência havia vestígios da herança histórica da humanidade – atitudes, interesses e ideias desenvolvidas nos séculos anteriores. O térreo significava o nível inicial da sua inconsciência, que, no sonho, ele decidiu explorar pela primeira vez. Mas, quanto mais ele descia, mais escuro e desconhecido o ambiente se tornava. Quando chegou à gruta, descobriu remanescentes da humanidade primitiva dentro de si mesmo, um mundo que a luz da consciência dificilmente atingia ou iluminava. Essa área, sentia ele, fazia fronteira com a alma animal: as cavernas, nos tempos pré-históricos, eram muitas vezes habitadas por animais antes que o homem se apossasse delas. Posteriormente, Jung veria nessa caverna, e nos seus restos fósseis, um substrato comum a toda humanidade: a nossa herança ancestral mais remota, que ele chamou de Inconsciente Coletivo.

O sonho inteiro proporcionou um modelo da mente humana que se revelou muito útil para gerações de analistas junguianos. Embora tenha aflorado espontaneamente, parecia ter aplicação universal. Explorações desse tipo de "casa interior", feitas com base numa técnica junguiana conhecida como "imaginação ativa", muitas vezes ajudam pacientes a ter novos *insights* sobre si mesmos.

A imaginação ativa tem muito em comum com as técnicas espirituais de meditação e *pathworking* (meditação orientada). Ela consiste em entrar num mundo imaginário (os ocultistas diriam astral) e então observar e interagir com o que quer que se descubra ali. Às vezes se descobrem entidades prontas para debater com os indivíduos envolvidos. Os analistas, em geral, consideram essas entidades aspectos personificados da mente do paciente. Alguns aceitam as implicações do Inconsciente Coletivo de Jung e reconhecem que pelo menos algumas dessas entidades são objetivas, mas continuam a explicá-las em termos psicológicos. Em comparação, uma porcentagem considerável de ocultistas acredita que essas entidades sejam espíritos.

Nenhuma dessas ideias está totalmente correta. As "entidades" que encontramos em sonhos, na imaginação ativa, na meditação ou no *pathworking* são, todas elas, sem exceção, formas-pensamento. Algumas delas, como acreditam os psicólogos, são aspectos personificados da psique pessoal, fantoches astrais criados pela mente inconsciente como veículo de autoexpressão. Algumas delas – que Jung chamou de arquétipos – parecem ser as mesmas criaturas que os povos antigos consideravam deuses, uma constatação a que o próprio Jung chegou. Algumas delas, como postulam os ocultistas, são manifestações de espíritos.

Todas elas você pode encontrar no seu Palácio da Memória.

Antes de utilizá-lo, convém examinar a sua natureza essencial. Assim como o mundo à sua volta não é o que parece, você também é bem diferente do que aparenta ser.

Seja qual for o nosso ponto de vista filosófico ou crença religiosa, muitos de nós – quiçá todos – nos identificamos com o corpo como a nossa realidade suprema. Nós somos capazes de ver, ouvir, sentir, cheirar e sentir o gosto do corpo, e dói quando alguém derruba um objeto pesado no nosso pé. Existe uma mente ligada ao corpo, mas ela não pode ser tocada, sentida, pesada ou medida. O corpo parece ser o elemento principal, por assim dizer. Não seríamos os mesmos sem ele, e tememos o seu desaparecimento quando morremos.

No entanto, essa pedra de toque da identidade pessoal é uma ilusão impermanente. Se você examinasse o seu corpo com um microscópio, descobriria que está perdendo as células da sua pele o tempo todo. Ao longo do dia, no nível microscópico você está em meio a uma constante nevasca. É perturbador saber que o pó doméstico é composto, em sua maior parte, por pele humana... e uma mistura variada de criaturas microscópicas que se alimentam dela.

A sua pele não é a única coisa que você está trocando. O seu fígado é totalmente substituído a cada seis meses. Os demais órgãos vitais se renovam num ritmo mais lento, mas isso nunca deixa de acontecer. Até os ossos, que parecem tão permanentes, estão em estado de fluxo. Daqui a sete anos, não existirá uma única molécula no seu corpo que não terá sido substituída. No nível atômico, você está em constante estado de intercâmbio com o ambiente, deixando um átomo aqui e pegando outro ali, num processo contínuo. Isso significa que os olhos que você estava usando no início deste parágrafo já não são os mesmos que está usando agora.

Malgrado todo esse malabarismo dos átomos, alguma coisa mantém o padrão. Você pode viver em constante estado de mudança, mas eu ainda reconhecerei você como o meu velho amigo quando nos encontrarmos na semana que vem. Eliminando a hipótese de acidentes, eu até reconhecerei você daqui a sete anos, mesmo que nenhuma célula do seu corpo ainda seja a mesma. Alguma coisa – algo imaterial – consegue manter no formato correto todo o rodopiante intercâmbio de átomos.

Não importa como você queira chamá-la – mente, alma, espírito –, essa coisa imaterial é o seu eu essencial. É esse eu essencial que o Palácio da Memória permite que você explore.

No entanto, a menos que você seja muito mais iluminado do que eu, o mais provável é que o seu eu essencial esteja encoberto sob anos de detritos mentais acumulados – esperanças, medos, aspirações e padrões egoicos que podem (e serão) representados por símbolos, às vezes personificados, dentro do seu Palácio da Memória. Por isso, é uma boa ideia fazer uma boa faxina antes de entrar lá.

Uma das melhores maneiras de fazer isso – que, coincidentemente, também utiliza formas-pensamento – é um exercício muito simples que eu faço frequentemente nos meus *workshops*. Os seus resultados são proporcionais à energia investida, mas ele tem uma pequena desvantagem – você precisa de um amigo para ajudá-lo. Eis a seguir como ele funciona.

Pense num cômodo da sua própria casa que você gostaria de limpar. Você deve escolher um cômodo de verdade e, de preferência, que seja muito utilizado. Se tiver se mudado pouco tempo atrás para essa casa, você pode pensar num cômodo da casa em que morava antes. Você também pode pensar no seu escritório ou local de trabalho, se passa mais tempo ali do que em casa. Explique ao seu amigo que você vai limpar esse cômodo mentalmente e que precisará da ajuda dele.

Decida quais equipamentos você vai usar nessa faxina. Você pode escolher o que quiser: balde, vassoura, detergente, sabão, escadas, etc. Diga ao seu amigo o que pretende usar. Depois, na sua imaginação, comece a faxina. Descreva-lhe em voz alta, com detalhes, exatamente o que está fazendo enquanto limpa.

A tarefa do seu amigo é ouvir e incentivá-lo no processo, fazendo perguntas que o estimulem a visualizar o cômodo com o maior número de detalhes e com a maior nitidez possíveis. Digamos que esteja limpando o lustre do teto. O seu amigo deve pedir que você descreva a peça e os equipamentos que está usando para limpá-lo. Se disser que está limpando um livro, ele pode perguntar o nome do livro, a cor da capa ou a ilustração que decora a capa.

Faça a faxina na sequência a seguir:

Comece com o teto, depois passe para as paredes. Quando chegar nos quadros, nas prateleiras de livros e nos outros móveis do cômodo, limpe-os e tire-os do lugar para poder limpar atrás deles. Se necessário, coloque toda a mobília no centro do cômodo. Limpe o conteúdo dos armários ou estantes de livros, item por item. Tente visualizar cada um deles nitidamente à medida que faz isso. Leve quanto tempo for necessário.

Enquanto limpa, decida quais objetos você vai manter e quais jogará fora. Tire imediatamente do cômodo aqueles que decidiu descartar. Os objetos pequenos devem ser colocados numa caixa de papelão, grande o suficiente para que possam ser arrumados numa pilha.

Limpe o tapete, depois deixe-o enrolado num lado do cômodo e limpe o chão. Quando terminar, examine outra vez se ainda resta alguma coisa que queira jogar fora. Saia ao ar livre e queime numa fogueira todos os objetos que não quer mais, ou leve-os até um lago imaginário e jogue-os ali.

Os resultados desse exercício são absolutamente surpreendentes e geralmente percebidos no mesmo instante, como uma sensação de alívio. Um interessante efeito colateral é o fato de algumas pessoas começarem a ter sonhos muito vívidos uma ou duas noites depois. Se você gostar do processo – e muitas pessoas gostam –, pode repeti-lo, pois não precisa ter receio de efeitos negativos. No entanto, depois de concluir o exercício pelo menos uma vez, você pode passar a utilizar o seu Palácio da Memória.

Nessa etapa, convém alertá-lo sobre uma experiência particular e um tanto peculiar que às vezes acontece ao utilizarmos um Palácio da Memória – e também estruturas semelhantes, como o Castelo Interior. Estou falando da experiência de nos vermos preenchidos por uma luz branca e brilhante. Embora essa luz não seja a que estamos acostumados no mundo físico, ela é evidente e inconfundível – uma inundação de luz no seu espaço interior. A sensação é tão marcante, e muitas vezes tão inesperada, que algumas pessoas podem entrar em pânico; ou pelo menos era isso o que costumava acontecer no meu caso. Você precisa saber, antes de começar a trabalhar com o Palácio da Memória, que a experiência da luz interior, se acontecer, não causa nenhum mal. Ela é, no máximo, uma indicação de progresso e, como tal, não deve ser encarada com resistência. Se acontecer a você, relaxe e aproveite.

O primeiro passo para utilizar o seu Palácio da Memória é simplesmente explorá-lo. Quando seguiu o roteiro com instruções sobre como percorrê-lo, você percebeu que foi orientado a ignorar muitas portas mencionadas. Agora é hora de parar de ignorá-las. Você pode ficar à vontade para abrir qualquer porta que quiser. Na verdade, eu insisto para que procure cuidadosamente portas que não foram mencionadas. (Existe, por exemplo, uma porta secreta, camuflada nos painéis de madeira do saguão de entrada. Ela está à esquerda de quem entra, logo após a porta de entrada. E pode haver muitas outras portas e passagens secretas pelo Palácio.)

Apesar da faxina mental preliminar, você quase certamente descobrirá áreas do seu Palácio da Memória que estarão sujas – tetos e paredes cobertas de teias de aranha, entulho no chão, etc. Quando encontrar lugares assim, é importante que os limpe. Faça exatamente o que fez no exercício preliminar,[24] usando qualquer equipamento de que precise e levando todo o lixo para um depósito. Se você não fizer mais nada no seu Palácio da Memória, saiba que uma faxina regular trará enormes benefícios em termos de bem-estar e estado emocional.

Além da sujeira e dos detritos, é provável que você encontre áreas do seu Palácio da Memória em que o ar esteja viciado e cheirando a mofo. Eliminar esse ar viciado é tão importante quanto eliminar o lixo. Abra portas e janelas e, se nada mais adiantar, traga um ventilador de pé para ventilar o ambiente. O ar viciado parece estar associado a pensamentos negativos. A eliminação do ar viciado do seu Palácio traz o interessante resultado de fazê-lo encarar a vida com mais otimismo.

Embora os Palácios da Memória sejam exclusivos das pessoas que os construíram, eles costumam ter características em comum. Não será surpresa, por exemplo, se você encontrar um templo ou capela em algum lugar, durante as suas explorações. Essa é, na verdade, uma das mais importantes áreas do Palácio para as pessoas interessadas na sua evolução espiritual, pois ela representa o seu ponto de contato com o divino e/ou com o seu eu superior.

O templo interior pode ser usado de várias maneiras diferentes. A mais simples e óbvia é a prece, que pode ser feita em voz alta ou deixada por es-

---

24. Ou use o atalho sugerido por Carol K. Anthony, em seu livro *The Other Way* (Mass.: Anthony Publishing Co., 1990). Ao explorar a sua própria "casa interior", Carol descobriu um aspirador de pó cósmico que ela podia puxar do teto. Ele era do tamanho da tromba de um elefante, mas tinha um impressionante poder de sucção que podia sugar qualquer coisa e limpar todos os cômodos sujos ou cheios de detritos, duas vezes mais rápido.

crito no altar, em forma de pedido. Só tenha cautela com o que pedir. O Palácio da Memória é verdadeiramente uma estrutura mágica com a peculiar tendência de gerar resultados concretos. Portanto, tenha cuidado com as palavras que usar no seu pedido, para ter certeza de que é isso exatamente o que quer e, mais importante ainda, considere as consequências desse pedido. A prática mágica está repleta de histórias de horror nesse sentido e, embora algumas delas não passem de lendas urbanas, é melhor tomar cuidado. Não é, por exemplo, uma boa ideia pedir fama se você preza a sua privacidade; e muitos outros pedidos aparentemente inocentes podem se revelar verdadeiras bombas-relógio. O conselho dado aos aspirantes que buscam conhecer os "Grandes Mistérios" era "Conhece a ti mesmo". Também é bom ter cautela quando pedir algo. Se você tem dificuldade para encontrar as palavras exatas, uma boa precaução é fazer as suas preces de maneira condicional. Sempre acrescente a frase "Se for pelo bem maior de todos", para evitar problemas inesperados.

Uma aplicação muito mais segura – e em vários sentidos até mais benéfica – do seu templo interior é o sacrifício. Você pode usar o altar para sacrificar as suas atitudes, emoções, desejos e mágoas negativas – qualquer coisa, na verdade, que a seu ver pode estar impedindo o seu progresso espiritual. Se você imaginar que está colocando sobre o altar um determinado aspecto da sua personalidade, ele poderá desaparecer imediatamente. Não se surpreenda se o próprio altar se transformar numa lata de lixo (ou até numa caçamba de entulho), se você tiver muito o que sacrificar. Tudo vai desaparecer do mesmo jeito e, depois de um tempo, quando você tiver menos a eliminar, o altar voltará a ser um altar.

Calabouços são lugares muito comuns nos Palácios da Memória. Você deve se lembrar, do último capítulo, que o personagem Hannibal Lecter usava um calabouço do seu Palácio para aprisionar lembranças amargas, preservando assim o que restava da sua sanidade. Não posso dizer que eu recomende essa prática aos leitores, que não são nem fictícios nem psicopatas. Lembranças aprisionadas podem, mais cedo ou mais tarde, acabar criando problema. De qualquer modo, é melhor concentrar a sua atenção na liberação e cura daqueles aspectos do seu ser que ficaram presos nessas regiões sombrias. Mas essa área costuma ser tão traiçoeira que é melhor não pensar em calabouços enquanto não tiver experiência suficiente no uso do seu Palácio da Memória e, de preferência, até que tenha encontrado o seu Guia Interior.

Segundo a tradição esotérica, quando o aluno está pronto, o mestre aparece. Mas o que não se costuma levar muito em conta é o fato de que o mestre pode não ser uma pessoa encarnada. Enquanto conversava sobre gurus, Carl Jung perguntou a um amigo de Mahatma Gandhi se ele estava preparado para revelar algo sobre o seu próprio guru. O homem, um sábio ancião indiano, disse que era discípulo de Shankarcharya, o comentarista védico que tinha falecido séculos antes. Quando Jung fez a pergunta óbvia, o homem confirmou que seu guru era o espírito de Shankarcharya. O seu Guia Interior pode ser o seu eu superior, um personagem histórico como o guru do amigo de Gandhi, outro tipo de espírito ou um arquétipo (isto é, uma forma divina). Esse Guia Interior, quando necessário, usa o seu Palácio da Memória como veículo de comunicação.

É muito importante perceber que você não deve tentar visualizar qualquer Guia Interior em particular. Criar um veículo astral apropriado para um determinado espírito é uma técnica de magia válida, mas trata-se de uma forma avançada de prática, vista mais como uma evocação, e não deve ser usada no contexto do Palácio da Memória (ou pelo menos até você ser versado em artes esotéricas). O melhor é que você continue a explorar o seu Palácio, seguro de que a tradição está correta ao afirmar que o seu Guia vai aparecer quando você estiver pronto. Paradoxalmente, a falta de expectativas tende a acelerar o contato.

Outro aspecto comum do Palácio da Memória é o jardim dos prazeres, uma área de repouso e relaxamento (muitas vezes com água corrente), onde você pode se revitalizar e recuperar as forças.

Esta não pretende ser uma lista definitiva do que você pode esperar encontrar no seu Palácio. A maioria deles contém uma capela, um calabouço, um jardim dos prazeres e, possivelmente, um Guia Interior. Mas eles também podem conter muito mais, e tudo ou quase tudo será exclusivo da estrutura que você construiu. As primeiras explorações do meu Palácio da Memória, por exemplo, levaram-me a descobrir uma pequena clínica dirigida por dois médicos gregos irascíveis, cujos conselhos sobre questões de saúde provaram ser muito confiáveis.

As excursões ao seu Palácio lhe proporcionarão informações sobre outras maneiras de explorá-lo. (Isso acontece principalmente depois que você já encontrou o seu Guia Interior.) Enquanto está esperando por orientação, melhor será que você preencha o seu jardim dos prazeres com lembranças de acontecimentos e pessoas agradáveis que, de outra maneira, poderia esquecer.

Isso, no mínimo, o preparará para o território proibido ao qual Dolores vai levar você, no capítulo seguinte.

18 Homúnculos (I)

Dolores discorre sobre: as áreas sombrias imaginadas da criação de formas-pensamento; a evocação de formas na Idade Média; familiares e guardiães; personagens de quadrinhos; ensinado com cautela, usado com ética; perigos; como criar e programar.

É aqui que começamos a pisar nos calos, eriçar os pelos e horrorizar os cristãos mais ortodoxos. Aqueles que têm nervos mais sensíveis talvez devessem dar o dia por encerrado e colocar o livro de volta na estante!

Prefere continuar? Ótimo!

Os seres humanos de ambos os sexos são muito conhecidos pela sua curiosidade e capacidade de partir a galope para lugares que até os anjos temeriam entrar. Dito isso, somos advertidos pela Bíblia de que "o homem está acima dos anjos". Presumo que isso signifique que estamos autorizados a explorar além dos limites impostos aos anjos. E estamos prestes a fazer justamente isso.

Herbie e eu estamos partindo do pressuposto de que, se está lendo este livro, é porque você tem um conhecimento razoável de magia, bom senso na mesma proporção e uma boa noção do que significa ética. Já progredimos bastante desde a Idade Média. O que apavorava os aspirantes a magos daquela época hoje apenas nos leva a fazer uma pausa para polir a varinha.

A criação de homúnculos e a evocação de formas eram vistas, antigamente, como a porção mais sombria da magia... e por uma boa razão:

- Você podia ser queimado vivo pela Igreja;
- Podia ser morto pela criatura que evocara;
- Se a criatura evocada não matasse você, podia levá-lo à loucura, pois você seria incapaz de compreender a sua natureza;
- A coisa evocada não iria embora nunca mais!

Mas isso não detinha a todos. Algumas almas valentes persistiam apesar das dificuldades e, graças aos seus experimentos (e em casos raros, seus registros), nós aprendemos muito. Além disso, agora sabemos muito mais sobre a natureza do universo à nossa volta e dentro de nós. Conceitos com os quais não podíamos lidar sem pôr em perigo a nossa mente e até a nossa vida, hoje aceitamos sem problema. Isso permite que nos aventuremos num território um dia proibido e compreendamos que nem tudo é tão feio quanto parece.

Na Idade Média, os magos e alquimistas trabalhavam com grande dificuldade. Eles tinham que manter segredo absoluto, sem poder confiar em ninguém, e enfrentar medos muito reais com relação aos mundos invisíveis. Lembre-se, esses planos invisíveis existem tanto dentro de nós quanto à nossa volta. Quando, na condição de entidades primitivas, fomos atraídos para o canal de nascimento cósmico dos multiplanos, coletamos uma camada de matéria de cada plano, acabando por adquirir um "revestimento de muitas cores". A cor dos planos a que nos ligamos com mais frequência se manifesta como a cor áurica básica. Essas camadas internas de matéria dimensional estão inextricavelmente ligadas às camadas externas e interagem com elas continuamente durante toda a nossa vida.

Criar formas-pensamento astrais e levá-las à manifestação era considerado o pináculo do conhecimento mágico na Idade Média. O verdadeiro perigo era o estado mental do mago! É o modo como você percebe uma forma que determina o modo como a concebe tanto no astral quanto no físico. Em outras palavras, você tem o que pensa, e se acha que um anjo é um ser com pilares dóricos no lugar de pernas, uma nuvem como corpo e um Sol sorridente no lugar do rosto, então é isso o que você vai materializar.

A atitude da Igreja com relação a qualquer coisa que não sejam anjos (no astral) é considerá-la demoníaca e, portanto, semelhante a um pesadelo de Hieronymous Bosch; isso inclui elementais, espíritos da natureza, qualquer coisa que não seja obviamente angélica. Esse era o pensamento mais comum porque era o único pensamento. Pinturas, desenhos, ensinamentos eram todos iguais – anjos são anjos e todo o resto era pervertido, vil e obsceno. Portanto, quando um mago se preparava para invocar a aparência visível de uma entidade, fosse ela astral ou física, não havia como evitar que essa aparição fosse influenciada pelo que o mago esperava ver.

Pode-se imaginar o desânimo, o desgosto e absoluta indignação de um Rei elemental conjurado pelos grandes Nomes de Deus, quando ele se descobre num corpo de forma-pensamento com chifres, rabo, um segundo rosto na barriga e todo o resto coberto de escamas! E essa visualização não é das piores. Não é de surpreender que os habitantes dos reinos sutis não gostem muito de trabalhar com os seres humanos.

Existem seres nos reinos (inferiores) das *Qlippoth* capazes de devastar a mente humana. É melhor deixá-los em paz, acredite, pois não estou brincando nem sendo alarmista. Por ser professora de magia ritual, já vi muitos tipos de mago; os que correm mais riscos são aqueles que, depois de ler um ou dois livros, já se consideram adeptos. Parafraseando um velho ditado, "Quando o tolo fala, a alma cala".

Os alquimistas tentavam criar formas em tubos de laboratório. Tentavam misturar todo tipo de coisa para imitar a vida. Mas, para se fazer os verdadeiros homúnculos, é preciso imprimir a protomatéria criativa com um padrão de pensamento. Esqueça aquelas gravuras de homens e mulheres minúsculos em garrafas de vidro – deixe isso para os biólogos e geneticistas.

Não há razão para não se fazer homúnculos com formas-pensamento, se isso for ensinado e utilizado com ética. Essas criaturas não duram muito – nenhuma forma-pensamento dura –, mas podem ser criadas.

Depois de entrar na dimensão astral, você precisará criar a partir da matriz algo parecido com o Gasparzinho, o Fantasminha Camarada. *Nunca, nunca mesmo*, use um ser humano de verdade como modelo. É perigoso tanto para você quanto para a outra pessoa, e pode resultar numa imagem espectral sem nenhum controle. E *nunca* use a si mesmo como modelo, pelo mesmo motivo.

Usando matéria astral, faça um esboço de uma figura e depois preencha-a de carne. Se você tiver conhecimento para sustentá-la com ossos, músculos, etc., faça isso – ajudará muito. Nesse ponto, pare e observe-a criticamente. Ajuste o que for necessário. Acrescente carne e ossos, depois lhe dê cor. Não faça as feições nem o cabelo ainda. Congele-a, depois "salve-a" como um programa de computador, dando a ela um nome de arquivo. Se ajudar, use a ideia da sala Holodeck, a primorosa invenção de *Jornada nas Estrelas – A Nova Geração*,[25] e dê ao computador (a sua mente) uma ordem

25. Recriação computadorizada em realidade virtual de uma série de ambientes muito realistas em que a tripulação de uma nave espacial, a *Enterprise*, no caso, se entretém, vivendo situações criadas mentalmente. (N.T.)

para congelar e salvar o arquivo *Animação 1* do programa Holodeck. Agora volte ao seu próprio plano. Você precisa fazer isso aos poucos.

Quando voltar ao programa alguns dias depois, sem dúvida estará cheio de ideias. Abra o programa. (Por exemplo, "Computador, abra o arquivo *Animação 1* do programa Holodeck".) Simples, não? Dê uma olhada no seu filho virtual e faça as modificações que julgar necessárias. Agora, lentamente e com detalhes, comece a criar a figura do jeito que você gostaria que ela fosse. Acrescente cabelo e corpo, e ajuste a cor da pele. Acrescente unhas aos dedos das mãos e dos pés. Adicione detalhes como narinas, lóbulos das orelhas, rugas, a linha do cabelo e cor dos olhos. Quando acabar, faça com que a forma ande de um lado para o outro. Faça-a correr e pular, sentar-se e levantar coisas. Ajuste a sua coordenação motora.

Com certeza você está pensando que isso tudo vai levar tempo demais. Será que não pode fazer a coisa toda mais rápido? Pode... mas não vai funcionar tão bem, porque o padrão não vai estar bem calibrado. Se você quer ser um mago, cultive a paciência – muita paciência. Congele o programa e volte a abri-lo depois. Nos dias seguintes, pense em outras coisas que poderia fazer para deixar a forma ainda melhor. Encare agora o fato de que as suas seis ou sete primeiras tentativas vão ser um fracasso. Mas você aos poucos vai melhorar. Tente não pensar em quando a forma estiver pronta, pois isso pode iniciar o processo de animação cedo demais.

Agora você pode começar a programá-la. Faça um programa simples: proteger a sua casa, a sua família ou os seus negócios, ou simplesmente servir de companhia, para você ter com quem conversar... mas não na frente dos vizinhos!

À medida que adquirir prática na criação de formas, você conseguirá programá-la para fazer outras coisas. Lembre-se, por ser uma criatura astral, essa forma tem acesso a esse nível e pode levar mensagens e trazer respostas. Você já aprendeu a usar o calor corporal para animá-la e, neste estágio, isso é tudo de que você precisa. Não tente ir mais longe do que isso por enquanto. Posteriormente, você pode ensinar "modelos" a falar, conferindo-lhes laringe, cordas vocais, língua e dentes.

A princípio, a sua forma só durará algumas horas, mas, quando você apurar as suas habilidades, ela durará mais. Nunca tente, porém, fazer com que ela dure mais do que alguns dias. Depois desse período, ela fica sem energia e a absorve da fonte mais próxima... você. Se tiver sorte e a compleição física e emocional de um médium de materialização, pode descobrir que a sua forma se tornou visível. Se isso acontecer, será por um período muito curto – só alguns minutos, se tanto. Isso pode ser assustador e fazer com que você desista de fazer formas nesta vida. Aconteceu com o meu pai.

Às vezes um paranormal pode ver as suas formas, especialmente se você chegou a um ponto em que consegue mantê-las por muitas horas. Quando isso acontecer, você saberá que se tornou um mago.

Guardiães astrais

Quase todo lugar sagrado tem um guardião do Plano Interior. Muitas vezes eles são criados e encarregados de guardar o local no momento da consagração. Antigamente, isso quase sempre era feito por meio do sacrifício de um animal ou de um ser humano. Se esse local for desconsagrado, o guardião precisa ser evocado, agradecido, abençoado e dispersado. Se o espaço ou templo for transferido para outro lugar numa data posterior, o guardião pode ser mantido temporariamente numa chama ou num recipiente adequado, de preferência de vidro e preparado para a ocasião. Esse recipiente deve ser fechado com um selo talismânico apropriado e mantido num local secreto. Essa prática é a origem de muitas histórias de gênios na garrafa.

Se um guardião não é consagrado deliberadamente para um local, muitas vezes um deles é atraído para lá sem que ninguém o evoque. Isso acontece de duas maneiras:

- Uma parte do espírito de alguém muito ligado ao local ou à sua fonte de poder permanece no local depois da morte física. Muitas vezes essa é a primeira pessoa a morrer no local. A pessoa quando encarnada desenvolve um grande apego ao local/fonte de poder e sente-se impelida a ficar ali depois da morte.
- O local adquire tamanho poder graças à frequência com que é visitado, que atrai um ser angélico disposto a se unir àqueles que o reverenciam e trabalham ali, aumentando o seu reservatório de poder espiritual. Também pode acontecer de uma entidade ser atraída para o local com a intenção de se nutrir do suprimento de poder acumulado ali. Se o local sagrado cair em desuso, o guardião aos poucos se enfraquece e vai definhando, até não ter força suficiente para permanecer no local e voltar ao seu plano original, ou, no caso de um ser angélico, retornar ao seu nível espiritual.

Esse geralmente é o caso quando um médium percebe os contornos desvanecidos de um guardião, ou de vários, como soldados romanos, por exemplo, que se mantêm nos seus postos, inconscientes de que estão mortos. Eles podem ter sido mortos em combate e, como não foram oficialmente dispensados, continuam no local onde pereceram. O Muro de Adriano, que separa a Inglaterra da Escócia, é um lugar desses, ainda que muitos desses soldados estejam sendo agora reconhecidos e libertados. Durante a Segunda Guerra Mundial, eu me lembro de estar caminhando com o meu pai pela muralha romana que cerca a cidade de Chester. Passamos por uma das pequenas sentinelas escavadas na própria pedra e a figura enevoada de um guarda romano chamou a minha atenção, ao me saudar. O meu pai, um dos maiores médiuns da sua época, parou e disse de chofre, "Bom trabalho, filho, mas é hora de deixar o seu posto; você está abençoado e liberado".

Um olhar surpreso perpassou o rosto do jovem, e por um momento a sua forma tornou-se perfeitamente clara; depois ele sorriu e se desvaneceu no ar. A minha mãe e a minha avó, que passeavam por perto, sorriram, e a minha avó disse, "Muito bem, Leslie, o rapaz ficou satisfeito de poder ir para casa". E continuamos o nosso passeio.

Às vezes, um guardião que tenha perdido a força pode ser fortalecido, se isso for necessário. Alguns anos atrás, um amigo e eu estávamos passeando por uma antiga trilha à beira-rio, nas proximidades de um complexo neolítico. O guardião do local estava tão fraco e esmaecido que só percebemos a sua presença depois de passar por ele. Ele estava flutuando por ali, irradiando ondas de fadiga e angústia pela impossibilidade de cumprir a sua tarefa, pois o rio estava poluído e cheio de lixo jogado ali por vândalos, e toda a região precisava de uma limpeza.

Voltamos, no dia seguinte, com uma sacola cheia de cabeças de galinha, cortesia do açougueiro local, e as enterramos ao longo da margem do rio. Isso, somado a meia garrafa de vinho e um pouco de mel, foi o suficiente para reacender o ânimo do guardião. Algumas semanas depois, o prefeito decidiu despoluir o rio e deter o vandalismo no local. Talvez o guardião tenha recuperado as forças!

Se o local sagrado é digno de uma consagração, ele merece ser protegido, e é muito fácil criar guardiães desse tipo. Os guardiães mais antigos de lugares como círculos de pedra e bosques druidas – mesmo que tenham sido dizimados – podem continuar extremamente poderosos, e seus guardiães podem se tornar desagradáveis se não apreciarem a sua presença. Lembre-se, eles são formas-pensamento conjuradas por especialistas e preparados com instruções muito específicas. Nunca ande por esses lugares sem pedir a permissão do guardião mentalmente. Você pode pedir essa permissão por meio de um sinal, símbolo ou senha, mas, mesmo que não saiba que senha usar nem tenha sequer um palpite, abra as mãos, crie uma forma-pensamento de um deus ou deusa e peça permissão em nome dele para prosseguir. Você se surpreenderá com a diferença que isso faz.

Os guardiães podem ser encontrados em muitos lugares, alguns inusitados. Numa cidadezinha no norte da Inglaterra, há uma dama de chapéu e avental branco engomado que vigia uma antiga escadaria que o povo da região ainda usa como atalho pelos campos.

As igrejas sempre têm guardiães, geralmente imbuídos de alma pela essência do santo a quem a igreja é dedicada. Antes da Reforma, essa imbuição anímica costumava ser feita por meio de uma relíquia sagrada do próprio santo patrono. Muitas das antigas igrejas têm ou tinham um falo de pedra encapsulado dentro da pedra do altar – um símbolo da fertilidade da terra e do credo da igreja espalhado pelos quatro cantos.

Os velhos *pubs* construídos no terreno de antigos pontos de encontro são muitas vezes considerados "assombrados" e, na verdade, o são, por guardiães que ainda vigiam os frequentadores do local. Na Inglaterra, muitos desses *pubs* foram construídos nas proximidades de "Tumps" ou "Toots", dois dos muitos nomes ingleses que descreviam locais de encontro de bruxas. Quando esses locais se tornavam populares por um tempo, era inevitável que cedo ou tarde se instalasse no local um lugar para comer, beber e passar a noite. As coisas não mudaram muito desde então.

Justamente por isso, todo país tem o seu guardião, que devemos saudar e reconhecer quando nos aproximamos do seu território. Uma pequena oferenda à terra, durante a sua estadia, é apreciada, assim como um pacote de sementes semeadas num local apropriado, um pouco de comida deixada para os animais silvestres ou flores no altar de uma igreja. Na hora da partida, uma expressão de gratidão e uma bênção serão garantia de que você será reconhecido e bem-vindo quando voltar.

Saber criar o tipo certo de guardião por meio de formas-pensamento é uma arte que requer cuidadosa atenção aos detalhes e força de propósito para empossá-lo. Para início de conversa, o que você quer guardar? O guardião de uma residência precisa de uma programação mais simples do que o guardião de um templo, que precisa protegê-lo de muitas dimensões diferentes. O guardião pessoal de uma criança é muitas vezes um companheiro onírico, geralmente um animal criado com base no bichinho de pelúcia favorito dela ou até no animal de estimação da família. Comece visitando lugares que a seu ver podem ter um guardião e observe se consegue senti-los. O terreno em torno de igrejas e os cemitérios sempre têm um, e quanto mais antigo melhor, mas ele nem sempre tem uma aparência agradável. Existe uma tradição de que a última pessoa enterrada nas cercanias de uma igreja tem o dever de guardá-la até que outra seja enterrada. Tudo bem se não for você a última pessoa enterrada ali! Eu vou contar uma história irlandesa sobre um cemitério que só tinha dois túmulos vagos: dois anciões morreram no mesmo dia e, depois do velório, as famílias se puseram a caminho do cemitério sem perda de tempo, esquivando-se uma da outra e tentando encontrar atalhos para que o seu caixão não fosse o último a ser enterrado. Por fim, um cortejo chegou aos portões do cemitério e se alegrou ao saber que fora o primeiro a chegar. O que eles não sabiam era que o outro grupo não se dera ao trabalho de entrar pelos portões; em vez disso tinham arremessado o caixão por cima do muro do cemitério, diretamente na cova.

As casas antigas normalmente tinham uma capela particular que podia ter um guardião familiar. A Irlanda é famosa pelos seus *banshees*, uma fada aos prantos que se sentava num arbusto perto da porta da frente da casa e lamuriava alto quando um membro da família estava prestes a morrer. Se a família mudava de país, a *banshee* a acompanhava. Eu ouvi o choro de uma *banshee* só uma vez na vida, e não tenho vontade nenhuma de ouvir de novo. Ele começa baixo e áspero e fica cada vez mais estridente, até quase romper os tímpanos e provocar uma dor de cabeça lancinante; depois vai esmorecendo até sumir.

Mas voltemos à criação dos guardiães.

Pense na forma que você gostaria que ele assumisse – animal, humana ou angélica. Pense em como vai imbuí-lo de alma. Cães; cavalos; serpentes (especialmente najas); dragões, em miniatura e em tamanho natural; leões, jaguares; unicórnios; ursos e animais "fetiches" são as opções não humanas mais comuns. Soldados romanos ou gregos, samurais, monges, gênios, guardas núbios, amazonas, etc., são os primeiros da lista quando se trata de formas humanas. Geralmente as formas angélicas são figuras andróginas altas e belas, de cabelos encaracolados e, para ser franca, bem entediantes.

Se quer ser original, experimente uma série de figuras geométricas sobrepostas de várias cores. A verdadeira forma angélica assemelha-se mais a uma cifra ou uma equação matemática do que a qualquer outra coisa. Depois que você se acostumar com a ideia, um triângulo vermelho (Miguel) em volta de uma forma ovóide verde-mar (Gabriel) contendo uma estrela de seis pontas cor-de-rosa (Rafael) vai parecer muito normal.

Depois que você decidiu qual forma quer criar, a primeira providência é fazer uma lista das funções que atribuirá a ela. Essas funções devem ser explícitas. "Guardar o templo" não é suficiente. Guardá-lo do que, de quem e em que direção? O que você talvez ache óbvio deve ficar inquestionavelmente claro para o guardião. Lembre-se, essa é uma forma feita de protomatéria senciente. A alma da qual ela é dotada não tem a capacidade humana de tomar decisões. Os anjos são apenas mensageiros; e, em grande parte, programados para fazer uma tarefa ou duas, mas não podem ir além daquilo para o qual foram instruídos. *Nós*, seres humanos, temos livre-arbítrio. *Eles* não. Até mesmo os Elohim, os Quatro Seres Viventes Sagrados e os arcanjos não podem ir além de suas atribuições, precisam trabalhar dentro dos parâmetros que lhes foram estabelecidos e, o que é mais importante, só podem ajudar os seres humanos se estes *pedirem* ajuda.

A sua função de guardiães deve incluir instruções do tipo: "Você guardará este espaço sagrado, e quem quer que esteja dentro dele, de todos os perigos, sejam eles perigos humanos, elementais, demoníacos ou pertencentes a dimensões interiores e exteriores. Você montará guarda no leste, no sul, no oeste e no norte, em cima, embaixo, dentro e fora. A sua força virá dos Senhores da Luz, que se opõem àquilo que não tenha Luz. O seu poder você retirará do altar ungido e da força angélica que ele contém. A segurança daqueles que estiverem dentro do templo é a sua principal responsabilidade."

Acrescente outras tarefas que você possa querer lhe atribuir: avaliar o caráter daqueles que entrarem no templo pela primeira vez (afastando os que não se afinaram de maneira nenhuma) ou alertar o guardião do plano físico a respeito de perigos exteriores, como incêndios, por exemplo. Esses tipos de instrução podem ser acrescentados à programação ao longo do tempo.

Você tem uma forma, já a programou, agora tem que lhe insuflar vida. Existem várias maneiras de se fazer isso. Seja você um mago solitário ou membro de um grupo, o processo é o mesmo. Você dá vida a um guardião elemental com puro poder elemental. Da mesma maneira, você anima um guardião angélico com puro poder angélico. Você pode optar por trabalhar da maneira antiga ou moderna. Ambas exigem um estímulo físico positivo da sua parte.

Para formar, programar e animar uma forma-pensamento é preciso dados, conhecimento, experiência prática, coragem e, o mais importante: uma partícula de vida para servir de centelha.

O método antigo

Esse é o método que eu não recomendo. Ele só é apresentado para que você o conheça. Em primeiro lugar, faz-se um pequeno modelo do guardião em cera de abelha ou argila. Esse é um material maleável que o mago pode moldar enquanto mentaliza a sua forma final. Ele pensa na imagem, na aparência que ela terá, na sua cor, cheiro, pele, garras e tipos de dentes. Nos tempos antigos, teria que se utilizar o sangue de um animal de verdade e as partes vitais que abrigavam o seu espírito – o coração, o baço, os órgãos sexuais e o cérebro – eram desidratados ao sol e depois cortados em pedaços e triturados até virar pó. Esse pó era então misturado ao material, durante a primeira etapa.

O modelo era então deixado em repouso durante 24 horas, para que a imagem mental e o modelo físico se fundissem. O xamã, sacerdote ou Mestre Padrão então cantava para ele, conversava com ele, contava-lhe histórias sobre a sua contraparte física, enquanto se identificavam um com o outro. Ele procurava ampliar a imagem mental, de modo que ela parecesse ameaçadora aos olhos de um estranho. Se a imagem tivesse forma humana, o xamã muitas vezes moldava-a com base num ser humano real (isso é algo que absolutamente não se faz na magia moderna, portanto esteja avisado.... o tiro pode sair pela culatra). Dessa pessoa, eram retirados sangue, cabelos, um dente, unhas e substâncias como saliva, sêmen, urina e excrementos – todos esses materiais têm poderes mágicos especiais por serem pessoais e possuírem o ingrediente vital da vida, sendo uma parte viva e ativa de um ser humano.

Todos esses materiais eram desidratados, transformados em pó e incorporados ao modelo, um por um, como uma parte separada do ritual. Muitas vezes, as partes do corpo mais usadas, fosse ele humano ou animal, como olhos, ouvidos, garras, dentes e língua, também eram incluídas. Essa parte do ritual levava muitos dias, pois, cada vez que um ingrediente era incluído, o xamã entoava um cântico ou fazia uma prece para consagrá-lo. O lado de trás do modelo era oco e, a cada dia, um tipo de pó era colocado nessa parte oca com uma grande cerimônia, geralmente realizada à noite. Depois a forma era solicitada a usar essa parte em particular para aumentar a sua utilidade como guardião:

> *Ó tu, o terrível, grande é a tua criação e grande será a tua tarefa. Olha! Deverás ver além da mais distante estrela; mesmo o fim da eternidade os teus olhos têm de enxergar. Terríveis são os teus olhos, pois abraseiam como o Sol e brilham na escuridão da noite. Para o transgressor eles devem ser como dois raios. Que sejam, estes teus novos olhos, como armas com as quais guardarás (nome). Eu (nome), Sacerdote de Osíris, é que o digo.*
>
> *Ouvinte na Escuridão, tu, que não dormes na noite eterna de milhões de anos. Dou-te ouvidos para ouvir os sussurros dos Deuses. Os Senhores de Amenti, em seus palácios, ouvirão com estes ouvidos. O mais leve passo te deixará alerta para cumprir a tua tarefa. O som da respiração de um inseto será tão alto para estes ouvidos quanto um trompete.*
>
> *Com estes ouvidos tu deverás ouvir as estrelas cantando e o Sol exaltando Atum-Rá. Tome estes ouvidos e ouve! Eles são para a guarda de (nome). Eu (nome) é que o digo.*

Com estes pulmões tu aspiras o teu alento. Essa respiração é terrível e como o Sol incandescente ao meio-dia. Com ela, exterminas os inimigos do rei e espalhas terror no coração daqueles que se voltam contra ti com maldade no coração. Tu és valente, tu és invencível, tu és forte em teu poder. Tu és o guardião de (nome), de hoje até a eternidade.

Agora, tu fostes colocado em teu posto. Pela eternidade este é o teu lugar. Guarda o coração do rei, guarda o estômago e os pulmões do rei, guarda os intestinos e o fígado do rei. Mantém-te em teu posto e fixa os teus olhos naqueles que vêm roubar e conspurcar este lugar de descanso do rei. Das entranhas da terra tu olharás, e aquele que comete o roubo deverá prantear e golpear o peito. Ele deverá tombar e suas entranhas se transfigurar em água. O sangue deve verter da boca e dos ouvidos e o corpo definhar enquanto viver. Tudo isso porque tu olhastes para ele com o teu poder.

Depois que todo o pó fosse utilizado e colocado no lugar com uma prece, e todas as instruções dadas, o buraco era fechado com cera fresca e um selo sagrado. Por fim, o sacerdote nomeava o guardião e enfatizava essa nomeação lambuzando o modelo com o seu próprio sangue.

Depois disso, este era enterrado no local onde deveria guardar. Esse tipo de guardião era o preferido dos egípcios para guardar as tumbas dos reis, pois usava todos os elementos: água = urina; excrementos = terra; sangue/órgãos sexuais = fogo; e pulmões = ar. Todo esse ritual era feito ao longo dos quarenta dias previstos para a preparação da múmia. Quando o corpo iniciava o seu repouso, o guardião também era enterrado. Então, à noite, os sacerdotes voltavam e evocavam o nome, alternando os cânticos e invocações até que a forma astral se agitasse e ficasse ereto, assumindo o seu posto para sempre.

Método moderno

Se você está usando um guardião animal, tente obter um chumaço de pelos de verdade, uma garra ou um dente (você pode obter esse material com um taxidermista ou no zoológico). Desse modo não é preciso matar nenhum animal injustificadamente, e você pode trabalhar com a consciência limpa. Se até isso o incomodar, você pode usar o Ritual de Mudança Mágica. Pegue um pouco de pelo sintético ou um tecido com padronagem de leopardo, por exemplo, e uma lasca de osso de galinha e entoe um cântico diante deles. Use as suas próprias palavras, pois é *você* quem está operando a mudança. Diga-lhes que eles estão renascendo na forma de (*nome*). Fale dos atributos dessa nova forma e como ela servirá ao seu propósito. Essa não é a forma ideal, mas vai funcionar, embora não com tanta potência. Feito isso, triture o osso até pulverizá-lo, depois queime o material e use as cinzas. Aos poucos vá modelando as cinzas com cera ou argila. Agora deixe a figura em repouso durante 24 horas. Durante esse período pense sobre ela e mentalize a sua imagem. Vá para o plano astral e crie o seu guardião animal ou elemental usando protomatéria; olhe para ela e tente manter essa imagem mental, projetando-a na figura de cera/argila.

Quando a modelagem estiver completa, é hora de você fazer a sua parte. Abra um buraco do tamanho de um polegar na parte de trás do modelo e coloque ali dentro uma lasca de pedra de isqueiro, para representar o fogo.

Que esta pedra de isqueiro torne-se o fogo dentro de ti; que as qualidades desse elemento sejam tuas até o final da tua tarefa, que eu determinarei quando será.

Agora pegue um pouco de terra (basta alguns grãos) e coloque-a no buraco para representar o elemento terra.

Que estes grãos tornem-se a terra dentro de ti; que as qualidades desse elemento sejam tuas até o final da tua tarefa, que eu determinarei quando será.

Agora derrame algumas gotas de água no buraco.

Que estas gotas tornem-se a água dentro de ti; que as qualidades desse elemento sejam tuas até o final da tua tarefa, que eu determinarei quando será.

Não siga adiante, passando para o elemento ar, até ter concluído a tarefa a seguir.

Colha uma gota de sêmen ou sangue menstrual. Se você já tiver entrado na menopausa, use saliva, uma gota de urina ou um fragmento de excremento, e misture. (Eu sei que é nojento, mas uma das coisas que raramente se diz sobre a magia é que ela não se compõe apenas de coisas belas e angelicais. Se você quer ser um adepto, então arregace as mangas, faça o que tem de fazer e não crie caso!)

Agora afaste essa mistura de si mesmo, dizendo:

Isto veio do meu corpo; isto sou eu e eu reconheço. Mas agora deixou o meu corpo para sempre. Isso tem uma tarefa que deve cumprir sem a ajuda de ninguém. Vá com as minhas bênçãos. Separe-se de mim e seja abençoado na sua tarefa.

Isso serve para que você não se identifique com o guardião responsável pela tarefa, depois que ele assumir a sua função. Isso é importante, e você *precisa* se separar dessa maneira.

Coloque a mistura no buraco, que agora deve estar cheio:

Estas dádivas de vida eu entrego ao guardião que será mantido no lugar que determinarei. Com o poder que elas têm, este guardião será criado e receberá o nome de (nome).

Providencie um canudinho e um pouco de cera ou argila. Coloque o canudinho no buraco e sopre dentro dele. Sele-o imediatamente.

Que este alento torne-se o ar dentro de ti, de modo que esse elemento seja teu até o final da tua tarefa, que eu determinarei quando será.

Você está quase terminando. O seu modelo já contém todos os quatro elementos, mais aqueles representados pelos constituintes do seu próprio corpo. O modelo foi nomeado e recebeu um sopro de vida, e agora deve ser colocado no seu lugar e "criado", como se faz com uma criança.

Essa é a "receita" básica para um guardião elemental, que pode ser adaptada para um lugar, objeto ou pessoa. Ter um guardião pessoal é algo muito reconfortante. Quanto mais alto você subir na escada da magia, mais inimizades fará e mais será alvo de ataques. Até lá você estará relativamente em segurança; só não está, é claro, protegido da sua própria ignorância, mas ela é um instrumento de aprendizado e *todos* aprendemos com os nossos erros. Se você está só começando, não precisará de um guardião... você ainda não teve tempo de fazer inimigos... mas certamente fará!

A criação

Decida qual será a base do seu guardião. Enrole o modelo com uma gaze, como se fosse uma múmia, e coloque-o numa caixa comprada ou confeccionada especificamente para ele. Se o seu local sagrado ficar ao ar livre, enterre a caixa no norte, o lugar de maior poder caso você seja wiccano; ou no leste, para saudar o Sol, caso você seja druida, pagão ou hermético. Se o seu espaço sagrado não ficar ao ar livre, fixe a caixa na parede, perto da porta de entrada. Se você usa o cômodo para outros propósitos que não sejam rituais, então mantenha a caixa num local seguro, onde o modelo não possa ser descoberto, mas possa ser colocado em posição quando necessário.

Sele o templo ou local sagrado como de costume e invoque os Reis elementais dos quadrantes. "Apresente" a caixa a cada um dos Reis pedindo uma bênção para o guardião. Por fim, leve-a até o altar e deixe-a no centro deste.

A sua invocação para criar o guardião deve incluir um tempo definido de serviço – um ano ou três anos mais um dia. Também pode ser cinco ou até dez anos. Eu, pessoalmente, acho que esse é o limite para o tempo de serviço. Inclua na sua invocação um pedido ao Criador, a Deus ou à Deusa, e peça uma bênção "na proporção em que ele possa receber". Isso significa que os elementos voltarão ao seu lugar com uma recompensa maior do que poderiam esperar de outra maneira – algo que os manterá fiéis à sua tarefa. Quando o tempo estiver esgotado, abra a caixa e destrua o modelo para que ele possa ser libertado.

Desnecessário dizer que você deve contar sobre o guardião a pelo menos uma pessoa da sua confiança, para que ela possa tomar conta da caixa caso alguma coisa aconteça a você.

Leve a caixa ao local sagrado. Faça uma conexão mental com o guardião e com a essência do seu corpo dentro dele. Invoque o guardião pelo nome três vezes. Com o olho interior, observe-o emergir do seu lugar de repouso e crescer até atingir o tamanho que lhe foi determinado. Dê-lhe as boas-vindas, na condição de membro essencial do grupo, e faça uma oferenda de leite e mel sobre o altar. Tome o leite e o mel (se você estiver em grupo, todos podem fazer isso), depois ofereça o restante ao guardião. Depois de tomar a essência da "comunhão", ele poderá ocupar o posto que lhe foi atribuído. Fecha as portas do cômodo e dê boa-noite ao guardião.

Guardiães angélicos

Construa uma forma de matéria astral do modo que já foi ensinado, usando um padrão específico; por exemplo, com asas, um halo e uma túnica, ou um pilar de luz branca ou multicolorida. Se quiser, aproveite a ideia de uma pintura ou use um quadrinho ou estatueta como receptáculo. Nesse caso, você não precisa preenchê-los com os elementos. Com o outro guardião, você usou os quatro elementos à sua volta e do interior do seu ser; com este, você invocará outros poderes.

Você precisa fazer uma forma astral que tenha o dobro do tamanho de um homem para que ela possa conter todo o poder necessário para protegê-lo e àqueles que trabalham com você. Construa a forma diariamente, acrescentando detalhes até sentir que ela está completa. Isso geralmente leva um mês lunar. Nesse meio-tempo, decida que tipo de ser angélico você gostaria de invocar. Será um componente do grande coro que acompanha os sete arcanjos, os guerreiros (Miguel), os curadores (Rafael), os construtores (Gabriel) ou os guardiães (Uriel)? Ou você pode escolher um dos anjos das horas, ou das estações. Consulte o *Dictionary of Angels*, de Gustav Davison, para obter maiores informações.

Um anjo guardião precisa de menos "matéria-prima" do que um elemental; ele também não precisa de muitas salvaguardas ou ingredientes específicos. Depois de a forma estar concluída, pode se iniciar a "Invocação".

Os níveis espirituais dos "Sete diante do Trono" exigem um trabalho num nível muito elevado, que você só conseguirá manter por curtos períodos de tempo. Por isso será melhor que faça isso num fim de semana, quando terá tempo para se concentrar. Prepare-se para essa ascensão energética fazendo um jejum de doze horas antes da invocação e bebendo apenas água. Tome um banho e vista roupas limpas. Depois certifique-se de que não será perturbado (isso é importante).

Acalme a sua mente respirando profundamente, depois entre num estado meditativo; depois de alguns minutos, comece a respirar fundo de novo para induzir um estado mais profundo. Mantenha a mente estável por mais cinco minutos e depois respire fundo novamente, tranquilizando-se mais ainda. Continue a alternar a respiração profunda e a meditação até não perceber mais nada à sua volta.

Deixe a mente livre para vagar com a ideia de que está subindo de nível, como uma bolha de ar flutuando. Isso pode não acontecer da primeira vez ou da segunda, mas acontecerá. Você começará a se sentir como se estivesse flutuando. Deixe que a sensação se mantenha, mas tenha em mente o nome do ser angélico com quem você gostaria de entrar em contato e o pensamento de que quer que ele guarde um pouco da sua essência para dar vida a um guardião.

O arcanjo é o ser da mais pura vibração espiritual. Ele não existe apenas num ponto no espaço; ele permeia todo o espaço. Está presente em todo lugar pelo fato de que todas as partículas do seu ser são um todo consciente. Portanto, uma pequenina partícula, e ele é constituído de bilhões delas, é suficiente para ocupar uma forma e *existir* ali como um todo. No entanto, ele só fará isso se for convencido da:

- pureza do que conterá a sua essência;
- dedicação daqueles que fazem o pedido;
- da qualidade do trabalho do qual fará parte.

Você precisa fazer o seu pedido com o coração e estar preparado para responder às perguntas que lhe ocorrerão sobre as suas aspirações. Mais cedo ou mais tarde, você receberá um sinal de que o ser angélico disse *sim* ou *não*.

Se a resposta do anjo for *sim*, você pode seguir adiante com o seu trabalho. Agora, quando entrar em meditação, segure uma gravura ou pintura na mão e ofereça-a como uma "forma" para a presença angélica. Esse é um dos mais fascinantes espetáculos na magia. Observe o ser angélico juntar em torno dele camada após camada de matéria e aos poucos ir passando de nível, até chegar à forma astral que você criou. Ele cercará a forma como uma espiral de energia pura e começará a se fundir com ela. A espiral se tornará translúcida nesse processo, depois se transformará, tornando-se mais clara e sólida. A forma astral reaparecerá, cintilando com a luz interior que agora a habita. A forma física que você está segurando é agora um reflexo manifestado do que ela é no astral, e a forma astral será um reflexo do físico.

Você não precisa fazer mais nada agora a não ser apresentar o físico aos quatro quadrantes e depois ao altar, diante do qual você determinará o tempo que precisa dela junto de você e pedirá as bênçãos do ser angélico, depois que o trabalho estiver concluído.

Isso nos leva a um tipo muito diferente de guardião, do qual trataremos agora.

19 Maldições e Familiares

Dolores e Herbie discorrem sobre: a abertura de uma tumba; a maldição de Tutancâmon; obsessões egípcias; Câmaras da Eternidade; o guardião de tumbas; familiares medievais; personagens de histórias em quadrinhos como formas-pensamento; Walt Disney no papel de mago; amantes "demoníacos"; realidade virtual.

Em fevereiro de 1923, quando o arqueólogo Howard Carter abriu a câmara mortuária até então inviolada do faraó egípcio Tutancâmon, o homem que financiara as expedições, lorde Carnarvon, perguntou o que ele via.

"Maravilhas!", respondeu Carter, assombrado.

Contudo, quando os dois homens entraram na câmara apinhada, aparentemente encontraram algo que Carter não pudera ver. Uma inscrição em hieróglifos sobre o selo da tumba avisando que a morte abateria "com as suas asas" quem perturbasse o sono do faraó. Ninguém levou a sério a maldição. E, no entanto...

Ao entrar na tumba, lorde Carnarvon foi mordido por um inseto. O ferimento infeccionou, surgiram complicações e o homem que patrocinara as expedições à tumba de Tutancâmon morreu num hospital do Cairo em 5 de abril de 1923. Quando ele deu o seu último suspiro, houve uma queda de energia na cidade e, na cidade inglesa em que residia, seu cão favorito caiu morto também. Esse foi o início de uma longa série de mortes com uma estranha ligação.

Um amigo de Carnarvon, George Jay Gould, viajava pela primeira vez ao Egito quando ouviu sobre a morte. Carter mostrou a ele a tumba de Tutancâmon. Na manhã seguinte, Gould ardia em febre e, à tarde, estava morto, aparentemente de peste bubônica. O arqueólogo americano Arthur Mace, que removera o último bloco da parede da câmara principal, queixou-se de uma fraqueza crescente, depois entrou em coma e morreu no mesmo hotel em que Carnarvon se hospedara.

A múmia de Tutancâmon foi retirada da tumba e radiografada. O homem que fez o exame, *sir* Archibald Douglas Reid, foi encontrado morto ao voltar à Inglaterra. Um tal coronel Herbat, que estava presente quando a tumba foi aberta, morreu de maneira inesperada. O mesmo ocorreu com Jonathan Carver, que o acompanhava. Richard Bethell, arqueólogo e secretário de Carter, foi outra vítima fatal. Seu pai, o lorde Westbury, suicidou-se e o carro funerário que o levava atropelou um garotinho. Por volta da mesma época, a mulher de lorde Carnarvon também morreu... em resultado de uma mordida de inseto. O industrial britânico Joel Wood visitou a tumba de Tutancâmon durante as escavações arqueológicas.[26] Ele estava voltando para casa de navio quando a febre o matou.

Cinco anos depois, treze pessoas presentes na abertura da tumba já haviam sofrido morte prematura. No mesmo período, o número de mortes dos envolvidos direta ou indiretamente já tinha subido para 22. Até o canário de estimação de Howard Carter morreu. Ele foi devorado por uma serpente píton, emblema da Casa Real de Tutancâmon.

A sequência de mortes deu origem à lenda da "maldição do faraó" e, ao rever os fatos, ficamos certamente com a desconfortável sensação de que não se tratou de simples coincidência. No entanto, como os mais céticos não tardaram em apontar, o principal profanador da tumba, o próprio Carter, não foi afetado – morreu pacificamente em março de 1939 –, enquanto outros que estavam presentes na abertura da tumba viveram até uma idade avançada.

Então, havia realmente uma maldição na tumba de Tutancâmon?

A resposta é bem instrutiva. O antigo Egito era uma cultura com duas grandes obsessões: a magia e a vida após a morte. De acordo com *sir* E. A. Wallis Budge, ex-diretor do departamento de antiguidades egípcias do Museu Britânico, o interesse pela magia e pela sua prática permeava toda a estrutura social do Egito. A crença na eficácia dos encantamentos era universal e, como atesta a Egiptologia moderna, o mesmo ocorria com a crença no pós-morte. Tratava-se de uma crença muito literal, de fato.

---

26. As escavações duraram por volta de dez anos.

Se você visitar o Vale dos Reis, no Egito, verá que o fator mais impressionante com relação às tumbas é o tamanho. (A de Tutancâmon é uma exceção, pois o rei-menino morreu repentinamente e foi sepultado no único lugar disponível.) Em geral, atravessa-se passagens de pé-direito alto, rumo a um complexo de câmaras compactas, feitas de pedra e com paredes cuidadosamente rebocadas e decoradas com belas cenas da vida do faraó. Até nobres de menor importância gastavam o que fosse preciso para criar tumbas que acomodariam sem dificuldade uma centena de pessoas. Era como se, na morte, eles quisessem bastante espaço onde ficar; o que, na verdade, tinham. As tumbas egípcias eram conhecidas como Câmaras da Eternidade, pois acreditava-se que as almas dos mortos as habitavam para sempre e precisavam, portanto, torná-las o mais confortável possível.

Elas também precisavam ser protegidas contra os ladrões.

O problema dos ladrões era particularmente grave, pois a preocupação não era apenas com o furto dos tesouros das tumbas. Se a múmia fosse profanada, o próprio alicerce da vida pós-morte do faraó estaria destruído – o equivalente exato da aniquilação de suas almas.[27]

Muitos egiptólogos acreditavam que as imensas pirâmides do país tinham sido construídas para evitar tentativas de roubo, mas, se isso é verdade, elas não funcionaram – não foram encontradas tumbas intactas em nenhuma delas. Segundo a teoria ortodoxa, os faraós posteriores decidiram manter tudo em segredo, criando tumbas subterrâneas que eles esperavam que os ladrões nunca encontrassem. Uma forte tradição local, fundamentada por algumas – embora não muitas – provas arqueológicas, indica que algumas tumbas tinham uma segunda linha de defesa: armadilhas.

Embora essas armadilhas pudessem ser físicas – um escritor[28] sugeriu que venenos, bactérias e até a radiatividade natural do urânio eram usados para deter os intrusos –, o interesse difundido pela magia garantia que alguns desses estratagemas fossem mais sutis. Textos como o *Livro dos Mortos* comentam sobre "forças divinas da cidade de Bubastis, que emanavam das criptas", e existem vários papiros com referências à utilização de "poderes secretos" para punir ladrões e outros malfeitores.

Registros sobre o modo como esses "poderes secretos" eram gerados não são encontrados com tanta facilidade, mas a prática esotérica moderna sugere a utilização de formas-pensamento. Um guardião certamente poderia ser criado numa tumba egípcia, da maneira como Dolores acabou de descrever.

---

27. Os egípcios acreditavam que existiam três almas: *ba*, *ka* e *ib*.
28. Philipp Vanderberg. Ver seu livro *The Curse of the Pharaohs* (Londres: Coronet Books, 1977).

Esse guardião, no entanto, não duraria tanto tempo. Como esclareceu Dolores, o guardião de um local sagrado extrai a sua força da fonte de poder desse lugar – o poder da prática ritual realizada numa catedral antiga, o poder geodético e estelar que emana dos grandes círculos megalíticos. Até mesmo lugares como a muralha romana de Chester, onde o pai de Dolores libertou o guarda, absorve energia dos visitantes e passantes. Poucos guardiães não precisam recorrer a um leve vampirismo para sustentar a sua substância, e podem subsistir dessa maneira durante séculos.

O guardião de uma tumba está numa posição muito diferente. O principal objetivo de um sepultamento secreto é proibir visitantes. A tumba não pode estar localizada num local sagrado (o que seria óbvio demais). A consagração da tumba e, talvez, o sacrifício de um animal poderiam gerar energia suficiente para manter o guardião ativo por um tempo – longo o suficiente para evitar que qualquer operário incumbido da construção da tumba lucrasse com o conhecimento da sua localização –, mas depois de um período mensurável no máximo em décadas, esse guardião se desvaneceria.

É quase certo que uma ou mais formas-pensamento de proteção foram criadas na tumba de Tutancâmon. No entanto, o faraó morreu em 1323 a.C. A sua tumba permaneceu selada por mais de três mil anos! O que teria feito o guardião durar tanto tempo? A resposta, surpreendente, pode ser o próprio Tutancâmon.

Existem provas históricas substanciais de que o Rei Tutancâmon foi assassinado com um golpe na cabeça. Uma morte violenta e repentina, com sua consequente carga emocional, às vezes leva o espírito a ficar preso à Terra. Nesses casos, o fantasma tende a assombrar o local do crime, mas no caso de Tutancâmon também estavam em jogo fatores culturais. O faraó era quase um menino – provavelmente tinha por volta de 17 anos, não mais do que 20 – e certamente aceitava sem questionamento a doutrina de que a sua múmia física era a base da vida pós-morte. Ele teria, portanto, permanecido no seu corpo embalsamado, seguindo-o até a tumba no Vale dos Reis.

Uma forma-pensamento requer uma fonte de energia para persistir, e o espírito do rei a proporcionou. Tutancâmon sobreviveu enquanto acreditou que sobreviveria, alojado em sua Câmara da Eternidade. Não percebia que estava, na verdade, preso à Terra e alimentando formas-pensamento com a sua obsessão por manter a segurança da sua múmia e da sua tumba, até Carter tornar-se o instrumento da mudança.

Quando a tumba foi aberta, no século XX, os guardiães atacaram indiscriminadamente aqueles que foram tomados como ladrões de túmulos.[29] Al-

29. Talvez tivessem razão, embora a ética de reabrir tumbas em nome da Egiptologia seja raramente questionada.

guns, como Carnarvon, foram particularmente suscetíveis ao ataque. Outros, como o próprio Carter, se revelaram imunes. (E temos de admitir que algumas das mortes enumeradas podem ter sido coincidências.) Também existe a possibilidade de que a programação tenha ficado confusa ao longo do período prolongado de tempo. Talvez os pensamentos desordenados de Tutancâmon a tenha influenciado.

Ironicamente, a libertação do próprio Tutancâmon pode muito bem ter ocorrido quando a sua múmia foi removida do sarcófago. As radiografias e o ato posterior de desenrolá-la podem ter sido vistos como uma profanação, e o espírito do rei morto pode ter sido forçado a prosseguir na sua jornada espiritual, depois de tanto tempo preso à Terra.

Familiares

Nos tempos medievais, todo bruxo ou bruxa tinha um familiar, um acompanhante, que normalmente era um animal pequeno, muitas vezes um gato, um sapo, uma aranha, um rato, um camundongo, um furão ou uma doninha. Embora fosse mais raro, o familiar também podia ser um espírito da natureza – um gnomo, um elfo doméstico ou um duende. Esses eram os amigos íntimos dos bruxos, muitas vezes os únicos, e um baluarte contra a solidão em que viviam.

Você raramente ouve esse termo nos dias de hoje ou sabe de um bruxo moderno que tenha um familiar. Eles têm gatos, cachorros e outros animais de estimação que não participam dos rituais como os familiares de antigamente.

Os familiares animais eram adotados quando jovens e tratados como um filho. Se a bruxa tinha filhos pequenos, ela o amamentava no peito ou lhe oferecia o seu leite num pires, e mastigava a carne com que o alimentava, para estreitar os laços entre eles. Ela deixava que ele dormisse na sua cama, conversava com ele e o tratava como se ele fosse um ser humano.

A certa altura – geralmente quando o animal já tinha 1 ano de idade –, o vínculo final era estabelecido. Depois de ser privado de água e comida durante um dia e uma noite, o animal era levemente drogado e colocado num círculo mágico. Às vezes, uma gota de sangue era colhida, outras vezes um pedaço da orelha ou do rabo era sacrificado e posto num recipiente ao lado do animal. No mesmo recipiente, a bruxa colocava uma gota ou duas do seu próprio sangue. Isso dava início ao ritual.

Lembre-se de que nesse momento a bruxa já tinha gravado na mente (fruto da sua educação) que ela estava mancomunada com o demônio e seus diabretes. Quem quer que a tivesse instruído teria lhe ensinado os nomes e atributos desses seres. Ela já teria escolhido um demônio e agora o invocaria, lançando ervas e carne num caldeirão. Quando a mistura dentro do caldeirão começava a borbulhar, ela a derramava no recipiente com o sangue e o pedaço de orelha ou rabo. Soprando dentro do recipiente, ela misturava o seu conteúdo e conjurava os seus demônios, para que aparecessem em sua verdadeira forma. Como algumas das ervas usadas eram alucinógenas, havia uma boa chance de que, em estado alterado de consciência, ela logo começasse a ver o que queria: a forma do demônio espiralando na fumaça do caldeirão.

Depois de tirar o caldeirão do fogo, ela o colocava no círculo ao lado do animal. Ao mesmo tempo que entoava o nome e os poderes do demônio, ela balançava o caldeirão para a frente e para trás, para que, nas primeiras horas da manhã, o seu conteúdo estivesse frio. Dentro dele, acreditava ela, estaria a essência do demônio. Enquanto isso, ela teria ouvido o seu verdadeiro nome.

Ao amanhecer, o animal acordava, morto de fome e de sede. Ficava satisfeito em poder beber o líquido com aroma de carne e, ao fazer isso, incorporava a essência do demônio, que agora habitaria o corpo dele até a morte, quando voltaria para o seu mestre. A bruxa também bebia da mistura, estreitando ainda mais os vínculos com o familiar, que agora recebia o novo nome. O animal era aceito como uma forma física do demônio e tratado como tal. Ele era consultado e acariciado, além de fazer parte dos rituais. Se a bruxa morresse de morte natural, o que não era frequente, o seu familiar, se ainda estivesse vivo, poderia ser passado a uma bruxa mais jovem ou sacrificado e enterrado com a dona. Para que esse ritual tivesse sucesso, era preciso, principalmente, que a forma-pensamento do demônio estivesse suficientemente clara para que a bruxa pudesse vê-la. Caso contrário, isso era considerado um sinal de que o animal tinha sido rejeitado e que a bruxa, portanto, deveria procurar outro.

Personagens de histórias em quadrinhos

Todos nós temos os nossos personagens de histórias em quadrinhos favoritos, e os nossos filhos recebem uma dose diária deles. Desde que Mickey Mouse apareceu neste mundo, ficamos fascinados. Pato Donald, Pateta, Pluto, Pernalonga, Tom e Jerry e Piu-piu vieram em seguida. Todas essas figurinhas de quatro dedos e formas pseudo-humanas são o resultado de formas-pensamento esculpidas cuidadosamente e com excepcional maestria pelos seus criadores.

Walt Disney lançou toda a indústria de histórias em quadrinhos à frente do seu tempo, presenteando-nos com *Branca de Neve e os Sete Anões*, e nos cativou. Outros cartunistas surgiram, alguns deles muito bons, mas é ao gênio Walt Disney que atribuímos o fato de todos os dias podermos ligar a TV e ver o resultado das formas-pensamento de alguém.

Algumas dessas imagens se tornaram tão poderosas que agora não podem ser descartadas. Se você é entendido em computador, pense nisto: às vezes você joga alguma coisa na lixeira e, quando tenta esvaziá-la, o computador diz que não pode fazer isso porque o item está "em uso". Exatamente a mesma coisa acontece com essas formas-pensamento de histórias em quadrinhos. Elas ficaram "em uso" durante tanto tempo e estão tão enraizadas na nossa psique que não podem mais ser apagadas. Pense na Branca de Neve e será a imagem da Disney que pipocará na sua cabeça. Mesmo que você leia a história original dos Irmãos Grimm, não tenha dúvida de que a imagem que lhe ocorrerá será a do filme. *Quando esse tipo de coisa acontece, a forma-pensamento deixa de ser uma simples forma-pensamento e passa a ser um arquétipo.*

Aconteceu com o Super-Homem, o Batman, as Tartarugas Ninja, o Coiote, o Senhor Spock de *Jornada nas Estrelas* e Fred Flintstone, e também com Mickey, Pato Donald, Pateta e milhares de outros personagens, tanto na tela quanto nas propagandas.

A risada é uma das formas mais poderosas da Terra, assim como o amor. Qualquer coisa que nos faça rir ou chorar, nós amamos, e tendemos a perpetuar em imagens o que amamos. Isso não acontece apenas com personagens de histórias em quadrinhos, mas também com logotipos de empresas e personagens de propaganda.

Tudo começa com o pensamento. A arte da propaganda começou na segunda metade do século XX e sem dúvida rege o século XXI. Somos bombardeados por essas formas-pensamento todos os dias. Algumas são extremamente irritantes, outras deliciosas e divertidas, e outras não saem da nossa cabeça. É com essas que o mundo da propaganda conta para fazer campanhas bem-sucedidas. Depois que uma imagem se torna compulsiva, ela adquire grande poder no plano astral. A energia de mentes humanas alimenta a imagem, que fica mais forte e exige mais de uma fonte de energia. De repente um novo impulso aparece e cai nas graças do público, a energia fica dividida e a antiga imagem enfraquece até finalmente desaparecer, voltando a ser matéria astral. Depois que você entende isso, pode ficar imune às mensagens subliminares que são muitas vezes veiculadas com a imagem.

Alguns anos atrás, a Inglaterra começou a mostrar uma série de comerciais de tevê que eram verdadeiras mininovelas. Uma era de café e a outra, de um licor francês. As duas tinham como tema um casal e seu relacionamento. Os comerciais duravam de três a quatro minutos em média e retratavam os altos e baixos do romance. O país inteiro aguardava com expectativa esses miniepisódios, a ponto de as pessoas gravarem os novos para os amigos que não podiam assisti-los por causa do trabalho ou de outros compromissos. Eu soube até de um caso de uma moça que pediu para que os gravassem porque estava em lua de mel e queria saber o que tinha acontecido na tela.

A coisa chegou a tal ponto que prêmios começaram a ser concedidos aos melhores comerciais e esses "Oscars da propaganda" são agora muito cobiçados. Conto tudo isso só para dizer que essas são formas-pensamento habilmente engendradas para prender a nossa atenção e mantê-la até que o personagem e o produto não saiam mais da nossa cabeça. Você admira o personagem... então compra o produto.

O poder das imagens mentais não é plenamente compreendido pelo público em geral, mas as agências de propaganda o conhecem muito bem. A mente treinada pode usar exatamente as mesmas técnicas para construir imagens tão poderosas nos níveis interiores que se chocam com a matéria criativa primordial e causam um efeito de ricochete no estado físico.

Ao longo de todo este livro, você tem aprendido sobre o poder da mente para construir formas com matéria astral. Depois que conseguir fazer isso com certa facilidade, poderá avançar mais um pouco e criar formas-pensamento no nível seguinte: o mental.

Esse é um tipo completamente diferente de forma-pensamento. Nesse nível, lidamos com emoções e desejos num nível acima daqueles que encontramos no astral. Os magos tendem a pensar que as emoções fazem parte do plano astral, o nível yesódico. Mas o nível mental, acima dele, é o lugar onde as emoções e desejos se originam. Só começamos realmente a compreendê-los e lidar com eles no plano astral.

Todos nós precisamos de amor. O amor é uma força motriz em todo ser humano e, se somos privados dele por alguma razão, isso pode causar um dano permanente na nossa psique. No entanto, tão devastador quanto isso é encontrar o amor e depois perdê-lo. Jovens viúvas e viúvos, e pessoas mais velhas que tiveram um relacionamento durante muitos anos e depois perdem subitamente o parceiro, sofrem uma perda irreparável. Ao contrário do que pensam os mais jovens, o sexo não acaba quando a pessoa faz 50 anos; o desejo só aumenta nessa idade, porque o medo de uma gravidez indesejada deixa de existir. A pessoa também tem mais experiência na arte da estimulação sexual. O afastamento abrupto de um companheiro tão próximo causa uma dor inexprimível.

A maioria compensa essa perda criando a forma-pensamento de um amante imaginário que pode ou não lembrar o companheiro perdido. Esses amantes "demoníacos" podem se tornar extremamente reais. Na Idade Média, eles eram conhecidos como *íncubos* ou *súcubos*. Ao longo de centenas de anos, homens e mulheres descreveram as suas aventuras eróticas com essas formas-pensamento. Nos primeiros tempos, a Igreja obviamente denunciava essas fantasias como obra do demônio. O fato é que elas são, na maioria dos casos, inofensivas, e até benéficas para aliviar o stress e a solidão. Eu disse, intencionalmente, "na maioria dos casos", porque, como sempre, existem exceções.

Existem, em todos os níveis, formas de vida natural que pertencem a esse nível. Essas emanações dos níveis astral e emocional podem perceber emoções semelhantes no plano físico e ser atraídas por elas, provocando muitas vezes resultados desastrosos. Do nosso ponto de vista, essas formas podem ser boas ou ruins. Do ponto de vista delas, não são nem uma coisa nem outra. Contudo, podem exercer um efeito muito real sobre a espécie humana.

Tanto os íncubos quanto os súcubos tendem a exagerar sensações que, de outro modo, nos seriam prazerosas. Ambos começam se deitando sobre o corpo da vítima, pressionando-a a ponto de quase sufocá-la. Ambos cavalgam a vítima até a exaustão. Num ato sexual normal, o peso do amante provoca a sensação agradável de estar protegido e cercado de amor, e a exaustão que acompanha o orgasmo é um cansaço sensual, causado pela saciedade. Temos padrões conflitantes aqui: um que apreciamos e nos causa uma sensação agradável e outro que, por não ser humano, superestimula os nossos sentidos e causa dor.

Pelo fato de existirem e habitar planos criativos e emocionais, essas entidades dependem do pensamento humano para ter forma; no estado natural, elas são simplesmente energias emocionais cuja existência nem sequer começamos a compreender. Mas nós de fato criamos amantes imaginários para alimentar a nossa autoestima e nos fazer sentir desejados e amados. Se os nossos sonhos e desejos estão fora de controle, eles deixam de ser sonhos e passam a ser emoções não trabalhadas. Essa é a razão que pode atrair os súcubos para o nosso nível e levá-los a se manifestar em sonhos lúcidos.

Os programas de realidade virtual que estão chegando ao mercado são assustadoramente parecidos ao mundo astral, onde sonhos podem se materializar de acordo com a nossa vontade.[30] Daqui a uns dois anos eles serão

---

30. Eu acredito que eles, de fato, *criam* mundos astrais. (J.H.B.)

tão comuns quanto os DVDs e, daqui a uns cinco, tomarão conta da indústria cinematográfica. Os filmes como os conhecemos não existirão mais. No lugar deles, surgirá a versão cinematográfica do karaokê. Você interagirá com a sua estrela de cinema preferida, entrará no filme e participará dele até o fim. Pelos menos os filmes dos longos voos internacionais não serão tão maçantes!

Todas essas formas-pensamento apresentam algum perigo? Bem, tudo o que tem relação com magia representa um certo risco, assim como qualquer coisa que valha a pena fazer. (Andar pela rua pode ser perigoso!) Mas a criação de formas-pensamento também pode ser empolgante, instrutiva e surpreendente. Se for parar para pensar sobre a maneira como a criação de formas-pensamento o afetará, é melhor fechar este livro agora e voltar para a ficção científica. Isso, sim, é seguro... ou quase.

A magia, acima de qualquer coisa, requer bom senso, dedicação e ética. Com esses requisitos, você não pode errar. Sim, pode ter alguns pesadelos. Pode desequilibrar o seu sistema endócrino e lhe fazer passar maus bocados. Mas você também atingirá o êxtase espiritual e aprenderá mais sobre si mesmo e sobre o universo à sua volta do que um dia imaginou ser possível. Você pode explorar o universo interior, que é tão grande, belo e excitante quanto a sua versão física. Pode viver em segurança durante toda a sua vida e deixá-la passar em branco, ou correr riscos e viver a vida intensamente.

Criar fantasias e mundos dentro de outros mundos é possível. Tenho feito isso há anos. Mas, lembre-se, você não pode permanecer neles por muito tempo. Tem que voltar para este mundo e para este plano ou se perderá para sempre. Você já deve ter ouvido ou lido sobre homens e mulheres que foram "levados pelo povo das fadas". Ficar perdido no mundo astral é parecido com isso – o seu corpo fica na Terra, mas a sua mente anda ao léu, perdida no mundo das formas-pensamento. Você *precisa* ter autodisciplina para entrar nesse mundo. Ele não foi feito para fracos de espírito ou para quem quer fugir da realidade. Para esse tipo de pessoa, esse mundo pode ser uma armadilha.

Nunca permaneça por muito tempo no mundo das formas-pensamento. Inclua nos seus cenários a noção de tempo. Lembre-se deste importante fato: tudo o que você encontrar, seja bom ou ruim, é literalmente um produto dos seus padrões de pensamento.

20 Homúnculos (II)

Dolores discorre sobre: personagens astrais como formas-pensamento no teatro, na TV e na literatura; amigos invisíveis na infância; fantasmas e poltergeists; *filhos da mente; criações astrais respondem a necessidades inconscientes do criador; o que pode ser criado com segurança e o que é melhor evitar; a animação de Osíris.*

O mundo invisível do astral está cheio de formas-pensamento criadas por aqueles que partiram antes de nós. Algumas delas ainda persistirão por centenas de anos, outras desaparecerão em poucas semanas, meses ou anos. Nenhuma se dissipará completamente, pois sempre restará um eco longínquo; além do mais, tudo o que uma forma-pensamento precisa para voltar com todo ímpeto é que duas ou mais pessoas pensem nela com insistência e concentração. O mais estranho é que podemos encontrar provas disso na própria Bíblia: "Porque onde estiverem dois ou três reunidos em meu nome, ali estarei no meio deles." (Mateus 18:20)

Quando um pequeno grupo de pessoas se reúne, mesmo que seja apenas para beber e conversar amigavelmente, eles se tornam uma Mente Grupal. Essa Mente Grupal se compõe de um fragmento da consciência de cada pessoa, mais ela mesma. Esse fragmento a mais dá a ela o voto de Minerva, digamos assim. Se a conversa fica mais acalorada e o assunto provoca sentimentos fortes em todo o grupo, é bem provável que ela afete o plano astral.

Se o assunto é o ambiente de trabalho e o chefe, então uma réplica astral do lugar e da pessoa se materializará nos níveis sutis, enquanto durar a reunião. Se a discussão se intensificar e começar a provocar raiva e opiniões fortes, o alvo da conversa (o chefe) pode se sentir inquieto, meio temeroso ou apreensivo. Se o assunto já tiver uma forma astral forte, tal como a Mente Grupal de um time de futebol popular ou de um jogador de futebol famoso, isso pode causar um efeito ainda maior.

Se os comentários são elogiosos e lisonjeiros, a conversa:

- fortalecerá a forma astral;
- injetar-lhe-á entusiasmo;
- a alimentará com a vontade do grupo de que o time ou o jogador se saia bem.

Se, no entanto, o grupo estiver zangado com o time ou com o jogador, ele pode:

- inibir a sua vontade de vencer;
- criar em torno dele uma aura de depressão;
- fazer com que o time perca, porque a Mente Grupal está lhe dizendo que ele é um perdedor, levando-o a obedecer ao que lhe parece uma ordem.

É por isso que *nunca* devemos criar uma forma baseada numa pessoa de verdade. Sabe-se que o efeito que a torcida exerce sobre um time é decisivo. É por isso que os times de futebol costumam fazer uma bela apresentação quando jogam em casa. Por outro lado, quando perdem vários jogos ou não jogam à altura da expectativa da torcida, isso pode abater o ânimo dos jogadores e afetar o resultado dos jogos futuros.

Em nenhuma outra área a projeção de pensamentos causa um efeito tão forte quanto nas artes criativas. Novos espetáculos, filmes, exibições e publicações são altamente suscetíveis à mente e aos pensamentos do público. Aqueles que trabalham nesses campos de atividade são notoriamente supersticiosos e sensíveis à opinião pública. Um novo espetáculo que tenha recebido uma resenha crítica desfavorável pode naufragar em poucas semanas, mesmo que tudo de que precise seja uma leve modificação no roteiro. Por outro lado, um filme feito para um público pequeno pode mexer com a imaginação dos cinegrafistas, dar uma rasteira em épicos com orçamentos e campanhas publicitárias multimilionárias e ganhar muitos prêmios – com o filme *Ou Tudo Ou Nada* foi assim. O que você pensa, o que realmente cria mentalmente na forma de imagens, é irradiado para o mundo. Você não tem que ser sensitivo ou extrovertido – os introvertidos têm pensamentos mais intensos e geralmente têm muito mais poder graças ao acúmulo de emoções.

O que você pensa das coisas e das pessoas tem consequências. Os pensamentos são impulsos criativos vivos que emanam do cérebro físico na forma de vibrações. Os três níveis de pensamento são imensamente poderosos, mesmo quando inconscientes. Quando são conscientes... podem criar universos.

O cérebro físico é um mero instrumento, assim como um martelo ou uma chave de fenda. A mente é o que ativa o cérebro físico e lhe dá energia. Quem programa a mente, quem lhe diz o que fazer, é *você*, e *você* não é nem a mente nem o cérebro, mas algo que está muito além dos dois. Quando você perceber esse fato plenamente, a ponto de ele se tornar real, inteligível e aceitável, as coisas começarão a acontecer, pois há uma intenção cheia de inteligência e propósito por trás do processo de pensamentos.

Entre os personagens de filmes que se perpetuaram no tempo e se tornaram arquétipos estão Tarzan, o doutor Kildare, Flash Gordon, Zorro, Data, Yoda, Obi-Wan Kenobi e muitos outros. Muitos deles eram personagens de livros antes de irem para as telas de cinema. Sherlock Holmes, Capitão Nemo e James Bond mexeram, todos eles, com a imaginação e, portanto, com os pensamentos de todos nós. A mente das crianças está livre da turbulência que reina na vida dos adultos, por isso as suas formas-pensamento são muito mais poderosas. Hoje, quando muitas delas se sentam diante da TV durante horas, os comerciais atingem o nível mais profundo da mente infantil. Qualquer profissional de propaganda lhe dirá que, se você conseguir convencer as crianças, os pais também se convencerão.

Os seriados de TV ingleses *Thunderbirds em Ação, Capitão Escarlate* e *Four Feather Falls*, com animação em marionetes, cativaram até os adultos. Até essa época, costumávamos subestimar o poder dos pensamentos e dos seus efeitos sobre nós, seres inteligentes, e, por nosso intermédio, sobre o mundo e o universo à nossa volta.

Quando um escritor se senta para escrever um livro, ele já tem em mente um esquema geral do roteiro. Pode ter até um roteiro um pouco mais detalhado. Contudo, como qualquer escritor sabe, os personagens sempre acabam assumindo o controle da situação a certa altura da narrativa.

Até que isso aconteça, o livro não estará completamente vivo. Katherine Kurtz é uma amiga de longa data e uma escritora que eu (D.A.N.) admiro muito. Num dos seus intrigantes romances, *Deryni*, um personagem que explora um castelo dá com uma escadaria que leva à torre. Ele sobe os degraus e, enquanto isso, cresce dentro dele a sensação de que vai descobrir algo de grande importância no alto da torre. Katherine não tinha ideia do que fosse... ela estava tão ansiosa para descobrir quanto o próprio personagem.

No alto da escada, ele encontra uma porta que dá para uma torre menor. O cômodo está vazio, com exceção de um antigo baú de madeira. Nesse ponto, Katherine parou de escrever por alguns dias para assistir a uma conferência nos Estados Unidos. Durante todo o período em que ela esteve fora, a sua mente não parou de indagar o que haveria dentro do baú. Ela voltou para casa e se sentou para terminar o capítulo, quase sem fôlego de tanta excitação. Seu personagem cruzou o cômodo e abriu a tampa do baú... para descobrir que havia ali um traje religioso rico em brocados. Mas, até esse momento, Katherine não fazia ideia do que ia encontrar. Os seus personagens se desenvolvem à medida que ela escreve, e muitas vezes mudam e amadurecem como uma pessoa de verdade. Em certos termos, eles são como filhos da escritora, e podem demonstrar mau humor, arrogância, desagrado e teimosia. Podem forçar o escritor a fazer uma mudança no ritmo da narrativa, no local onde a história se passa e no seu temperamento, e mostrar total desconsideração pela ideia original.

Os escritores utilizam os mesmos processos de criação de formas-pensamento para construir personagens que você está usando para construir formas astrais, pois isso é exatamente o que o personagem é: uma forma astral. Aqueles que leem o livro depois podem adorar ou detestar aquela "gente astral". Se adorarem, comprarão milhões de livros. Se o personagem tocar a nossa alma, nós nos identificamos com ele e queremos continuar lendo a sua história. O sucesso fenomenal dos livros do Harry Potter é um bom exemplo disso. Harry Potter está vivo e passa muito bem no plano astral... Isso é bem apropriado se você pensar que ele é aluno de uma escola de bruxaria.

Na época em que este livro foi escrito, um novo musical era sucesso de público no Dominion Theater, em Londres. *O Rei Leão* teve uma ótima adaptação do cinema para o teatro. O figurino era quase surreal, pois eram um terço figurino, um terço fantoches e um terço a imaginação do público. Víamos os atores como animais porque *queríamos* vê-los assim e acrescentávamos as peças que faltavam. Esses figurinos incríveis são fantasias manifestadas. O que pode ser feito no palco de um teatro também pode ser feito com quase tudo, desde um carro novo até uma casa ou um colar de brilhante.

Muitas crianças pequenas têm amigos invisíveis. Esses amigos, que podem ser animais ou seres humanos, são totalmente reais para os seus "anfitriões" e podem até ser passados para outros membros mais jovens da família.

Em 99% dos casos, eles são absolutamente inofensivos e podem ser até um grande conforto para uma criança solitária ou que passa longos períodos num hospital, por exemplo. Crianças que sofrem abusos muitas vezes inventam companheiros que são como elas. É reconfortante para elas poder confortar outra criança. Às vezes elas inventam pais imaginários que um dia as levará para bem longe de um orfanato que detestam.

Quando eu tinha por volta de 7 ou 8 anos, descobri uma criatura que tomei por um gnomo. Ele vivia num muro muito velho de granito, pelo qual eu passava a caminho da escola todos os dias. Era tão real para mim que ainda me lembro da textura da sua pele dura e da barba áspera. Eu o chamava de Christopher. Por ser filha única, eu tinha muitos amigos imaginários e nunca sentia a necessidade de uma companhia humana; eu vivia muito satisfeita com o meu cachorro, os meus livros e os meus "outros" amigos. Um dia, a minha professora me pegou em meio a uma animada conversa com ... uma parede de granito! O resultado foi uma visita a uma psicóloga infantil, que por acaso era uma médium do País de Gales. Foi ela quem me deu o primeiro conselho que recebi sobre mediunidade: "Nunca deixe que percebam que você pode ver coisas de outros planos. Aproveite o fato de poder vê-las e aprenda com elas, mas nunca diga nada a ninguém."

Alguns anos depois, Hollywood fez um filme chamado *O Fantasma Apaixonado*, acerca de uma jovem viúva com um filho pequeno, que encontrou uma maneira de ganhar a vida. Ela foi morar num chalé no alto de um despenhadeiro que pertencera a um capitão do mar. O fantasma do capitão gostou dela e começou a assombrá-la. Ele insistia para que ela escrevesse um livro que ele lhe ditaria e que, publicado, proporcionaria o dinheiro de que ela precisava.

Esse é um exemplo clássico de que a necessidade e o desejo proveem tudo de que precisamos. Muitas vezes aqueles que querem desesperadamente ver um ente querido já falecido geram a emoção e a imagem astral necessárias para provocar a sua aparição. Isso não acontece em todos os casos, mas a porcentagem é considerável.

Se formas são "alimentadas" com reconhecimento regularmente, elas certamente acabam por se manifestar de maneira visível e, em alguns casos, ser até mesmo tocadas. Essas formas responderão às necessidades e desejos inconscientes do seu criador.

Mas isso é saudável ou seguro? Qualquer coisa que ajude um ser humano desesperado a lidar com a perda, a solidão ou a necessidade não pode, na minha opinião, ser de todo má. Se a pessoa passar a depender excessivamente da forma depois que esta já deixou de ter utilidade, a história é diferente. Existem muitos casos em que a companhia astral perdura durante toda a existência de um ser humano, dando significado e conforto ao que poderia ser uma vida de devastadora solidão. Ainda existem prisões que usam a prática da solitária, e um companheiro astral nessas circunstâncias pode preservar a sanidade do prisioneiro.

O mago não é um ser humano comum. Ele não se mistura com as massas. E é preciso que seja assim. Em sua maior parte, o mago serve à humanidade, ou assim deveria; e uma pessoa só pode ser útil se mantiver certa distância e ganhar perspectiva.

A criação de uma forma astral só é perigosa se você se esquecer das regrinhas simples do jogo:

- nunca usá-la em excesso;
- nunca copiar o rosto e a forma de um ser humano de verdade;
- nunca usar a energia de ninguém, exceto a sua própria, para criar a forma;
- sempre abençoar a matéria astral que você usou;
- procurar a palavra "ética" no dicionário e aplicá-la.

Que tipo de utilidade um homúnculo criado pode ter? Formas criadas têm sido usadas desde tempos antigos como mensageiras ou protetoras; ou para encontrar registros esquecidos e documentos secretos. Os lamas de alto escalão do Tibete usam essas formas há séculos, muitas vezes como simulacros de si mesmos, que eram (e ainda são) enviados a outras lamaserias para falar com seus pares. Sim, eu sei que disse para você não copiar a forma de um ser humano, mas esses lamas são adeptos de primeira linha de uma cultura diferente da nossa, com um alto nível de disciplina. Tenha em mente o que você aprendeu – pois é altamente improvável que você seja um lama dessa categoria!

Todas as formas astrais são criadas da mesma maneira: imprimindo-se uma imagem mental numa porção de protomatéria. Quando separada de sua matriz e programada por meio de uma partícula da sua própria energia, a forma pode se tornar uma unidade energética móvel, apta para cumprir pequenas tarefas. Ela raramente se torna visível a outros olhos, a não ser que você tenha uma substância na sua constituição física conhecida como ectoplasma.

O homúnculo tem um período curto de existência. Quando a energia se esgota, ele volta para a matriz astral da mesma maneira que uma gota de água do mar volta para o oceano. Isso *não* significa que se possa abusar dele.

Toda vez que essa forma é ativada e imbuída de energia humana, a matéria astral que provê a sua forma é abençoada pela estreita cooperação entre a espécie humana e o plano sutil. *O ato de abusar, torturar ou aviltar essa matéria é um convite para acumular karma negativo.* Lembre-se de que *você* é totalmente responsável por essas formas. Elas não podem lhe recusar nada, nem têm capacidade para distinguir o bem e o mal e são totalmente dependentes de você durante o seu curto período de existência.

Você não vai conseguir criar formas móveis na sua primeira, segunda, terceira ou quarta tentativa. Pode levar anos para que aperfeiçoe a sua habilidade. Esse não é nem mesmo o objetivo principal deste livro. O objetivo principal é ensiná-lo a criar formas-pensamento e depois fazê-las se manifestar no plano físico. A criação do homúnculo é o mais elevado nível da criação de formas-pensamento. Se você resolver tentar, lembre-se de que, se algo der errado, ele se desintegra imediatamente. Nunca tente recriá-lo exatamente igual – a matriz guarda um registro e simplesmente recriará a mesma amostra, com todos os defeitos originais.

Se, e estou falando "se", você for bem-sucedido, lembre-se de que para mantê-lo você pode recarregá-lo, mas no máximo por três ou quatro vezes. Depois disso você deve deixar que a energia se esgote completamente. Se continuar tentando recarregá-lo, aos poucos ele começará a exibir uma inteligência rudimentar. Se isso acontecer, ele começará a ignorar os seus desejos e comandos... para falar com franqueza, você estará numa grande enrascada se a coisa chegar a esse ponto. Você pode descobrir que está sendo "assombrado" ou sentir na sua casa toda uma presença que, embora não seja maligna, pode parecer estranha e inquietante.

Um dos aspectos mais perturbadores desse tipo de trabalho pode ocorrer no momento do retorno. Isso assume a forma de uma paralisia momentânea. Você pode descobrir que não consegue se mexer, às vezes nem abrir os olhos. Esse estado passa em alguns minutos, mas pode causar pânico num viajante astral inexperiente.

Lembre-se, eu lhe disse que o corpo astral, na verdade, é formado de protomatéria quando você precisa dele, e que ele não está "à sua disposição" o tempo todo. Uma das coisas que você precisa aprender quando usar o corpo astral é como fazê-lo ir aonde você quer e se comportar como você quer que ele se comporte. Isso não é difícil e você logo adquirirá domínio sobre essa prática. No entanto, ela pode causar alguns problemas às vezes.

Eu me tornei uma refugiada da minha ilha natal durante a Segunda Guerra Mundial e, uma noite, no auge da *blitz* sobre a cidade de Sheffield, em Yorkshire, decidi fazer uma experiência e voltar para casa. Construí uma imagem astral do meu antigo quarto, e do lado de fora do quarto havia um jardim murado. Havia um banco na janela que fazia parte da parede (as paredes eram bem grossas nesse chalé de duzentos anos), e esse era o meu lugar favorito para sonhar. Sem preliminares, ou aviso, eu me vi sentada no banco da janela, com o rosto pressionado contra a vidraça fria da janela. Eu estava olhando para o jardim e podia ver com nitidez a Lua cheia através do vidro, embora não conseguisse me mover. Era como se eu estivesse presa à moldura da janela. Tentei em vão me despregar do vidro e comecei a entrar em pânico, achando que não conseguiria voltar a Jersey e ao comando nazista. Eu ouvi um movimento atrás de mim e percebi pela primeira vez que havia gente no chalé. Ouvi um grito estridente, que esfacelou o momento congelado no tempo. Eu me senti voltando com um golpe surdo para a minha cama, na Inglaterra. O meu coração estava disparado e o meu corpo, lavado em suor.

Eu contei sobre essa experiência para os meus pais, na manhã seguinte, e eles me explicaram que isso era algo que acontecia quando a pessoa não tinha experiência com essa forma de bilocação. Depois da guerra, eu descobri que o chalé tinha sido realmente ocupado por uma mulher e suas duas jovens filhas.

Sempre procurei seguir o conselho da psicóloga galesa desde a infância, guardando segredo sobre o que eu via. Mas de vez em quando surge uma ocasião que me parece o momento certo para revelar uma das minhas experiências.

Quando chegou a notícia do desembarque das tropas aliadas nas praias da Normandia, todo mundo parece que enlouqueceu – o final da guerra se aproximava. Ainda havia muito pela frente, mas sentíamos que a maré já estava virando. Ouvíamos todos os boletins de rádio e logo ficou claro que proteger a costa não seria tarefa fácil. Muitos jovens soldados nem chegaram a pisar nas praias em que haviam desembarcado cheios de esperança.

No início do segundo dia, as coisas ainda estavam equilibradas e cada palmo de areia era defendido com coragem pertinaz. Naquela noite, com toda fragilidade de uma adolescente, eu resolvi sair e ver a situação por mim mesma. Nascida e criada num lugar com vista para a costa da Normandia, eu sabia muito bem construir mentalmente a sua imagem como eu a conhecera antes da guerra. A imagem durou um instante, e então eu estava no ardor da batalha. Não havia barulho, mas eu podia sentir a vibração dele. Havia barcaças de desembarque militar ao longo de toda a costa, até onde os meus olhos podiam alcançar. Homens andavam com a água pelos joelhos e golpeavam a areia com as suas armas já disparando.

Eu tinha a impressão de estar bem atrás de uma duna de areia de uns três metros de altura, coberta com um vidro tosco e grosseiro. Acima de mim e de costas para a praia havia uma construção de concreto parecida como uma casamata. Agachados atrás da duna havia vários soldados, a maioria deles ostentando divisas americanas nos ombros. Fiquei intrigada ao ver que essas divisas pareciam brilhar. Enquanto eu observava, o grupo se reuniu para empreender um ataque. Os primeiros três homens correram pela praia até um ponto além da casamata, o quarto parou no meio do caminho, girou o corpo, com os olhos arregalados, e desabou num monte de areia. Por um instante, me pareceu que ele estava apenas ferido e lutava para se virar de costas. Ele olhou diretamente para mim, me viu e abriu um sorriso iluminado; depois os olhos perderam o foco e eu acordei na minha cama gritando. Nunca tentei observar um campo de batalha novamente, mas me lembro do nome gasto e desbotado no capacete: "Larsen."

Será que foi apenas um sonho vívido ou foi mesmo real? Eu nunca procurei saber daquele soldado. Se foi um sonho, não importa. Se foi real, então havia alguém velando por aquele soldado no momento da morte. Era como se eu estivesse lá como testemunha.

Repare, no entanto, que para atingir o meu objetivo, eu primeiro construí uma imagem astral do lugar onde eu queria ir. Esse foi o primeiro método que eu ensinei, e é sempre uma boa indicação.

Depois que você começar a construir formas de matéria astral, pode haver ocasiões em que se depare com formas construídas por outra pessoa que esteja ausente. A menos que a forma seja absorvida depois de perder a serventia, ela pode se desprender da matriz e começar a vagar a esmo. Pelo fato de ser uma porção de matéria senciente, embora uma parcela muito pequena, ela buscará fontes de energia às quais possa se agarrar, como um marisco se agarra à pedra. Nesse sentido, essas formas são muito parecidas com um *súcubo*, embora seja mais fácil se livrar delas. Basta tomar uma ducha e esfregar um punhado de sal grosso na pele. Uma prática simples e eficaz, embora eu receie que ela *não* funcione com os súcubos. É visível a diferença entre essas "cascas" e outros habitantes do astral. Elas quase sempre são ocas. Tente ver atrás de alguma delas e você vai perceber que não passam de uma fachada. Elas sempre tentam ficar de frente para você e nunca se viram de costas.

Vou apresentar agora uma teoria minha. Sempre me interessei pelas figuras meio humanas pertencentes à mitologia, particularmente da mitologia grega – fúrias, faunos, centauros, sátiros ou *djinns*, para não citar as sereias, os *yeti*, as fadas, os elfos e muitos outros. Acho absolutamente possível que, ao longo de prolongados períodos de tempo, essas criaturas tenham sido construídas de matéria astral e atingido a condição de arquétipos. Depois de mexer com a imaginação dos seres humanos, essas formas foram aproveitadas pelo nosso riquíssimo poder criativo e a tal ponto alimentadas com curiosidade, bom humor, entusiasmo e sonhos que se livraram das suas limitações e continuaram a existir no plano astral como entidades separadas. Também suspeito que algumas delas – as fadas, os elfos e outras – conseguiram se alçar a um nível superior – o mental – e adquiriram o seu próprio poder. Passaram então a ser capazes de se projetar e às formas que escolheram na mente e nos sonhos dos seres humanos.

Um dos livros mais fascinantes e fundamentados que você pode ler sobre esse assunto e outros semelhantes é *Creatures from Inner Space*, de Stan Gooch, autor de vários livros sobre assuntos parecidos (ver Referências), que tem um estilo direto e fácil de ler, muito raro em escritores desse tipo de livro. Ele também é um erudito com um currículo impecável. Você terá muitas informações com esse livro, incluindo a de que os canhotos têm mais propensão para a mediunidade. Só não o leia tarde da noite, quando estiver sozinho em casa!

As formas astrais também podem afetar a sua consciência a partir de um nível superior ao astral. Ensinamentos e experiências psíquicas destinados a despertar um conhecimento oculto nas profundezas do eu superior podem ser projetados por seres dos níveis mental e espiritual. Isso muitas vezes, mas não sempre, envolve uma dissociação do tempo normal. No apêndice E, eu (D.A.N.) conto uma experiência que tive com esse fenômeno e que, depois de mais de 25 anos, permanece vívida na minha mente como se tivesse ocorrido ontem.

Lembre-se de que todas essas informações variam de acordo com as suas próprias habilidades e talentos. Não tente ser sabichão ou avançar rápido demais. Você pode precisar de um ano de preparação e empenho para criar algo que seja útil ou até mesmo reconhecível. Cometerá muitos erros, e eles exigirão uma completa desintegração das formas, além de uma interrupção do programa que você pretendia seguir. Você pode absorver a forma ou transmutá-la, como também pode congelá-la e despedaçá-la, ou eliminá-la, enviando-a ao imanifesto. Não tente recriar o mesmo programa – acrescente sempre uma pequena diferença.

Diferentemente do Elemental, criado de uma mistura dos seus próprios elementos e de protomatéria, você deve dar vida ao homúnculo energizando-o por meio da energia solar que atravessa o plexo solar. Isso significa que ele descarregará em oito ou dez horas e precisará de uma recarga. Como ele traz em si a marca da sua personalidade, vai começar a reagir às situações assim como você reagiria. Quanto mais tempo ele durar, mais perto ficará de se transformar numa versão "falsa" de você. Assim que ele demonstrar essa tendência, destrua-o e o reabsorva. Se deixar que continue assim, ele começará a imbuir a sua casa de uma presença que pode se tornar extremamente desagradável para todos os que ali estiverem.

Existem precedentes para esse tipo de meia-vida e um deles é a lenda do renascimento de Osíris. Após encontrar o corpo do marido, Ísis invocou os deuses e pediu que devolvessem a vida a ele. No entanto, como lembrou-a Ptah, o deus da vida, "Uma vez que a vida se esvaia da sua casca terrestre, ela não pode ser restituída".

Contudo, o corpo, intacto como estava, poderia receber uma dose da força vital de outrem. Isso poderia animá-lo por tempo suficiente para realizar o sonho de Ísis de conceber um filho. O que havia de mais próximo ao sêmen do próprio Osíris era o sêmen do seu filho com Néftis, Anúbis. Oferecendo um dia e uma noite da sua força vital, Anúbis restituiu uma centelha de vida ao pai. Foi o sêmen do filho adotivo e sobrinho que fecundou a deusa e possibilitou o nascimento de Hórus, o vingador com cabeça de falcão.

Embora a lenda conte sobre a ressurreição de Osíris, trata-se de uma história com tradição oral de mais de cinco mil anos. Anúbis carregava a mesma genética de seu pai e tia/mãe adotiva, portanto, para que ela concebesse um filho de "Osíris", o doador ideal seria o seu filho. (Note que as técnicas modernas de manipulação genética são muito parecidas com esse tipo de trabalho "mágico".) A combinação de uma forma-pensamento de Osíris animada pela energia vital do filho, e a realização do Grande Rito de Hathor possibilitaram a concepção de uma criança especial. Sabemos pouco sobre os significados espirituais desses ritos, mas o fato é que a lenda se manteve na memória racial e dá provas de ser verdadeira.

Controlar o que você faz ou cria é uma parte vital de todo trabalho de magia. O autocontrole está no topo da lista. O controle de todos os três eus – físico, mental e espiritual – deve se tornar uma prática diária. Para controlar qualquer coisa, é preciso primeiro conhecer e compreender a natureza do que está sendo controlado. Por tradição, a pessoa que faz isso precisa lhe dar um nome; em outras palavras, ela sempre precisa saber exatamente o que está fazendo, a sua natureza e o resultado que deseja obter desse trabalho. Na história bíblica em que Adão dá nomes aos animais criados por Deus, temos um exemplo: A Adão foi confiada a regência de todo o reino animal (algo do qual ele abusou muitas vezes) e, para que essa regência fosse absoluta, ele precisava conhecer e nomear cada um dos animais.

Pergunte a si mesmo agora, *O que eu sei sobre mim mesmo em todos os níveis?* Quando for capaz de responder a essa pergunta a contento, você saberá qual é o seu *verdadeiro* nome mágico. Esse nome está muito além do título extravagante que você recebe na iniciação. Ele se refere a você em todos os níveis do seu ser, a você como divindade em potencial. Por meio dele você virá a conhecer o mundo à sua volta no verdadeiro sentido de ser *Adonai Ha Aretz*.

Como o nível astral é um protótipo, ele contém as formas pré-manifestas de todas as coisas, inclusive os elementos. Cada nível possui a sua própria variação dessas formas. No nível mental, estão os conceitos dessas formas, enquanto no nível espiritual elas estão quase no seu estado mais puro. O estado absolutamente puro está reservado para o nível da Primeira Emanação e contém a essência delas na forma dos Quatro Seres Viventes Sagrados. Contudo, podemos encontrar no nível astral, em muitas formas e variações, os quatro elementos que conhecemos.

Água astral

No nível astral, vemos o elemento água como o Grande Mar Amargo de Binah, o mar dos sonhos e dos desejos. A água também pode se tornar o Rio da Vida, que flui do nascimento até a morte e volta ao ponto de partida. Esse rio abrange todos os deuses e deusas do mar, desde Poseidon até Afrodite.

Foi desse mar interior que emergiram mestres como o deus-peixe babilônico Oannes, Ea e Dagon, os responsáveis por ensinar as tribos primitivas a sobreviver na costa do norte da África, no início dos tempos. Foi dali que os discípulos de Cristo apanharam redes repletas de peixes, o símbolo daqueles que iriam ensinar no futuro. Foi nesse oceano oculto que Yeheshua acalmou uma tempestade e sobre as suas águas que ele caminhou para consternação dos apóstolos.

Foi nesse mar que Ulisses navegou na sua longa viagem de volta para casa, depois da queda de Troia, pois essa jornada certamente não foi física, mas um disfarce para a jornada de iniciação que ele buscava e lhe foi concedida por Atena.

Os contos de fadas repletos de *nixies*, ondinas e sereias se passam, todos eles, ali, assim como os contos de loucura e lobisomens, na Lua cheia. Pois nós somos criaturas nascidas do mar físico e carregamos resquícios desse mar no nosso sangue salgado. As grandes marés da Lua e as estações nos arrastam e afetam tanto quando afetam os oceanos do nosso mundo.

Tamanho é o poder desse mar espiritual que, na religião Wicca, lança-se mão dele para energizar formas-pensamento; veja um exemplo disso no ritual de "Puxar a Lua". O poder da Lua pode acrescentar uma infusão extra de energia se a forma-pensamento for construída na Lua crescente ou durante uma noite de Lua cheia.

Fogo astral

O fogo sempre foi visto como um elemento transmutador, e desde os primórdios da história registrada ele é usado como meio de oferecer um sacrifício aos deuses. A sua presença astral e invisível pode tomar a forma de ventos solares e de radiação entre as estrelas. Ele também está presente como Luz no revestimento áurico dos seres humanos e de todos os seres vivos.

O fogo físico sempre foi encarado com grande assombro, e aos deuses solares foi concedida a regência sobre a profecia, a cura e a música, assim como sobre a luz e o calor.

O que, na terminologia oculta, é chamado de "Sol por trás do Sol" ou "o Sol da meia-noite" pode ser visto como uma parte da presença astral do elemento fogo. A energia extraída dos ventos solares e das labaredas solares ou que atravessa o centro nervoso do plexo solar também pode ser usado para energizar formas-pensamento. Uma forma mais avançada de construção dessas formas seria usar a essência criativa do fogo nos níveis mental e espiritual. Por enquanto não há muito o que dizer sobre esse método, mas seria um interessante projeto experimentá-lo no futuro.

As salamandras, os elementais do fogo, são muitas vezes usadas tanto por adultos quanto por crianças para traçar imagens num fogo de carvão ou de lenha. A presença do fogo tem um efeito estimulante sobre os seres humanos, e o calor e a luz que irradia muitas vezes induzem um fluxo de palavras que inspirou músicas, canções e histórias contadas ao pé do fogo.

Ar astral

O ar é um estranho elemento, pois mesmo no nível físico ele só pode ser visto se for usado para encher algumas formas como balões, uma vela, um paraquedas ou um pneu. Não obstante, o seu poder astral sempre se manifesta quando rezamos, fazemos invocações ou usamos a respiração para proferir palavras.

Os deuses antigos do ar são sempre os que regem os outros deuses do seu panteão. Eles regem também as montanhas mais altas, os trovões e os raios, e as ventanias são suas servas. O poder astral do ar se manifesta como as palavras proferidas para programar formas-pensamento, guardiães e homúnculos. O poder da palavra falada em voz alta é incomparável, e todo mago que se preza desenvolve a voz mágica com que evoca e afasta.

As sílfides do elemento ar são muitas vezes confundidas com fadas, embora pertençam a outra linha de evolução. Elas são seres completamente distintos e devem ser consideradas como tal. Os pássaros também são seres desse elemento, e os seus padrões de voo foram muito usados no passado para prever o futuro. O som é outra manifestação do ar, uma vez que não podemos vê-lo, apenas ouvi-lo. O poder das palavras é aprisionado com a prática do Sopro Mágico e este, por sua vez, é a chave para a magia do ar astral.

Terra astral

Este domínio pertence à prática da construção do Reino Interior, um exercício que todo candidato a mago deveria praticar. Esse exercício consiste em criar um mundo interior, que o mago aos poucos vai explorando e tomando para si. A criação desse reino é uma maneira de seguir os passos do Criador. Assim como a criança copia os pais, fazendo de conta que vai trabalhar ou limpar a casa, brincando de ser professora ou motorista de caminhão, enfermeira ou bombeiro, nós seres humanos também fazemos de conta que somos Deus. Criando um universo interior e povoando-o com formas-pensamento cuidadosamente construídas de seres e animais criados por nós, emulamos a criação do nosso próprio universo.

Os elementais da terra, os gnomos, são uma pequena parcela da raça das fadas e podem muitas vezes ser encontrados em casas e jardins onde haja uma atmosfera feliz e amorosa. Eles geralmente fazem amizade com crianças ou assumem a proteção dos lares, por puro prazer.

O aspecto interior da Terra abrange as grandes Almas Grupais dos nossos irmãos dos reinos animal, vegetal e mineral. Trata-se de uma das áreas em que nós, a raça humana, falhamos miseravelmente. Como guardiães e iniciadores desse reino mais jovem, somos um fracasso total.

21 Como Dissipar uma Forma-pensamento

Herbie discorre sobre: uma europeia no Tibete; testemunhando maravilhas; Lung-gom-pa *e* tumo; *o artista perseguido pela forma-pensamento de um deus; a sra. David-Neel cria o "Frade Tuck"; a forma-pensamento se exterioriza; o lobo astral de Dion Fortune; o que fazer quando se perde o controle.*

Em setembro de 1969, uma das mulheres mais notáveis da Europa morreu pacificamente em sua casa, na França. Ela já fizera 102 anos de idade – quase um milagre, considerando a vida que levara.

Alexandra David-Neel leu as obras de ficção científica de Júlio Verne quando criança e se sentiu inspirada a seguir uma carreira de descobertas e aventuras. Desde muito jovem, ela começou a viajar. Quando já esgotara o potencial da Europa, voltou o seu olhar para terras mais distantes e seguiu para a Ásia. Ali ela se tornou a primeira mulher europeia a entrar nas vastidões montanhosas do Tibete. E permaneceu ali – exceto por um breve intervalo – durante mais de vinte anos.

Alexandra David-Neel não era uma turista comum. Ela era fascinada pela cultura tibetana, um feudalismo medieval que permaneceu intacto durante séculos. Mas, acima de tudo, ela era fascinada pela religião do Tibete e pela sua prática esotérica. Numa terra sem estradas, onde o ar rarefeito e o frio cortante tornavam até a mais breve jornada uma provação, ela viajou de mosteiro em mosteiro, de vila em vila, em busca de ermitões, místicos e magos que pudessem lhe transmitir, em primeira mão, os ensinamentos que buscava.

A sua busca foi tão bem-sucedida que ela foi a primeira mulher europeia a receber o título de lama. Mas, mais importante ainda é o fato de que ela testemunhou, investigou e, em alguns casos, praticou as técnicas esotéricas que tornaram o Tibete a capital da magia.

Numa ocasião, ela observou a curiosa figura trotadora de um corredor *lung-gom-pa*, um dos mensageiros místicos do país, e posteriormente descobriu técnicas de transe que permitiam a esses homens percorrer quilômetros sem pausa ou exaustão, até alcançar o seu destino.

Em outra, ela praticou *tumo*, a complexa visualização de certos símbolos que, combinados com o contato com uma deusa interior, desencadeia a produção de um grande calor corporal. A sra. David-Neel descobriu que os verdadeiros adeptos dessa técnica eram solicitados a se deitar nus sobre a neve para secar, apenas com o calor do corpo, três cobertores encharcados com a água gelada de um riacho das montanhas. Quando passavam por essa prova, eles recebiam o título de "Repa", por causa da fina túnica de algodão que dali em diante se tornava a sua única vestimenta.

No entanto, talvez a sua mais notável experiência tenha ocorrido numa noite em que chegou ao seu acampamento um famoso artista tibetano que ela conhecera alguns anos antes.

Desde que o vira pela última vez, o homem havia se transfigurado. Parecia perturbado, quase febril e, embora insistisse em dizer que não estava doente, parecia sempre nervoso e inquieto. O mais interessante é que a sra. David-Neel foi capaz de perceber que o artista era constantemente perseguido por uma presença fantasmagórica e de proporções monstruosas, mas de figura não mais bem-definida do que os últimos vestígios da neblina da manhã. Graças aos seus estudos sobre o Budismo praticado na região, ela reconheceu a figura como sendo a de um dos temidos deuses do panteão tibetano.

Intrigada, começou a questionar o homem. Como a maioria dos artistas tibetanos, as suas pinturas tinham cunho religioso e, desde que encontrara a sra. David-Neel pela última vez, ele tinha desenvolvido uma especial devoção por uma divindade em particular. Baseando-se em antigas escrituras, ele havia pintado repetidas vezes a divindade, que se tornara o tema principal de suas meditações diárias. Segundo o próprio artista, ele tinha decidido dedicar a sua vida ao deus. A divindade da qual ele falava, como a sra. David-Neel logo percebeu, era a mesma figura fantasmagórica que agora o seguia.

Como lama iniciante, ela conhecia a doutrina tibetana da *tulpa*, uma criatura criada pelo poder do pensamento, mas era a primeira vez que via uma de verdade. Ela ficou tão fascinada que decidiu descobrir se também podia criar uma tulpa. Para tanto, começou um programa diário de visualização. A criatura que visualizava era um pequeno frade rechonchudo, parecido com o Frade Tuck, o alegre conselheiro espiritual de Robin Hood.

A princípio ela se concentrou para ver o monge com o olho da mente, de maneira tão vívida quanto podia, empenhando-se em compor a sua figura com os mínimos detalhes. Depois disso, ela passou a vê-lo como se ele estivesse fisicamente presente, como Pema Tense fez com o Yidam. Ela demorou algumas semanas até conseguir, mas finalmente foi capaz de ver a sua criação como se ela fosse objetivamente real.

Embora a sra. David-Neel nunca se esquecesse de que tinha simplesmente criado uma alucinação, com o passar do tempo coisas estranhas começaram a acontecer. Um dia, ela avistou o frade no acampamento, muito embora não o tivesse visualizado. Dois dias depois, ele estava de volta, sem precisar da participação dela. As visões ficaram cada vez mais frequentes, e o próprio monge acabou passando por uma transformação sinistra; perdeu peso e foi adquirindo um aspecto desagradável. Quando outros do grupo dela começaram a perguntar quem era o misterioso visitante, ela percebeu que a sua criação estava fora de controle.

Algo parecido aconteceu com a ocultista britânica e sensitiva Violet Penry-Evans, mais conhecida pelo pseudônimo Dion Fortune, quando descobriu o que se costuma chamar de "lobo astral" deitado nos pés da sua cama. Embora ela visse a criatura como se ela fosse objetivamente real (ele tinha até um certo peso), a sua formação psicanalítica convenceu-a de que se tratava de uma forma-pensamento projetada pela sua própria mente inconsciente. Lobos e outros animais selvagens parecidos são muitas vezes símbolo de instintos reprimidos, geralmente, embora nem sempre, de origem sexual. Quando ela tentou tirar a criatura da cama, ele se virou e rosnou para ela – outra forma-pensamento fora do controle do seu criador.

Se aconteceu com adeptos como Alexandra David-Neel e Dion Fortune, pode acontecer com você. Então o que fazer se a sua forma-pensamento conjurada decidir ter vontade própria e sair por aí fazendo travessuras?

A primeira coisa de que você tem que se lembrar é a constatação básica de Pema Tense: por mais real ou poderosa que a forma-pensamento possa parecer, ela ainda é uma forma-pensamento. Por mais coberta que ela esteja de protomatéria, por mais poderosa que seja a sua fonte de energia, ela ainda é essencialmente uma criatura produzida pela sua imaginação. E o que uma imaginação treinada pode fazer também pode desfazer.

Desse modo, se você se deparar com uma forma-pensamento fora de controle, criada consciente ou inconscientemente, por você ou por outra pessoa, a primeira estratégia de ataque deve ser imaginária. Se a entidade parece objetiva, "agarre-a" internalizando a sua imagem e visualizando-a, de maneira mais nítida e clara possível, dentro da sua mente. Depois de fazer isso, você pode visualizá-la sendo destruída. Você pode, por exemplo, imaginá-la incendiando-se e virando cinzas ou se esfacelando até virar pó como um vampiro surpreendido pela luz do dia, ou explodindo em pedacinhos, ou se fluidificando e escoando para o interior da terra. Descubra a visualização mais apropriada para você e use-a.

Se você tiver a impressão de que isso é simples demais para dar certo, talvez tenha razão. Algumas formas-pensamento são resistentes a essa forma de ataque e precisam ser combatidas com outros artifícios. De modo geral, se você juntar tudo o que aprendeu ao longo deste livro, vai perceber que existem três tipos básicos de forma-pensamento.

Primeiro, existe o que eu posso chamar de forma-pensamento pura, que só existe como constructo mental. Esse tipo de forma-pensamento tende a se tornar obsessivo se você perder o controle e às vezes pode se comunicar com outras pessoas telepaticamente. As visualizações mencionadas antes deverão ser suficientes para acabar com ela.

Em seguida, existe a forma-pensamento que foi injetada, por assim dizer, com a essência elemental de protomatéria – o tipo de forma-pensamento mágica que Dolores ensinou você a construir neste livro. Embora você provavelmente possa enfraquecer uma dessas com a visualização apropriada, é mais provável que um banimento seja mais eficiente. Graças ao nosso treinamento em Cabala, Dolores e eu tendemos a usar o Ritual Menor de Banimento do Pentagrama. Treinado em Cabala ou não, você pode usá-lo também – ele foi incluído no Apêndice C deste livro, e você deve usar as técnicas astrais que aprendeu para potencializar as suas visualizações.

Por fim, existe a forma-pensamento que absorveu algo da essência do seu criador. Esse foi certamente o caso do lobo de Dion Fortune, que emergiu do seu inconsciente e representou um aspecto verdadeiro da sua psique. Também pode ter sido o caso do monge da sra. David-Neel. Em ambos os casos, essas duas adeptas decidiram aplicar o terceiro método de destruição dessas criações: a absorção. E nos dois casos esse método provou ser um processo extraordinariamente difícil.

A absorção, ou reabsorção, é um método traiçoeiro, até potencialmente perigoso, que depende inteiramente da habilidade e do estado psicoespiritual de quem o aplica. Se você tem experiência em artes esotéricas, é você quem tem de decidir se já atingiu um nível de conhecimento que lhe permita usá-lo com segurança. Se você é um principiante, ou não tem nenhuma experiência, seria aconselhável pedir ajuda em vez de tentar aplicá-lo sozinho.

Se decidiu seguir adiante, eis o que deve fazer:

Primeiro, certifique-se de que se encontra num estado de total harmonia e calma. Isso requer um período de meditação – sinto muito, não vale usar tranquilizantes. É uma excelente ideia fazer contato, por meio da meditação, com o seu ideal espiritual – Cristo, Buda, Maomé ou outra figura equivalente da sua tradição. Por favor, não deixe de fazer essa preparação. A operação é difícil, até mesmo para pessoas experientes, e você vai precisar de uma base sólida.

Depois que estiver satisfeito com o seu estado espiritual, invoque uma imagem astral da forma-pensamento que você precisa destruir e tente adivinhar a sua natureza essencial. Essa é uma etapa importantíssima e, como aconteceu com a preparação inicial, pode levar algum tempo. Use tanto a intuição quanto o poder de observação para atingir o seu intento. A "sensação" que a criatura provoca lhe dará uma pista, assim como as suas atitudes e comportamento. Se você está tentando destruir uma entidade maligna – e é difícil imaginar por que você estaria tentando destruir uma entidade de outro tipo –, você provavelmente perceberá que ela é impulsionada pela raiva, pelo ódio, pela luxúria ou por uma ânsia de autopreservação que leva a um tipo de vampirismo. (Quanto a essa última categoria, eu não estou me referindo à suave absorção de energia com a qual muitas formas-pensamento se contentam, mas a um roubo descarado de energia que prejudica a vítima.)

Depois que você tiver reconhecido a criatura, pode começar a meditar sobre o oposto da força que a impulsiona – amor em vez de ódio, amparo em vez de vampirismo, desprendimento em vez de apego, etc. Continue a meditação até você se sentir repleto da qualidade oposta.

Em seguida – e essa é a parte que faz com que a operação toda seja tão difícil –, você precisa se elevar a um nível de compreensão espiritual em que não sinta mais nada pela entidade, a não ser talvez compaixão pelo seu estado de ignorância. Você precisa perceber o vazio essencial da coisa que está prestes a absorver. Só quando conseguir isso plenamente, você poderá prosseguir – e mesmo assim, com compaixão.

Depois que tiver atingido o estado necessário, abra a sua aura e sugue-a. (As formas-pensamento vampirescas às vezes ajudam nisso, apegando-se a você com a intenção de sugar a sua energia. Isso se manifesta no astral como um cordão conectado ao seu plexo solar. Use esse cordão para puxar a criatura na sua direção.) Por cautela, faça isso aos poucos e bem lentamente. A interiorização súbita de uma forma-pensamento maligna pode causar um choque considerável no seu organismo, impedindo que mantenha o equilíbrio espiritual.

Quando começar a absorver a forma-pensamento, você sentirá a sua própria natureza entrando em sintonia com a essência dela. Se fizer essa absorção sentindo ódio, pode começar a pensar em alguém de quem não gosta; se estiver pensando em sexo, pode começar a se sentir excitado, e assim por diante. Seja qual for a sua reação, você precisa tomar as providências necessárias para neutralizá-la e voltar ao estado inicial de harmonia e imparcialidade.

O sucesso numa operação desse tipo é evidenciado por uma sensação inconfundível de êxtase e poder espiritual. Aproveite-a. É sinal de que você cumpriu com êxito uma difícil tarefa.

Apêndice A

Nascido nas Estrelas

O código HTML a seguir, possibilitará que os leitores que tenham um site na Internet experimentem o conceito de ciberespaço.

star1.html

<HTML><HEAD><TITLE>star1</TITLE></HEAD><BODY BGCOLOR="#ffffff"><H2 ALIGN=CENTER><FONT COLOR="#ED181E"> NASCIDONASESTRELAS</FONT></H2><P ALIGN=CENTER><B>© 1998 Dolores Ashcroft-Nowicki </B></P><P> </P><P> </P><P><B> Ó, tu, que habitas este Templo dos Mistérios, ouve-me. Guarda o teu coração dentro do meu e pousa a tua mão sobre a minha e juntos empreenderemos uma jornada aos reinos do espírito, que existem dentro de cada homem e cada mulher que vive sobre a Terra. </B></P><P><B> Relaxa o corpo e busca no fundo de ti mesmo a semente de silêncio na qual vive a essência fundamental da alma. </B></P><P><B> Fecha os ouvidos terrenos e ouve apenas as palavras que orientam a tua consciência interior e mais elevada. </B></P><P><B> Deixa para trás os aromas da terra e prepara as narinas para os perfumes do Éden; oculta as mãos dentro das vestes e deixa que as minhas palavras toquem e acariciem a tua alma. </B></P><P><B> Eu derramarei sobre ti um vinho de uvas nunca vistas nos campos da Terra e te alimentarei com um pão cujo trigo não se encontra nos celeiros da Terra. Suspende os teus sentidos e vive apenas em eus superiores e mais sutis, e assim deixaremos para trás tudo o que conhecemos e prezamos. </B></P><P><B> De cada coração emerge um fio de ouro. Ele flui para o Templo do Cálice e ali é vertido. Estamos assim ligados e podemos

começar a nossa jornada. </B></P><P ALIGN=CENTER><A HREF=”star2.html”>
Início
</A></P><P> </P><P><NOTAS:</P><P> O que é fornecido aqui (e nas páginas subsequentes) é o roteiro básico para a meditação orientada, combinado com os seus *links* relevantes. Você deve ficar à vontade para considerar cada página com criatividade, acrescentando gráficos, animações ou trilhas sonoras, quando sentir que isso facilita o processo de visualização. </P><P> Convém gravar todo o roteiro e inseri-lo, sem texto, como uma série de arquivos de som reproduzíveis em áudio *streaming*, supondo que você tenha espaço na Web e conhecimento técnico para tanto. </P><P> Essas notas servem apenas como orientação e devem ser deletadas da página final.</BODY></HTML>

star2.html

<HTML<>HEAD> <TITLE>star2</TITLE></HEAD><BODY
BGCOLOR=”#ffffff”><P><FONT
COLOR=”#ED181E”>NASCIDONASESTRELAS</FONT></P></P> </P>
<P> </P><P><B> O Templo começa a se mover em círculo para a direita, a sensação de rodopio é cada vez maior, até que nos seguramos no assento e todo o Templo rodopia para fora desta dimensão, em direção a outra, superior. </B></P><P
ALIGN=CENTER><A HREF=”star3.html”> Continue
</A></P><P> </P><P>NOTAS:</P><P> Este é o lugar perfeito para uma ilustração animada. </P><P> Estas notas servem apenas como orientação e devem ser deletadas da página final.</BODY></HTML>

star3.html

<HTML><HEAD> <TITLE>star3</TITLE></HEAD><BODY
BGCOLOR=” #ffffff” ><P><FONT
COLOR=”#ED181E”>NASCIDONASESTRELAS</FONT></P><P> </P><P>& nbsp;</P><P><B> Ainda rodopiando, sentimos que estamos viajando através de várias camadas de níveis astrais. Então, aos poucos o movimento começa a diminuir e, por fim, se torna suave, até o Templo perfazer um círculo devagar e parar. Abrimos os nossos olhos interiores e descobrimos que o Templo passou por uma mudança sutil. </B></P><P> </P><P ALIGN=CENTER><A REF=”star4. html“>Continue</ A></P><P> </P><P>NOTAS:</P><P> Mais uma vez, a animação pode ser útil aqui, sugerindo a natureza mutante do Templo. </P><P> Estas notas servem apenas como orientação e devem ser deletadas da página final.</BODY></HTML>

star4.html

<HTML><HEAD> <TITLE>star4</TITLE></HEAD><BODY
BGCOLOR=” #ffffff”><P><FONT

COLOR="#ED181E">NASCIDONASESTRELAS</FONT></P><P> </P><P> </P><P><B> Os pilares do Templo cintilam. Cada um deles é um bloco único de cristal, por onde atravessa uma luz difusa. O altar é de luz sólida. Abaixo de nós, o chão desapareceu e vemos apenas os campos de estrelas do cosmos infinito. </B></P><P><B> Olhamos para cima e vemos a mesma coisa; só paredes nos cercam, até que aos poucos começam a se desvanecer e desaparecem por completo. </B></P><P><B> Sentamo-nos em nossas cadeiras, com o altar no centro e os pilares reluzindo de ambos os lados, no leste. </B></P><P><B> Depois o altar se inflama com uma luz que ofusca nossa visão interior e depois se desvanece; o mesmo acontece com os pilares, depois com as cadeiras; ficamos suspensos no espaço. </B></P><P ALIGN=CENTER><A HREF="star5.html">Continue</A></P><P>   </BODY></HTML>

star5.html

<HTML><HEAD> <TITLE>star5 </TITLE></HEAD><BODY BGCOLOR="#ffffff"><P><FONT COLOR="#ED181E">NASCIDONASESTRELAS</FONT></P><P> </P><P> </P><P><B> Nós nos aproximamos uns dos outros e fitamos cada um dos rostos conhecidos, vendo-os com clareza; depois as formas terrenas se desvanecem e, no lugar da forma humana, passam a existir apenas formas geométricas reluzentes, compostas de milhões de pontinhos de luz microscópicos. </B></P><P><B> Nós nos aproximamos e nos fundimos num lindo ser em forma de estrela. Fique em silêncio agora e sinta os pensamentos e padrões dos outros. Somos um único ser e, no entanto, estamos separados. Não podemos esconder coisa alguma uns dos outros quando estamos fundidos dessa maneira. </B></P><P> </P><P ALIGN=CENTER><A HREF="star6.html"> Continue</A></BODY></HTML>

star6.html

<HTML><HEAD> <TITLE>star6</TITLE></HEAD><BODY BGCOLOR="#ffffff" ><P><FONT COLOR="#ED181E">NASCIDONASESTRELAS</FONT></P><P> </P><P> </P><P><B> Agora, o " Star" move-se pelo Espaço, cruzamos as pistas estelares e as vastas imensidões onde as estrelas brilham.</B></P><P><B> Cruzamos o tempo e as dimensões e, por fim, chegamos ao Grande Sol Central, de onde flui toda matéria. </B></P><P><B> É desse *Sol* que todas as coisas surgiram e é para lá que retornarão. Esse é o nosso verdadeiro local de nascimento, pois somos, como se diz, nascidos nas estrelas. </B></P><P><B> Somos atraídos pela força gravitacional do Sol e começamos a orbitar em torno dele, juntando-nos à Grande Dança do Vir a Ser. </B></P><P><B> Não somos os únicos; há milhares de estrelas dançando juntas. Cada uma delas está certa do seu lugar no padrão desenhado pelo

grande Sol. Cada uma delas, por sua vez, balança num vaivém, para perto e para longe do grande Orbe; assim a luz é tecida em formas que se tornarão planetas e galáxias num futuro distante. </B></P><P ALIGN=CENTER><A HREF ="star7.html">Continue</A></P><P ALIGN=CENTER> </P><P>NOTAS:</P><P> Nessa etapa, a música enriqueceria muito a experiência. </P><P> Estas notas servem apenas como orientação e devem ser deletadas da página final.</BODY></HTML>

star7.html

<HTML><HEAD> <TITLE>star7</TITLE></HEAD><BODY BGCOLOR="#ffffff"><P><FONT COLOR="#ED181E">NASCIDOSNASESTRELAS<FONT></P><P> </P><P> </P><P><B> Agora nos damos conta da voz do Grande Sol; ele se dirige a cada um de nós como uma pessoa, contando-nos o nosso destino e o que ele nos reserva.</B></P><P><B> Nós compreendemos a nossa Unidade com todas as coisas e que até o Grande Sol faz parte de um *todo* ainda maior; descobrimos, entre outras coisas, que existe outro *Sol* por trás desse Sol ao qual todos os outros se submetem. </B></P><P><B> Ouvimos a voz dentro de nós, ouvimos e vemos as nossas falhas e pontos fortes, aceitando, *se quisermos*, os ensinamentos que nos são dirigidos. </B></P><P ALIGN=CENTER><A HREF="star8.html">Continue</A></P><P ALIGN=CENTER> </P><P>NOTAS:</P><P> Resista à tentação de acrescentar uma mensagem de áudio aqui, na voz do Grande Sol. Para que esta experiência traga benefícios espirituais, os participantes precisam ouvir a sua voz interior nesse ponto. </P><P> Estas notas servem apenas como orientação e devem ser deletadas da página final.</BODY></HTML>

star8.html

<HTML><HEAD> <TITLE>star8 </TITLE> </HEAD><BODY BGCOLOR="#ffffff"><P><FONT COLOR="#ED181E>NASCIDOSNASESTRELAS</FONT></P><P> </P> <P> </P><P><B> Agora somos afastados da grande dança circular e mais uma vez atravessamos o cosmos, até vermos a forma estelar que conhecemos e a reconhecermos. </B></P><P><B> Aos poucos vamos desfazendo a nossa união e nos tornamos entidades separadas novamente. Na quietude do Tempo e do Espaço, reassumimos a nossa forma humana e aguardamos pacientemente. </B></P><P ALIGN =CENTER> <A HREF="star9.html">Continue</A></BODY ></HTML>
star9.html

<HTML><HEAD> <TITLE>star9</TITLE></HEAD><BODY BGCOLOR="#ffffff"><P><FONT

COLOR="#ED181E">NASCIDOSNASESTRELAS</FONT></P><P> </P> <P> </P><P><B> Em torno de nós, surgem as paredes do Templo, depois os pilares e o altar. </B></P><P><B> O chão e o teto também voltam a aparecer e nos encontramos outra vez num Local de Culto. </B></P><P><B> Ele começa a rodopiar cada vez mais rápido, até sermos catapultados para fora dessa área do Tempo e de volta para a nossa dimensão, perdendo gradativamente a velocidade até pararmos. </B></P><P><B> No centro do altar há um cálice cheio com a nossa força vital. Por meio do fio que sai do nosso coração, nós nos alimentamos com o poder, a vida, a alegria e a radiância do Graal. </B></P><P ALIGN=CENTER><A HREF="star10.html">Continue</A></P><P> </P><P>NOTAS:</P><P> Aqui é um excelente momento para acrescentar um gráfico, pois os participantes estão prestes a "aterrar" a sua experiência. </P><P>
Estas notas servem apenas como orientação e devem ser deletadas da página final.</BODY></HTML>

star10.html

<HTML><HEAD> <TITLE>star10</TITLE></HEAD><BODY
BGCOLOR="#ffffff"><P><FONT
COLOR="#ED181E">NASCIDONASESTRELAS</FONT></P><P> </P><P><B> Abre os teus olhos terrenos, meu amigo, abre os teus sentidos terrenos e os teus centros interiores do coração. </B></P><P><B> Abre-os e derrama sobre o mundo o que recebestes neste Dia de Retorno ao Sol. </B></P><P><B> Enche a Terra com o teu poder e com a tua alegria; deixa que ela se espalhe, pois esse é o fluxo ininterrupto de Luz que preenche o cosmos. Contudo, ele precisa de um canal para que o seu poder atinja este planeta. Tu és esse canal, agora e sempre. </B></P><P><B> Ergue a cabeça e rejubila-te, pois tu és a vanguarda daqueles que virão. E assim deve ser agora e para sempre: as grandes tradições da Terra se unirão e formarão um Portal de Luz, pelo qual virão os Mestres dos Caminhos Ocultos. </B></P><P><B> Olha em que companhia estás e rejubila-te, pois *tu és um dos nascidos nas estrelas.* </B></P><P ALIGN=CENTER><A HREF="star1.html">Home</A></BODY></HTML>

Apêndice B

Eu[31], ao quadrado

Teorias sobre se as formas-pensamento existem ou não (e se são úteis para alguma coisa) chegam a um ponto bem interessante quando o que você imagina não é mais fisicamente possível. Será que a forma-pensamento tem alguma utilidade quando o que você imagina tem pouco ou nada a ver com a realidade do dia a dia? Eu acredito que todo pensamento é importante, e até os mais estranhos podem ser muito úteis. O melhor exemplo é a álgebra complexa.

Os leitores com nenhum pendor pela matemática não precisam reclamar: eu não vou além de alguns conceitos simples e nenhum deles exigirá acrobacias mentais.

A matemática complexa é um sistema de álgebra que leva em conta as raízes dos números negativos. Lembra-se daquela aula, no ginásio, em que a professora ensinou que a raiz quadrada de -4 não é -2, mas na verdade não existe? Talvez ela tenha até afirmado, de maneira enigmática, que o resultado seria 2i, um número imaginário. Na matemática complexa, esse pequenino "i" é o ponto central de todo o problema. A definição de "i" é: $i^2 = -1$.

Depois que aprendi essa forma de matemática, lembrei-me daquela misteriosa afirmação do ginásio: esses números são imaginários. Eles não existem na vida real. No entanto, graças à minha formação em física, eu compreendo que eles produzem respostas de acordo com a experiência e a observação. Como isso é possível? Se esses números não existem na terceira dimensão, então como podem ser utilizados para predizer respostas corretas?

A minha solução para esse enigma é a ideia de que eles de fato existem na realidade, mas não de maneira visível. Existem na sua mente, aquele pequeno recôndito

31. O autor faz aqui um trocadilho entre "eu" (*I*, em inglês) e "i", o símbolo da raiz quadrada de -1. (N.T.)

da sua consciência ou (inconsciência) reservado para guardar esses números e fazer cálculos, de modo que você possa anotá-los por escrito no papel à sua frente. Contudo, como esse não é o único lugar em que eles existem, e parece que podem também prever resultados de acontecimentos reais, eles têm um impacto direto sobre a realidade; portanto, a sua mente tem um impacto direto sobre a realidade.

Eu compreendo que os psicólogos já façam essa afirmação há algum tempo, e é considerado apropriado pensar que a nossa visão da realidade é completamente fabricada pela nossa mente consciente com base nas informações que recebemos de fora. Mas isso significa que existe alguma coisa além dessas informações fornecidas pela realidade que percebemos. Assim como o computador só mostra na tela o produto final, e não a lista incrivelmente longa de funções que ele realizou para chegar a esse resultado, a sua mente também deixa de fora detalhes inúteis. Lamentavelmente, esses detalhes incluem exatamente a procedência das informações. No entanto, se fazemos um paralelo entre a mente e o computador, podemos presumir que, assim como digitamos no teclado ou clicamos o mouse, podemos tornar realidade pensamentos e expectativas e esperar o resultado. Eu não estou querendo dizer que você pode mudar a realidade completamente só pensando, assim como não pode mudar o programa em que está apenas digitando. Mas, assim como o programa, você pode mudar "as opções do programa" da realidade, tornando a sua vida mais fácil. Trata-se de uma mudança sutil, mas não deixa de ser uma mudança.

Eu tive um professor de psicologia que uma vez me disse que, se fôssemos apenas cabeças na prateleira de um laboratório, sendo alimentadas com impressões da vida geradas por computador, ou simplesmente programadas por uma máquina, nem sequer notaríamos. Não há como dizer que o que vemos é real. A noção de matemática complexa, e o meu argumento anterior, indicam que existe muito mais neste mundo do que podemos ver, e somos capazes de afetar isso. Mas a ideia de que somos capazes de exercer esse efeito é uma boa razão para acreditarmos que não existe um "programa" que controle o que vemos. No exemplo que usamos do computador, algumas opções que podemos mudar exigiram uma "senha do administrador" que impedia o nosso acesso a elas, embora não pareça.

É melhor fundamentar as minhas afirmações antes que elas sejam alvo de críticas. Eu farei uma pergunta: "De que se compõe a realidade?" Aposto que a sua resposta poderia ser formulada e apresentada desta maneira: "De tudo o que eu vejo, ouço, saboreio, toco e cheiro." A sua resposta poderia incluir sensações não atribuídas a esses sentidos, mas sempre definidas em função dos cinco sentidos regulares. Você "sente" aquela leve lufada de vento, a qual, por intuição, sabe que significa que não está sozinho num cômodo. Você "vê" um evento que não deveria ser capaz de ver, mas vê. Você "ouve" coisas que outras pessoas não ouvem. Qualquer coisa que recebemos como informação pessoal origina-se dessas cinco fontes, seja o fenômeno físico ou não. Os sentidos não são funções físicas apenas; eles são conceitos, axiomas a partir dos quais definimos tudo o mais. Até a ideia de que $1 + 1 = 2$ é verdadeira porque podemos ver o resultado.

Eu concluo que, pelo fato de as únicas informações de que dispomos sobre a nossa vida exterior virem desses cinco sentidos, para todos os fins e propósitos, eles definem a realidade. Em seguida, vamos supor que você testemunhe um certo evento. Pode ser qualquer coisa, mas para este exemplo digamos que se trate de um evento mecânico – uma alavanca ou algo que passe por você em alta velocidade; algo que tenha quantidades mensuráveis. Como você viu o evento, e talvez o tenha ouvido ou sentido também, ele cabe na sua definição de realidade.

Agora vamos reintroduzir a matemática complexa. Existem métodos para se aplicar a matemática ao problema (mecânica quântica para objetos em movimento, métodos de engenharia avançada para a alavanca), por isso vamos coletar informações de duas maneiras. Primeiro, vamos tomar as medidas do próprio evento usando qualquer equipamento de laboratório necessário. Isso também se encaixa na realidade pelo mesmo motivo.

Façamos uma observação neste ponto: eu não acho que possamos dizer que os números complexos se encaixam na realidade assim como os objetos em movimento. Na verdade, tudo o que vemos e qualquer coisa que aprendemos apontam para o fato de que as raízes dos números negativos não são apenas uma ideia ridícula, mas também completamente desnecessária. Afinal de contas, há um número infinito de números observáveis, então por que eles não seriam capazes de resolver todos os nossos problemas? Como um número complexo não pode ser associado a um número que é visto, ouvido, sentido, saboreado ou farejado, então, para os seus sentidos, ele não existe.

Vamos agora prever o resultado do experimento com o nosso conhecimento de matemática e física. Estou certo de que você não quer ver cálculos reais sendo feitos, especialmente se não é físico, mas eu pressuponho que as respostas vão bater. Como bons cientistas, vamos conferir as medições muitas vezes, e verificar a possibilidade de termos cometido erros. Vamos supor que mesmo assim os resultados batam. Como a matemática prediz de maneira apropriada o resultado do experimento além de qualquer coincidência, esses números imaginários sem nenhuma relação com a realidade são agora associados a algo que é real. Portanto, graças a essa associação, os números podem, de certa maneira, ser conhecidos pelos sentidos, na forma do evento previsto. Os números se tornaram parte da realidade.

Para matemáticos capazes de dar a própria vida para obter provas, quero dizer que não estou afirmando que as provas matemáticas dos números complexos não sejam seguras. Estou encarando-as do ponto de vista de um observador. Na matemática, é tão fácil se deixar seduzir pela matemática em si que a questão criada por ela para ser solucionada acaba ficando em segundo plano. A matemática é mais do que um instrumento; ela é um jeito poderoso de pensar. Mas não passa disso: um jeito de pensar. E, se um conceito da matemática não é descritível de nenhum outro modo a não ser na matemática, então esse conceito tem uma utilidade muito limitada.

Que tal um pouco de filosofia da física? Eu escrevi este artigo com a ideia de mostrar que algo tão obviamente imaginário quanto os números complexos poderia se tornar algo real. Como sublinhei, os números complexos entram em cena sempre que a matemática se torna inconcebível de qualquer outra maneira. O meu professor de física quântica me disse que utilizamos a complexa notação das transformações de Lorentz para "enganar o sistema", fazendo o último componente de um vetor quadridimensional negativo ser elevado ao quadrado. Ela é utilizada em cristalografia porque a estrutura de um cristal, quando vista por meio de radiografias, se mostra literalmente às avessas e de trás para diante. Esses números entram em cena praticamente em todos os casos em que existe algo que não podemos ver. Eles podem ser utilizados para coisas que podemos ver, mas os números reais também podem. Falando de modo geral, os números complexos são utilizados sempre que passamos a considerar mais de três dimensões. No contexto de quatro dimensões, é a quarta (isto é, o tempo) que é geralmente complexa.

Se reconhecermos mais de três dimensões no universo, então pode ser que os números complexos existam fisicamente na realidade como uma representação de como uma dimensão mais elevada se parece na nossa percepção tridimensional. A existência de números complexos observáveis não contraria o meu argumento anterior de que os pensamentos afetam a realidade. Na verdade, ela se encaixa muito bem com o conceito de dimensões mentais (isto é, planos astrais ou interiores). Se você reconhece a existência de múltiplas dimensões, e essas dimensões podem ser expressas por meio de números complexos, então essas dimensões poderiam muito bem ser, em sua origem, imaginárias. Isso não quer dizer que você as tenha criado do nada; essas dimensões podem estar onde a mente individual extrai o seu conhecimento interior, onde enviamos sinais e recebemos informação.

Segundo uma teoria de uso corrente na física, existem onze dimensões; em quatro delas nós vivemos (as três dimensões espaciais e o tempo) e as outras sete, que, segundo se diz, "dobraram-se" até chegar a um tamanho que faz um átomo parecer grande. Nós não vamos notar nada tão pequeno, o que significa que o imaginário, embora possa ter um lugar no universo, pode continuar sendo "imaginário" para sempre. Você nunca conhecerá o seu processo imaginativo, só os resultados. Essa ideia também nos leva à ideia de Jung de Inconsciente Coletivo. O que ele propôs na Psicologia pode ser explicado na física moderna.

As ideias deste artigo na verdade não podem ser provadas. Nem tampouco a ideias das sete dimensões, ou outras questões mais filosóficas. As únicas coisas que podem ser provadas são aquelas que podemos ouvir, sentir, farejar, saborear, tocar ou, o que é mais importante para os seres humanos, ver. E isso só é verdade na medida em que você confia nos seus sentidos. Mas os conceitos parecem se encaixar muito bem, quase bem demais para que isso seja uma coincidência. Eu acho que a maioria, se não todas, as explicações de como o universo funciona acabarão, por fim, convergindo para uma única ideia, composta por parcelas de todas as outras ideias que ela substituiu.

Se tivermos sorte, ela pode até representar a verdade.

James Bechrakis
4 de janeiro de 2000

Apêndice C

Ritual Menor de Banimento do Pentagrama

1. Vá até o quadrante oeste do cômodo e volte-se para o leste.
2. Faça a Cruz Cabalística da seguinte maneira:
   a) Estenda a mão direita para cima, a uns dez centímetros acima da cabeça. Visualize uma esfera de luz branca brilhante.
   b) Baixe a mão até tocar a testa.
   c) Quando tocar a testa, entoe o som "Ah-Teh". (Essa é a palavra ATEH em hebraico, que se pode traduzir aproximadamente por "Vós sois".)
   d) Baixe a mão até o meio do peito.
   e) Entoe o som "Mal-kuth". (Essa é a palavra em hebraico que se pode traduzir por "o reino".) Visualize um raio de luz branca emanando da esfera e penetrando no seu corpo, dando origem a outra esfera aos seus pés.
   f) Toque o ombro direito. Visualize uma esfera de luz ali.
   g) Entoe "Vee-Geh-Bu-Raa". (Essa é a palavra VGBRH em hebraico, que se traduz como "e o poder".)
   h) Agora, com a mesma mão, toque o ombro esquerdo.
   i) Entoe "Vee-Geh-Du-La". (Essa é a palavra VGDLH em hebraico, que se traduz como "a glória".) Visualize um raio de luz emanando da esfera do ombro direito e penetrando no seu corpo para dar origem a outra esfera no ombro esquerdo.
   j) Junte as mãos em concha na altura do peito. Visualize uma chama brotando das suas mãos em concha.
   k) Entoe "Le-Oh-Lahm". (LEOLAM em hebraico, que se traduz como "para sempre".)
   l) Entoe "A-Men". (Essa é a palavra AMEN, que se traduz como "assim seja".)

3. Com os dois primeiros dedos da mão unidos, desenhe no ar à sua frente um pentagrama de fogo azulado, começando na ponta esquerda inferior da estrela e seguindo no sentido horário.
4. Ao terminar, perfure o centro do pentagrama com os dois dedos.
5. Entoe "Yod-He-Vau-He" (YHVH em hebraico – conhecido pela palavra grega Tetragrammaton como o nome de Deus.), imaginando o som esvaecendo no final. Esse pentagrama abrirá uma janela astral que expulsará toda a energia negativa do elemento Ar.
6. Desloque-se no sentido horário, para o sul, com o braço esticado. Trace à sua frente, com os dois primeiros dedos, um quarto de Lua numa chama azul.
7. Trace outro pentagrama da mesma maneira, depois perfure-o no centro e entoe "Ah-Do-Nai-EE". (ADNH, em hebraico, que se traduz aproximadamente como "os senhores grandes e poderosos".) Esse pentagrama expulsa toda a energia negativa do elemento Fogo.
8. Vá para o oeste, visualizando como antes.
9. Desenhe um terceiro pentagrama de luz azul à sua frente. Ao terminar, perfure o pentagrama e entoe "Ey-Hay-Ee-Ay". (EHIH, em hebraico, "Sou o que Sou".) Você está banindo toda a energia negativa da Água.
10. Siga no sentido horário para o norte, visualizando como antes.
11. Trace um quarto pentagrama do mesmo modo, perfure-o e entoe "Ah-Gah-Lah-Aah". (AGLH, em hebraico, que se pode traduzir como "Vós sois grande para sempre, ó Senhor".) Com esse ato você expulsa toda a energia negativa do elemento Terra.
12. Volte para o leste, continuando a visualizar, e complete o círculo. Levando os dois primeiros dedos ao centro do primeiro pentagrama.
13. Estenda os braços para os lados, como se fosse uma cruz.
14. Entoe "À minha frente, RA-FA-EL". Visualize a figura telesmática do arcanjo em suas vestes cintilantes de seda amarela e malva. Uma brisa suave vem desse quadrante.
15. Entoe "Atrás de mim, GA-BRI-EL". Visualize o arcanjo vestido de azul e laranja, segurando um cálice azul e levitando sobre um riacho gorgolejante que se derrama pelo cômodo.
16. Entoe "À minha direita, MI-GUEL". Visualize o arcanjo vestido de um vermelho ígneo salpicado de esmeralda, em pé na terra chamuscada de pequenas labaredas e carregando uma espada de aço. Um calor intenso emana desse quadrante.
17. Entoe "À minha esquerda, U-RI-EL". Visualize as vestes mescladas de verde-oliva, cidra, cor de ferrugem e preto. Ele está de pé em meio a uma paisagem fértil e segura um feixe de trigo ou milho nas mãos estendidas.
18. Entoe "À minha volta flamejam os pentagramas e acima de mim brilha a estrela de seis raios". A estrela é o Selo de Salomão ou a estrela de davi. Visualize o triângulo ascendente (ponta para cima) vermelho e o triângulo descendente azul.
19. Repita o ritual da Cruz Cabalística.

APÊNDICE D

FORMAS-PENSAMENTO NA PRÁTICA

EXERCÍCIO UM

Olhe a figura de um templo grego muito simples. Um conjunto de três círculos concêntricos de mármore formando uma escada de três degraus, sendo o superior o assoalho do templo. Em volta do círculo superior há um anel de pilares finos, também de mármore, que sustentam um teto abobadado. Não há nem portas nem janelas; o templo fica aberto para o tempo. No centro há um altar plano e sobre ele um prato de prata com frutas, bolos de cevada e queijo de cabra. Um jarro de vinho e uma pequena taça de prata completam os acessórios que compõem o templo. Este fica no alto de um despenhadeiro com vista para o Mar Egeu e tem um caminho sinuoso que leva até ele.

A sua tarefa é construir esse templo *com toda atenção aos detalhes*, no espaço de uma semana. Isso feito, construa a forma-pensamento da deusa Deméter e realize um rito em sua homenagem.

EXERCÍCIO DOIS

Construa uma praia de areia sob um céu noturno de Lua nova. Crie a imagem, o som e o aroma do cenário. No horizonte, uma ilhota; toda noite você nada até ela e dedica-se à tarefa de construir um templo da Lua; o seu material será a luz da Lua, conchas, espuma do mar e algas marinhas. Você dará prosseguimento a essa tarefa até uma noite antes da Lua cheia. Nessa noite você criará uma forma-pensamento de Ártemis e, na Lua cheia, invocará a essência da deusa dentro do templo e realizará um ritual de adoração.

Exercício três

Usando protomatéria astral, crie o interior de uma pequena capela de pedra. Atrás do altar, há um vitral com a imagem de três cavaleiros; o primeiro, de armadura prateada, está levantando uma taça de prata; o segundo, de armadura dourada, carrega um escudo preto com a imagem de um trigo dourado; o terceiro veste uma armadura de bronze e ostenta um rosto barbado – ele é o mais velho dos três. O jovem cavaleiro é Galahad, o cavaleiro dourado é Persival e o terceiro é Bors. Todos os três tiveram uma visão do Graal, mas só Galahad de fato tocou-o e foi capaz de usá-lo como recipiente durante a missa. Construa esse vitral com lentidão e cuidado, e com atenção aos detalhes da armadura e às armas.

Não há bancos ou cadeiras na capela, apenas um pequeno oratório diante dos degraus do altar-mor. Homem ou mulher, você se ajoelhará ali e oferecerá o que quer que sentir que deve oferecer, nem que seja apenas uma hora da sua vida exclusivamente para o Senhor da Luz, ou a suprema e ilimitada Dedicação. (Não opte pela última a menos que realmente pretenda fazer isso; a sua opção será levada em conta!) Fique nessa capela pelo tempo que quiser e fixe a atenção no vitral. Uma destas três coisas acontecerá:

- o Graal no vitral reluzirá e irradiará um facho de luz diretamente para o seu centro cardíaco;
- um sacerdote entrará pela lateral da capela e lhe oferecerá a comunhão de um outro cálice;
- Galahad, Persival e Bors se tornarão reais e tridimensionais. Eles descerão do vitral e o cercarão. Juntos, vocês compartilharão o pão e o vinho e depois disso você pode deixar a capela e voltar.

Isso pode ter um efeito profundo sobre você ou fazer com que se sinta meio vazio; nesse caso, destrua a capela e construa tudo novamente até sentir um efeito positivo. Você está lidando com arquétipos aqui, não com sistemas de crença, por isso pode passar por essa experiência mesmo que não seja cristão nem pratique o Cristianismo.

Exercício quatro

Crie uma ponte de vidro sobre um grande abismo. No centro dela, ergue-se um castelo de cristal. No centro do castelo, você encontrará um tesouro. O seu conteúdo depende do que *você* considera um tesouro. Esse tesouro está disfarçado em outra coisa; por isso você precisa procurá-lo, reconhecer a sua verdadeira forma e fazer com que volte ao que era. Só então você poderá cruzar a ponte até o outro lado.

Se o seu palpite sobre o tesouro estiver errado, pode achar que cruzou a ponte, mas vai perceber que voltou ao ponto de onde partiu.

Exercício cinco

Abra a matriz astral e se depare com um espaço ilimitado. Siga adiante até onde achar que pode. Você descobrirá que os seus maiores medos o assaltarão durante esse período. Você pode ter de tentar várias vezes antes de chegar a um ponto além do qual não é capaz de ir. Espere até o ponto de luz aparecer e observe-o até que ele se torne sólido. Ele começará a girar e vibrar e depois irradiará círculos concêntricos de pura vibração, que você sentirá como ondas se chocando contra a sua consciência ou como um som estrondoso de vozes e instrumentos. Você pode ver isso como luz e cor jorrando num espaço ainda imanifesto e criando formas de todos os tipos. Você está aí simplesmente para olhar e passar pela experiência, pois esse é o Ponto da Manifestação.

Você pode repetir esses exercícios com a frequência que quiser, mas sempre os faça nessa ordem.

Apêndice E

A Experiência de Dolores com o Tempo

Há mais de 25 anos, quando a nossa muito amada cadela, Leah, estava viva, eu costumava levá-la todos os dias para passear na praia, em torno das três horas da tarde, nos meses de verão. O trajeto era sempre o mesmo. Saía de casa e virava à esquerda, descia um pouco a rua, atravessava e virava à direita numa ruazinha estreita com uma curva fechada no final. No fim dessa rua havia uma transversal, não muito movimentada, mas o suficiente para que precisássemos andar com cuidado, especialmente com um cachorro na guia. Depois dessa travessa, subindo outra ruazinha estreita, havia um cruzamento muito movimentado que dava num parque. Essa parte do caminho levava, no máximo, dez ou doze minutos.

Nesse dia, em particular, eu comecei a minha caminhada e cheguei à transversal, no alto da curva fechada. Enquanto esperava os carros passarem, o meu senso de tempo e lugar se alterou abruptamente.

Eu me vi, sem a cadela, parada sob o arco de uma ponte de estrada de ferro, que reconheci como a estação de Waterloo, em Londres. Diante de mim havia um mendigo de aparência rude. Os olhos dele, no entanto, eram de um azul brilhante e intenso. Na mão, tinha um envelope de papel artesanal.

"Pegue isto e leia agora. Eu espero."

Eu abri o envelope e descobri ali dentro uma carta escrita numa letra firme e fluente, uma passagem aérea e algum dinheiro – em torno de quinhentas libras, ao que parecia.

A passagem era para Bombaim, na Índia, com conexão para uma cidade de que eu nunca ouvira falar, mas que eu sentia que se localizava muito mais ao norte.

"Você precisa ir agora, imediatamente", disse o mendigo.

Eu protestei, dizendo que não podia partir de repente; eu tinha marido, um emprego (trabalhava meio período) e a Escola do SOL. Ele ficou muito agitado e insistiu para que eu partisse naquele minuto, pois ele cuidaria de tudo. Sem saber como, eu me vi dentro de um trem, que avançava duas vezes mais rápido do que um trem comum, e houve um período de escuridão.

Quando enxerguei novamente, eu estava num movimentado aeroporto, diante de um homem de pele parda, usando um turbante *sikh*, uma seita religiosa hindu.

"A senhora precisa se apressar", ele disse. "Eles já estão esperando há um bom tempo."

Depois as coisas ficaram meio nebulosas; eu me lembro de estar olhando para baixo de dentro de um avião que sobrevoava montanhas nevadas e pensando comigo mesma, "Essa paisagem é a do filme *Horizonte Perdido*. Não é real".

Então surgiu o "lugar"... encravado na encosta de uma montanha e feito de madeira vermelha. Um garotinho vestindo uma túnica preta escoltou-me por uma escadaria, até um quarto que dava para uma cadeia de montanhas de proporções assombrosas. A janela não tinha vidros, era aberta para o tempo. Havia um catre com um colchão de palha e um travesseiro, sobre o qual havia uma manta e uma pele de animal que cheirava muito mal. Também havia uma cadeira e uma mesinha; e sobre ela uma bacia e um jarro. Sobre a cama havia uma túnica vermelha e um cordão, junto com um par de botas de feltro. O menino fez um gesto indicando que eu deveria vestir a túnica, depois desapareceu.

Eu esperei pelo que me pareceram horas e, finalmente, a porta se abriu e um homem entrou. Ele tinha estatura mediana e era obviamente asiático. O rosto era gentil e os olhos bondosos, mas eu ainda me sentia apreensiva. O mais estranho é que me esqueci da minha casa e da minha família nesse ponto.

Ele se sentou e me disse que eu tinha sido levada até ali por um propósito, mas primeiro era necessário que o meu corpo fosse purificado de tudo o que eu tinha trazido com ele. Ele abriu a porta e dois meninos entraram. Um carregava um cálice de madeira junto com um cântaro contendo um líquido escuro; o outro carregava duas bacias e duas tiras de pano esfarrapado. Então eles se foram. O homem pediu que eu bebesse o líquido vagarosamente, ao longo de um período de uma hora. Eu perguntei como saberia quando uma hora tinha se passado, uma vez que todos os meus pertences, inclusive o relógio, tinham sido levados. A minha pergunta ficou sem resposta, e ele se foi.

O líquido do cântaro tinha um gosto repugnante, mas me senti compelida a tomá-lo aos goles. Depois, sem mais nada para fazer, eu me deitei e me cobri com as cobertas. Nunca sentira tanto frio. Era como se eu nunca mais conseguiria me aquecer.

Justamente quando eu estava prestes a cair no sono, o meu estômago se rebelou. Eu corri para a bacia e vomitei não apenas uma, mas várias vezes. O vômito era amarelo e tinha um cheiro horrível. Finalmente parei de vomitar e voltei para a cama trêmula, gelada e me sentindo péssima. Aí foi a vez dos intestinos.

Tive de recorrer à outra bacia e aos panos. O cheiro era ainda pior, mas eu não estava em condições de me importar. Acabei caindo num sono profundo. Quando acordei, as bacias tinham sido removidas do quarto, limpas e repostas no lugar, junto com mais panos e outro jarro com o mesmo líquido. O segundo dia foi como o primeiro; vômitos e diarreia se alternavam até o ponto em que tive certeza de que estava morrendo. Ao raiar do terceiro dia, eu estava fraca demais para ir até as bacias e a minha cama recendia a vômito e fezes. Quando eu estava deitada ali, incapaz de fazer qualquer coisa, até de me mexer, o meu "carcereiro" entrou e, com mãos gentis, começou a me lavar e limpar o quarto. Isso feito, ele despejou mais um pouco do líquido pela minha garganta.

Eu perdi a noção do tempo. Toda a minha existência se resumiu a essa violenta purgação que, embora cada vez menos frequente, ainda era debilitante. E ele estava sempre ali para me lavar e limpar o quarto. Eu já não me sentia tão constrangida; simplesmente deixava acontecer.

Por fim, depois de algum tempo, tudo parou. O meu corpo parecia leve e vazio. O vômito e a evacuação pararam e não me trouxeram mais o líquido, apenas água fresca e um mingau de cereal espesso e adoçado com mel. Ele me dava uma colherzinha de cada vez. Trouxeram-me chinelos e uma túnica leve de algodão e fui levada para outro quarto, maior e com uma pequena fornalha de onde vinha um calor reconfortante. Agora, pelo menos, pude dormir durante algumas horas. Foi um sono sem sonhos, mas em que eu estava consciente de que uma voz falava comigo, passando-me informações.

A cama não era mais do que uma plataforma com travesseiros estofados de palha. Por trás dela havia uma tapeçaria que tomava quase toda a parede, estampada com figuras vermelhas e douradas bordadas, a maioria com cabeça de serpente ou cabeça humana e corpo de serpente. Eu acordei me sentindo revigorada, mas sabia que ainda havia muito mais a ser feito. Eu me sentia muito apreensiva. O meu acompanhante veio e sentou-se ao meu lado. Ele não falou, só segurou a minha mão até eu me acalmar. Então ficou de pé e tirou a túnica. Não me surpreendi ao ver que o seu membro estava ereto. Levou-me até a plataforma e se sentou, instando-me gentilmente a me sentar sobre ele. Não havia nenhum erotismo nesse gesto, apenas uma tarefa que precisava ser cumprida, um rito a realizar.

A carne rígida dentro de mim não se moveu, mas o poder e a força da sua virilidade eram uma chama que começava no cóccix e subia, até incendiar toda a coluna. Ela subia lentamente, e a cada vértebra que alcançava outra parte da minha consciência se abria. Por fim, chegou ao topo da minha cabeça, e uma labareda de fogo fulgurou e desapareceu. Ele me ergueu gentilmente e instou-me a deitar e dormir. Foi embora e nunca mais o vi.

Os meninos vieram com as roupas e levaram-me até o portal. Eu olhei para trás, mas não havia mais nada para ver. Atravessei o portal e me vi atravessando a rua que dava no parque, a coleira de Leah ainda na mão. Eu "sabia" que tinha me ausentado durante pelo menos duas semanas, mas que na verdade se passaram entre seis ou sete minutos, o tempo necessário para que o meu corpo físico caminhasse do cruzamento até o parque. Eu nunca mais passei por algo nem remotamente parecido com aquilo. Sei que a aparência era a de um ritual do kundalini, mas por que passei por ele não sei. Herbie e o meu marido Michael são as únicas pessoas com quem já conversei sobre o assunto. As "formas", do começo ao fim, eram sólidas e tocáveis, mas não feitas por mim. Eu tinha 45 anos na época, um número que, somado, dá nove, o número da conclusão que antecede uma nova fase. Pouco tempo depois, no entanto, recebi o "contato" do plano interior, que está comigo até hoje.

Apêndice F

A Criação de um Golem com o *Sefer Yetzirah*

No Talmude babilônico está escrito que os rabinos do século IV usavam o livro secreto *Sefer Yetzirah* para criar vida:

> Raba disse: Se for do seu agrado, os justos podem criar um mundo, pois está dito: "Pois os seus pecados separam [você de Deus]." Raba criou um homem e enviou-o para o Rav Zeira; quando viu o homem, Rav Zeira falou com ele, mas não obteve resposta; então disse: "Vejo que você foi criado por um dos nossos colegas (outra tradução possível seria: 'pelos magos'); volte ao pó!" Os inexperientes Chanina e Oshaaya estudaram o *Sefer Yetzirah*, o "Livro da Formação" (ou em outra versão, *Hilchoch Yetzirah*, "Regras de Formação") na véspera de todo *Shabat* (noite de sexta-feira) e criaram um bezerro e se alimentaram dele. (Sinédrio 65 b)

O famoso cabalista Abraham Abulafia (1240-1296) zombava daqueles que queriam criar bezerros com o *Sefer Yetzirah* e dizia, "Aqueles que tentam fazer isso são eles próprios uns bezerros". Um cabalista espanhol de nome desconhecido escreveu que o uso do *Sefer Yetzirah* não cria uma manifestação sobre a terra, mas uma "forma-pensamento" (*Yetzirah machshavtit*). Moses Cordobero escreveu (1548) que o poder que dá vida ao Golem é Chichut, "vitalidade", e pertence às forças elementais. A ideia de que as letras têm poder criativo já era conhecida nos tempos antigos.

> Betzael (o construtor do templo) sabia "combinar as letras com que o céu e a terra haviam sido criados". (Talmud babilônico, Brachot 55 a).

O ser vivo criado por meio do *Sefer Yetzirah* é chamado Golem. A palavra hebraica "Golem" só aparece uma vez na Bíblia (Salmos 139:16). A raiz dessa palavra indica algo "não desenvolvido" ou "não desdobrado". Na literatura medieval filosófica, a palavra "Golem" era usada para descrever a matéria original informe, a *materia prima*. Em outras palavras, estamos falando da matéria do Plano Astral. Em tempos mais recentes, a figura do Golem foi muitas vezes tema da literatura; por exemplo, o famoso romance de Gustav Mayrink, *O Golem*.

O ritual de criação de um Golem baseia-se numa antiga descrição feita pelo rabino Elieser de Worms (1160-1237) como parte do seu comentário ao *Sefer Yetzirah*. Eu também extraí o início e o término do rito do *Sefer Yetzirah*. Muitas passagens podem ser entendidas como descrições da criação de Deus (por exemplo, "Ele selou a superior...") ou como uma instrução ("Sele a superior..."). O autor diz que a pessoa deve selar as direções com as letras do NOME. Essas combinações têm muitas variações. Eu uso aquelas da versão mais curta, que pode ser a mais antiga. Segundo se supõe, cada um dos selos pertence a uma das seis sefirot inferiores.

Para os antigos cabalistas, era sempre importante que esse tipo de ritual não resultasse em arrogância ou blasfêmia no gênero humano. Por isso salientavam que o Golem não podia falar, pois ele não tinha Ruach (isto é, "alma mental"). Outros consideravam fundamental que o Golem fosse destruído imediatamente depois da sua criação. No ritual descrito a seguir, eu tomei o cuidado de seguir essa regra.

Os atributos dos arcanjos sofreram algumas modificações ao longo das eras. Miguel e Gabriel, por exemplo, antes regiam outros elementos. O mesmo vale para as direções a que pertenciam alguns dos arcanjos. Eu optei pelo esquema que os estudantes de hoje costumam conhecer melhor, pois considero a cabala uma tradição viva, e não um sistema rígido e morto.

Pronúncia

Tentei transliterar as palavras hebraicas de modo a facilitar tanto quanto possível a sua pronúncia correta. A letra *Chet* e às vezes a *Chaf* são transliteradas como "*Ch*". Transliterei a letra *Tet* como "Th", para diferenciá-la da letra *Tav*. No entanto, ambas podem ser pronunciadas como "T".

Glossário

A palavra *belimah* descreve as dez sefirot como a essência divina e imanifesta.

Nefesh é a alma emocional ou astral.

Ruach é a alma mental.

Shechinah é o aspecto feminino de Deus. Ela é considerada a presença divina no mundo, especialmente no templo.

INTRODUÇÃO

O ritual foi escrito para três oficiantes, mas pode ser realizado por dois, se um deles se encarregar das falas do terceiro. (Como dizem as antigas escrituras, ele deve ser realizado com duas ou três pessoas. Sugiro que o Mago seja um homem e o segundo oficiante seja uma mulher.) Contudo, acho possível realizar este ritual com um grupo maior. Gosto da ideia de 22 participantes dando apoio, cada um dos quais representando uma das 22 letras hebraicas. Como a parte principal do ritual é composta de cânticos e meditações orientadas, é muito fácil incluir alguns apoios.

Todos devem vestir túnicas. Sobre o altar, é necessário ter água benta – em quantidade suficiente para purificar a todos. Em frente ao altar, deve estar uma figura em argila ou lama do Golem, para facilitar a construção da forma-pensamento posteriormente. "E ele deverá providenciar terra virgem de um lugar nas montanhas, onde nenhum ser humano jamais tenha cavado, e delimitar o terreno com água da vida e fazer o Golem." A figura do Golem deve ser purificada com água benta.

A ABERTURA

Mago: Olhando para cima, ele desenha no ar o hexagrama de invocação ou abertura, depois perfura com o dedo a parte central, dizendo:

Pelo selo da estrela de seis pontas e em nome de
Iud Hei Vav
Eu abro a superior.

Então o mago olha para baixo, desenha no ar o hexagrama de invocação, depois o perfura no centro, dizendo:

Pelo selo da estrela de seis pontas e em nome de
Iud Vav Hei
Eu abro a inferior.

Depois o mago se volta para o leste, desenha no ar o hexagrama de invocação, depois o perfura no centro, dizendo:

Pelo selo da estrela de seis pontas e em nome de
Hei Iud Vav
Eu abro o leste.

Depois o mago se volta para o oeste, desenha no ar o hexagrama de invocação, depois o perfura no centro, dizendo:

Pelo selo da estrela de seis pontas e em nome de
Hei Vav Iud
Eu abro o oeste.

Depois o mago se volta para o sul, desenha no ar o hexagrama de invocação, depois o perfura no centro, dizendo:

Pelo selo da estrela de seis pontas e em nome de
Vav Iud Hei
Eu abro o sul.

Depois o mago se volta para o norte, desenha no ar o hexagrama de invocação, depois o perfura no centro, dizendo:

Pelo selo da estrela de seis pontas e em nome de
Vav Hei Iud
Eu abro o norte.

Eu defini a ordem das aberturas com base no próprio *Sefer Yetzirah*. Foi por isso que iniciei com a abertura da direção superior. Esse procedimento é, na verdade, incomum, pois eu normalmente começaria no leste. Decidi usar o hexagrama porque toda abertura é sêxtupla e existem seis permutações do nome divino de três letras.

A invocação dos arcanjos

2º Oficiante: Olha para cima e diz:

Eu te invoco e te dou as boas-vindas,
Metatron,
Mestre dos Mistérios.
Tu és chamado de príncipe da face,
O mais elevado e próximo de Deus.
Compreendamos e experimentemos o mistério da criação.

Então olha para baixo e diz:

Eu te invoco e te dou as boas-vindas
Sandalfon,
Guardião do conhecimento secreto.
Tu és o servo de Shechinah,
Tomemos consciência da

Divindade interior.

Em seguida olha para o leste e diz:

Eu te invoco e te dou as boas-vindas
Rafael,
Tu és o mestre do elemento ar.
Faz nossas palavras poderosas.
Confere à nossa obra o sopro da vida,
Pois toda vida precisa de ar para respirar.

Depois olha para o oeste e diz:

Eu te invoco e te dou as boas-vindas
Gabriel,
Tu és o mestre do elemento água.
Confere à nossa obra a água da vida,
Pois a água é o elemento da vida,
E do mar vem toda a vida deste planeta.

Agora olha para o sul e diz:

Eu te invoco e te dou as boas-vindas
Miguel,
Tu és o mestre do elemento fogo.
Confere à nossa obra o poder da vida,
Pois toda vida precisa de calor e energia para existir.

Agora olha para o norte e diz:

Eu te invoco e te dou as boas-vindas
Uriel,
Tu és o mestre do elemento terra.
Confere à nossa obra o poder da forma,
Pois sem forma não há manifestação.

Mago: Vai até o altar, estende os braços e diz:

Yah
Iud Hei Vav Hei
Tzevaot
Elohê Yisrael
Elohim chayim
U´melech olam

El shaddai
Rachum ve'chanun
Ram ve'nisah
Shochen ad marom
Ve'kadosh shemcha
Enche este lugar santo com a tua presença divina.
Abençoa-nos e inspira-nos,
Para que a nossa obra seja bem-sucedida.

Todos: Fazem a cruz cabalística.

atah
malchut
ve-geburah
ve-gedulah
le-olam
amen.

Mago:

Em nome do Criador do universo
e sob a proteção dele,
eu declaro este templo dos mistérios aberto.
A intenção do ritual é
criar uma criatura viva de substância inanimada,
para compreender o mistério da criação
e o poder criativo dentro de nós.

A criação do Golem

O fragmento em que este ritual se baseia se inicia com o debate sobre a razão por que uma pessoa não pode realizá-lo sozinha. Muito embora não acredite que esse debate faça de fato parte do ritual original, eu o incluí para que todos compreendam e recordem a lei da polaridade, a divindade interior e o poder das palavras.

Mago: *Bereshit bara Elohim et hashamaim ve'et ha'aretz.* (Gênesis.1)

2º Oficiante: *No princípio, Elohim criou os céus e a terra.*

3º Oficiante: *Por que "bereshit" começa com a letra Bet?*

Mago: *Porque o número da letra Bet é dois.*

2º Oficiante: *Essa é a lei da polaridade.*

3º Oficiante: *E por isso se escreve: Melhor é serem dois do que um.* (Eclesiastes 4:9)

Mago: *Vayomer Elohim naasseh adam betzalmenu kid'muteinu.* (Gênesis 1:26)

2º Oficiante: *Também disse Elohim: Façamos o homem à nossa imagem, conforme a nossa semelhança.*

3º Oficiante: *Quem são esses que falam?*

Mago: *São Deus...*

2º Oficiante: *...e a Shechinah.*

3º Oficiante: *A obra da criação não pode ser empreendida em solidão.*

Mago: *Colegas, vocês me assistirão neste trabalho que temos diante de nós?*

2º Oficiante: *Eu assistirei.*

3º Oficiante: *Eu assistirei.*

Mago: *Foi dito que, se quiserem, os justos podem criar um mundo. E está escrito: kedoshim tiheyu ki kadosh ani Adonai eloheichem.* (Levítico 19:2)

2º Oficiante: *Santos sereis, porque Eu, o Senhor, vosso Deus, sou santo.*

3º Oficiante: *Mas como podemos ser tão santos quanto Deus?*

Mago: *Podemos ser santos porque fomos feitos à sua imagem, à sua semelhança.*

2º Oficiante: *Somos filhos do criador e o criador está dentro de nós.*

3º Oficiante: *Como o Elohim criou a vida?*

Mago: *Elohim criou a vida com o poder das palavras. Como está escrito: vayomer elohim totzeh haaretz nefesh chayah leminah behemah varemes, vechayto'aretz lemineh vayehi'chen.* (Gênesis 1:24)

2º Oficiante: *Disse também Deus: Produza a terra seres viventes, conforme a sua espécie; animais domésticos, répteis e animais selváticos, segundo a sua espécie. E assim se fez.*

3º Oficiante: *Iniciemos.*

Mago: *Primeiro temos de nos purificar.*

2º Oficiante: *Dez sefirot blimah, o número dos dez dedos, cinco contra cinco, com um pacto precisamente no meio, como a palavra da língua e a palavra dos genitais.*

3º Oficiante: *Dez sefirot blimah, entenda com sabedoria, e seja sábio no seu entendimento. Teste com elas e investigue com elas e faça a coisa se manter em sua pureza.*

2º Oficiante: Volta-se para todos e lhes purifica as mãos e a fronte com água benta, dizendo a cada um:

Dez sefirot blimah
Cinco contra cinco (tocando as mãos),
Com um pacto precisamente no meio
(tocando a fronte)
Estás purificado.

Mago: (Depois da purificação de todos.) *Colegas, agora vejam com a sua visão interior o corpo do Golem deitado diante de vocês. Vejam e sintam a cor cinza e a solidez do corpo feito de argila fria. Olhem a forma e a expressão do rosto. Notem a posição dos braços e das pernas. Olhem o peito acinzentado. Notem todos os detalhes do corpo. Construam a forma astral desse corpo com o poder da mente.*

(Dê a eles algum tempo para construírem a forma-pensamento.)

Mago: *Vinte e duas letras, os fundamentos, três mães.*

2º Oficiante: *Sete duplas.*

3º Oficiante: *E doze simples.*

Mago: *Dê-lhes forma, peso; misture-as e transforme-as! E forme com elas o Nefesh de tudo que é para criar ou o será.*

2º Oficiante: *Elas estão dispostas num círculo com 231 portas. E o círculo gira para a frente e para trás.*

3º Oficiante: *Como?*

Mago: *Pese-as e mude-as!*

2º Oficiante: *Alef com cada uma delas e cada uma delas com Alef.*

3º Oficiante: *Bet com cada uma delas e cada uma delas com Bet.*

Mago: *Forme substância do imanifesto e faça aquele que não é!*

2º Oficiante: *Visualize e altere, e faça tudo o que já se formou e tudo o que já foi dito.*

3º Oficiante: *Com o nome!*

(Texto extraído e adaptado do *Sefer Yetzirah*, capítulo 2.)

Todos: Todos ficam em círculo em torno do Golem. Se possível, de mãos dadas. Então o grupo entoa as letras do nome divino combinadas com o alfabeto. As 231 portas são combinações de duas letras, Alef-Bet, Alef-Guimel, Alef-Dalet... Alef-Tav, Bet-Guimel, Bet-Dalet... Shin-Tav. Essas 231 portas são combinadas com as letras do Tetragrammaton. Para manter a ideia do ritual original, embora simplificada, eu me baseei no nome Iud Hei Vav, que identifico como as três vogais I, A e O, como a transliteração grega. Portanto, na forma mais simples possível, toda porta é pronunciada i-i; a-a; o-o. Note que Alef e Ain não têm som. Entre as sete "letras duplas", Bet, Kaf e Pei têm um som duro e um som suave. A primeira sílaba (B, K, P) é dura e a segunda (V, Ch, F) é suave. Portanto, a primeira porta (Alef-Bet) seria entoada da seguinte maneira: i-vi, a-va, o-vo. A segunda porta (Alef-Guimel) ficaria assim: i-gui, a-ga, o-go. A vigésima segunda porta (Bet-Guimel) entoa-se: bi-gui, ba-ga, bo-go. Leva-se, no máximo, de dez a quinze minutos para entoar todas as 231 portas. Isso se aproxima muito da ideia original, que, em algumas descrições, inclui todas as combinações de cinco vogais, o que significa 25 em vez de três combinações para cada porta. Até para especialistas isso exigiria mais de uma hora, talvez duas – e existem métodos que são ainda mais complicados. Como a coisa toda precisa ser feita de trás para a frente (como descrito posteriormente), seria um ritual de muitas horas. No entanto, alguns dizem que é bem improvável que ele fosse praticado dessa maneira. Eu francamente não sei, mas acho que duas vezes de dez a quinze minutos é uma boa opção. Sei que os cânticos não são nada fáceis de início, mas quero manter a atmosfera original. Não acho que possa reduzir ainda mais. No entanto, como o ritual original destinava-se apenas aos mestres da Cabala, espero que todos que façam parte dele conheçam o alfabeto hebraico e pratiquem os cânticos antecipadamente, além de meditar um pouco sobre o significado das letras. Também pode ser bom escrever as 22 letras em círculo e ligar uma letra à outra. Faça isso para usar nos cânticos e você entenderá muito melhor o significado das 231 portas. Durante os cânticos, será usada uma espécie de passo de dança, de modo que, depois de cada porta, todos devem dar um passo no sentido horário. Segundo a tradição, será preciso recomeçar tudo de novo se um erro for cometido. Eu acho que não é preciso recomeçar se ao menos uma pessoa entoar o cântico corretamente. Isso significa que, como é improvável que todos cometam o mesmo erro, é muito improvável que seja preciso recomeçar. Se isso acontecer, no entanto, eu acho que não há problema nenhum em repetir apenas a porta errada. Durante o cântico de cada porta, todos devem visualizar um raio de luz para cada uma delas, que preencha a forma astral do Golem com o poder criativo da letra dessa porta. É muito importante sentir que o Golem está sendo preenchido com esse poder a cada porta.

Mago: Depois da última porta (Shin-Tav), o mago vai até o Golem e escreve na testa dele (ou num papel sobre a testa do Golem) a palavra *emet*, que significa "verdade" e diz:

Eu escrevo na sua fronte
a palavra "emet",
o selo do sagrado, abençoado seja, o criador do universo.
Pelo poder do criador dentro de cada um de nós,
eu lhe dou a vida.
Que o poder da vida preencha o seu corpo,
que você viva entre nós por um curto período
para a glória eterna
do único criador.

(Todos se sentam.)

Colegas, fechem os olhos agora e enxerguem com a visão interior. Vejam o Golem deitado diante de vocês. Vejam e sintam a cor cinza e a solidez do corpo feito de barro frio. Contemplem a forma e a expressão do seu rosto, ainda rígido e sem emoção. Notem a posição dos braços e das pernas. Olhem o peito acinzentado. Reparem em todos os deta-

lhes do corpo e agora sintam a energia vital que vocês concederam a este corpo frio irradiando calor de dentro dele. O calor se espalha cada vez mais pelo corpo. A superfície rígida aos poucos fica mais macia e a cor cinza vai se tornando cor da pele. Das suas mãos e pés crescem pequenas unhas e cabelo começa a crescer até atingir alguns centímetros de comprimento. Sintam e vejam o poder vital fluindo pelo corpo. De maneira quase imperceptível você ouve um som baixo, mas regular. Parece uma batida, que vai ficando mais alta, e vocês percebem que se trata das batidas do coração dele. Vocês ouvem o ritmo cardíaco e veem o seu peito subindo e descendo. Notam o barulho do ar entrando e saindo das narinas. E estão testemunhando o seu primeiro sopro de vida. O peito sobe e desce enquanto ele continua a respirar. Os dedos se mexem lentamente, como se não estivessem acostumados ao movimento. Os braços e pernas movem-se um pouco, como se ainda estivessem em processo de despertar. Aos poucos os olhos se abrem. Então ele levanta o tronco e fica em pé. Ele está vivo – vocês deram vida a essa criatura. Vocês são os criadores, seus pais e mestres. Ele se volta e olha nos olhos de todos. Não pode falar, porque não tem uma Ruach, mas tem uma Nefesh e portanto tem emoções. Nos olhos dele vocês podem ver um sentimento de profunda gratidão pelo pouco tempo que lhe concederam a maravilhosa dádiva da vida. Pois até mesmo um breve momento de vida é uma experiência que não será esquecida. Ele sorri quando olha nos olhos de vocês. E vocês sentem que o coração dele está repleto de alegria de viver. Nenhuma palavra pode descrever os sentimentos compartilhados entre vocês e ele; é como um outro tipo de paternidade. (Pequena pausa.) Quando acabar de contemplar cada um nos olhos, ele se volta para o centro e então ouve o que digo para ele:

Criatura feita de terra,
formada pelo poder da mente,
a você foi concedida a vida, pelo poder criativo do santo nome
e das 22 letras sagradas.
Nós o abençoamos.
Está escrito: Tudo tem o seu tempo determinado, e há tempo para todo propósito debaixo do céu:
há tempo de nascer e tempo de morrer. (Eclesiastes 3:1-2)
O seu tempo entre nós terminou e você tem de nos deixar agora.
Você levará com você a lembrança da alma que um dia teve.
E ela será absorvida pelo seu próprio mundo em benefício do seu
tipo de existência.
Deite-se, volte ao seu lugar!
Colegas, o Golem está deitando em seu lugar;
digamos adeus.
Sabemos que o que foi feito pode ser refeito!
O criador está sempre dentro de nós.
Criatura feita de terra,
Eu apago da sua fronte
A letra "Alef", a letra que inicia o alfabeto.
E onde estava escrita a palavra "emet"
agora só resta "met" – "ele está morto".

Em nome do criador dentro de todos nós,
eu tomo de volta a vida que lhe foi concedida.
Que o poder da vida volte para o lugar de onde veio.
Da terra você foi feito e para a terra voltará,
mas você guardará com você a lembrança do que foi um dia.

(O mago apaga a letra "Alef" da testa do Golem.)

Vocês observam o Golem fechando os olhos. Os braços e pernas ficam rígidos, e o movimento do peito é irregular; depois de alguns instantes, ele cessa completamente. As batidas do coração vão ficando menos audíveis, até que desaparecem. A expressão do rosto se enrijece novamente. O cabelo e as unhas ficam acinzentados. A cor da pele vai adquirindo outra vez o tom acinzentado. A superfície do corpo muda e se transforma na estrutura rígida e sem vida de argila seca. O seu corpo fica frio outra vez. Veja e sinta o poder da vida se recolhendo para o centro do corpo do Golem. O corpo dele está deitado na frente de vocês, sem nenhuma emoção ou sinal de vida. Quando vocês abrem os olhos, ainda veem a forma-pensamento do corpo do Golem diante de vocês.

Mago: *Agora o círculo tem de girar para trás novamente. Tomem de volta o que foi dado e absorvam o poder da vida, que agora está pleno da experiência do mistério da criação.*

Todos: Todos ficam em círculo em torno do Golem. Se possível, de mãos dadas. Então entoam as letras do nome divino combinadas com o alfabeto. Desta vez as 231 portas são mencionadas de trás para a frente. A ordem das vogais também se inverte: o-o; a-a; i-i. O grupo então começa com a última porta (Shin-Tav), que poderia ser entoada da seguinte forma: SHo-To, SHa-Ta; SHi-Ti. Depois vem Reish-Tav, então Reish-Shin e assim por diante, até a última, Alef-Bet. Mais uma vez, o passo de dança será usado, mas desta vez em sentido anti-horário. Durante o cântico de cada porta, todos devem visualizar um raio de luz para cada uma delas. Agora é retirado da forma astral do Golem o que lhe foi concedido. Mas o poder da vida que volta vem com a experiência do mistério da criação. Portanto, o que todos recebem de volta é muito mais do que deram. Mais uma vez, é importante sentir esse poder voltando, a cada porta.

(Pequena pausa.)

Mago: *O trabalho está concluído. Agora vamos agradecer aos nossos amigos, os arcanjos.*

Agradecimento e dispensa dos arcanjos

2º Oficiante: Olha para cima e diz:

Nós te agradecemos e te abençoamos,
Metatron.
Retorna ao teu lugar ao lado de Deus.

Então olha para baixo e diz:

Nós te agradecemos e te abençoamos,
Sandalfon.
Retorna ao teu lugar no templo secreto de Shechinah.

Então se volta para o leste e diz:

Nós te agradecemos e te abençoamos,
Rafael.
Retorna ao teu lugar no céu.

Agora se volta para o oeste e diz:

Nós te agradecemos e te abençoamos,
Gabriel.
Retorna ao teu lugar nas águas do mundo superior.

Em seguida se volta para o sul e diz:

Nós te agradecemos e te abençoamos,
Miguel.
Retorna ao teu lugar no portal do paraíso.

Então se volta para o norte e diz:

Nós te agradecemos e te abençoamos,
Uriel.
Retorna ao teu lugar no jardim do Senhor.

O FECHAMENTO

Mago: Olha para cima e desenha no ar um hexagrama de fechamento, depois o perfura no centro e diz:

Pelo selo da estrela de seis pontas e em nome de
Iud Hei Vav
Eu fecho a superior.

Então o mago olha para baixo, desenha no ar o hexagrama de fechamento, depois o perfura no centro, dizendo:

Pelo selo da estrela de seis pontas e em nome de
Iud Vav Hei
Eu fecho a inferior.

Depois o mago se volta para o leste, desenha no ar o hexagrama de fechamento, depois o perfura no centro, dizendo:

Pelo selo da estrela de seis pontas e em nome de
Hei Iud Vav
Eu fecho o leste.

Depois o mago se volta para o oeste, desenha no ar o hexagrama de fechamento, depois o perfura do centro, dizendo:

Pelo selo da estrela de seis pontas e em nome de
Hei Vav Iud
Eu fecho o oeste.

Depois o mago se volta para o sul, desenha no ar o hexagrama de fechamento, depois o perfura do centro, dizendo:

Pelo selo da estrela de seis pontas e em nome de
Vav Iud Hei
Eu fecho o sul.

Depois o mago se volta para o norte, desenha no ar o hexagrama de fechamento, depois o perfura do centro, dizendo:

Pelo selo da estrela de seis pontas e em nome de
Vav Hei Iud
Eu fecho o norte.

Mago: Volta à sua posição e fica diante do altar:

Em nome do criador do universo
Eu declaro este templo dos mistérios fechado
E o ritual concluído.

SALOMO BAAL-SHEM (STEFAN FIEBIG)

Apêndice G

Exercícios de Ingresso no Plano Astral

A seguir, são apresentados três exercícios que proporcionam caminhos para o astral que não são encontrados quando trabalhamos no formato costumeiro.

1. Este caminho o levará ao astral "interior" e abrirá os domínios da memória astral. Isso significa que você poderá invocar e recriar imagens em vez de construí-las. No entanto, isso só funcionará com imagens de objetos que já existiram alguma vez no passado.
2. Este caminho levará você ao nível superior do astral, a um "portal" para o nível mental e, se você aguentar a pressão, ao nível espiritual/angélico inferior.
3. O caminho "Das quatro vias" levará você aos reinos elementais da terra, da água, do fogo e do ar, respectivamente.

Exercício um

Comece como uma cortina de névoa branca que se abre diretamente para o nível astral. Lembre-se, conforme descrevi, que pisar nesse cenário todo branco é como pisar na neve. Comece a caminhar e invocar a sensação suave e levemente ondulante sob os seus pés. Esses níveis sutis são ilimitados, portanto você pode continuar andando o quanto quiser. Enquanto anda, comece a mergulhar mais fundo na matriz astral a cada passo. Não há nada que temer – basta continuar andando e mergulhando cada vez mais profundamente até que ela se feche sobre a sua cabeça (lembre-se de que você também está no corpo astral neste momento). Você se afundará com a matriz e se tornará parte dela, embora continue com a sua inteligência e capacidades humanas.

Você pode parar de avançar neste ponto e descansar na protomatéria à sua volta. Conjure o que quer ver ou ouvir ou saber e as imagens ou sons se manifestarão em forma de pensamentos ou sons. As imagens não serão claras a princípio, mas parecerão como num sonho e muitas vezes enevoadas, mas se você perseverar logo conseguirá ver imagens diretamente no seu centro visual interior. Você pode continuar com um propósito bem definido ou simplesmente vagar a esmo.

Exercício dois

Siga a mesma rota inicial para o astral e acumule "matéria" suficiente para criar uma escadaria em caracol que desapareça na vastidão branca. Suba a escada e, à medida que sobe, repare que as cores do arco-íris começam a se infiltrar pela brancura imaculada. Logo as cores predominarão e você saberá que entrou no mundo mental. Também notará pequenas sombras e formas coloridas que mudam de aparência enquanto passam flutuando. Trata-se de formas-pensamento humanas do nível físico. A maioria são apenas pensamentos errantes, mas o de cores mais sólidas são definidos e cheios de propósito. As formas também lhe dão uma ideia do teor do pensamento, mas *não* revelam quem está pensando.

Você pode criar outra escada e continuar subindo em direção a outro nível mais alto e avançar até onde se acha capaz. Isso o levará até um nível composto principalmente por pontos parecidos com estrelas, mas que na verdade são seres angelicais. São seres de formas, tamanhos e cores variadas, alguns cuja forma difusa você mal consegue ver direito. Se começar a se sentir tonto e desorientado, volte imediatamente.

Exercício três

Use o mesmo ponto de entrada, mas pare e se volte para qualquer direção. Na verdade, aqui todas as direções são iguais, pois não existe ponto de referência no espaço, interior ou exterior. Espere calmamente e invoque o Rei de um elemento em particular. Logo você começará a ver uma mudança na vastidão branca e uma cor começará a aparecer. Essas cores serão as que você associa a certos elementos. Por exemplo, o dourado pálido pode significar o dourado do milho maduro e ser a sua cor para o elemento terra; ou você pode preferir o verde pálido da primavera. O verde-água ou o azul podem ser as suas cores para o elemento água e o vermelho vibrante, a sua cor para o elemento fogo. Um azul ou rosa profundos podem ser a sua opção para o elemento ar. Lembre-se, esse é o *seu* reino astral.

Herbie e eu tivemos imenso prazer em tê-lo conosco e esperamos que você tenha gostado do conteúdo deste livro. Vemos você por aí, no astral!

Referências

Adler, Alfred. *Practice and Theory of Individual Psychology.* Londres: Routledge, 1929.

Alexander, H. B., org. *The Mythology of All Races* (12 volumes). Nova York: Cooper Square, 1964.

Barr, Murray L. *The Human Nervous System.* Nova York: Harper & Row, 1974.

Baskin, Wade. *Dictionary of Satanism.* Londres: Peter Owen, 1972.

Batcheldor, K. J. "Report on a Case of Table Levitation and Associated Phenomena." *Journal of the Society for Psychical Research.* Vol. 43, 1966.

Beck, Brenda E. F. "The Right-Left Division of South Indian Society."

Bentov, Itzhak. *Stalking the Wild Pendulum.* Londres: Wildwood House, 1978.

Bettley, F. R. Letter *in British Medical Journal.* Vol. 2, 1952.

Bowers, K. S. "Sex and Susceptibility as Moderator Variables in the Relationship of Creativity and Hypnotic Susceptibility". *Journal of Abnormal Psychology.* Vol. 78, 1971.

Breuil, Henri e Raymond Lantier. *The Men of the Old Stone Age.* Londres: Harrap, 1965.

Broad, C. D. *Lectures on Psychical Research.* Londres: Routledge, 1962.

Brookes-Smith, C. e D. W. Hunt. "Some Experiments in Psychokinesis." *Journal of the Society for Psychical Research.* Vol. 45, 1970.

Burt, Cyril. *The Backward Child.* Londres: University of London Press, 1937.

Cade, C. Maxwell e Nona Coxhead. *The Awakened Mind.* Londres: Wildwood House, 1979.

Chelhod, J. "A Contribution to the Problem of the Pre-eminence of the Right."

Clark, Margaret. *Teaching Left-Handed Children*. Londres: University of London Press, 1959.

Clarke, Arthur C. *Childhood's End*. Londres: Pan, 1954.

______. *Report on Planet Three and Other Speculations*. Londres: Corgi, 1975.

Clements, Michele. "What a Fetus Hears an Adult Remembers." *General Practitioner.* 13 de Abril, 1979.

Cooper, S., M. Riklan e R. S. Snider. "'The Effect of Cerebellar Lesions on Emotional Behavior in the Rhesus Monkey." *The Cerebellum, Epilepsy, and Behavior.* Nova York: Plenum Press, 1972.

Cramer, Marc. *The Devil Within*. Londres: W. H. Allen, 1979.

Crick, Francis e Graeme Mitchison. "The Function of Dream Sleep." *Nature*. Vol. 2. Julho, 1983.

Crowcroft, Andrew. *The Psychotic*. Harmondsworth: Penguin, 1975.

De Felitta, Frank. *The Entity*. Londres: Collins, 1979.

Dominian J. *Psychiatry and the Christian*. Londres: Burns & Oates, 1962.

Dow, R. S. e G. Moruzzi. *The Physiology and Pathology of the Cerebellum*. Minneapolis: University of Minnesota Press, 1958.

Durbin, Henry. "A Narrative of Some Extraordinary Things that Happened to Mr. Richard Gile's Children." (Bristol 1800): citado em A. R. G. Owen.

Ellman, Richard. *Yeats: the Man and the Masks*. Oxford: Oxford University Press, 1979.

Evans-Pritchard, E. E. *Nuer Religion*. Oxford: Oxford University Press, 1956.

Faron, Louis C. "Symbolic Values and the Integration of Society among the Mapuche of Chile." *In* Rodney Needham.

Fitzgerald, Randy. "Messages: the Case History of a Contactee." *Second Look*. Outubro, 1979.

Fox, James J. "On Bad Death and the Left Hand." *In* Rodney Needham.

Frankel, F. H., and H. S. Zamansky, orgs. *Hypnosis at Its Bicentennial*. Nova York: Plenum Press, 1978.

Freud, Sigmund. *Introductory Lectures on Psychoanalysis, Standard Works*. Vols. 15 e 16. Londres: Hogarth, 1963.

______. *The Interpretation of Dreams, Standard Works*. Vol. 4. Londres: Hogarth, 1958.

______. *The Psychopathology of Everyday Life, Standard Works*. Vol. 6. Londres: Hogarth, 1960.

Gardner, W. J. *et al.* "Residual Function Following Hemispherectomy for Tumour and Infantile Hemiplegia." *Brain*. Vol. 78, 1955.

Gazzaniga, M. S. *The Bisected Brain*. Nova York: Meredith Corporation, 1970.

Gibson, H. B. *Hypnosis*. Londres: Peter Owen, 1977.

Glaskin, G. M. *Windows of the Mind.* Londres: Wildwood House, 1975.

Goldsmith, L. E. e J. Moor-Jankowski. *Medical Primatology.* Nova York: Karger, 1971.

Gooch, Stan. "Left-handedness." *New Scientist.* 22 de Julho, 1982.

______. *The Secret Life of Humans.* Londres: Dent, 1981.

______. *The Double Helix of the Mind.* Londres: Wildwood House, 1980.

______. "Right Brain, Left Brain." *New Scientist.* 11 de Setembro, 1980.

______. *Guardians of the Ancient Wisdom.* Londres: Wildwood House, 1979.

______.. *The Paranormal.* Londres: Wildwood House, 1978.

______.. *The Neanderthal Question.* Londres: Wildwood House, 1977.

______. *Personality and Evolution.* Londres: Wildwood House, 1973.

______. *Total Man.* Londres: Allen Lane, 1972.

Gooch, Stan e Chris Evans. *Science Fiction as Religion.* Frome, Somerset: Brans Head Press, 1980.

Grad, Bernard. "Some Biological Effects of the Laying on of Hands." *Journal of the American Society for Psychical Research.* Vol. 59, 1965.

Grad, Bernard *et al.* "The Influence of an Unorthodox Method of Treatment on Wound Healing in Mice." *International Journal of Parapsychology.* Vol. 3, nº 2.

Granet, Marcel. "Right and Left in China." *In* Rodney Needham.

Green, Celia e Charles McCreery. *Apparitions.* Londres: Hamish Hamilton, 1975.

Guirdham, Arthur. *The Lake and the Castle.* Jersey: Spearman, 1976.

______. *We Are One Another.* Jersey: Spearman, 1974.

______. *The Cathars and Reincarnation.* Jersey: Spearman, 1970 [*Os Cátaros e a Reencarnação*, Editora Pensamento, SP, 1992.] (fora de catálogo)

Gurney, E., F. W. H. Myers e F. Podmore. *Phantasms of the Living* (2 volumes). Londres: 1886.

Harrison, Michael. *Fire From Heaven.* Londres: Sidgwick & Jackson, 1976.

Haynes, Renee. *The Hidden Springs.* Londres: Hollis & Carter, 1961.

Hertz, Robert. "The Pre-eminence of the Right Hand: a Study in Religious Polarity." *In* Rodney Needham.

Hilgard, Ernest R. *Divided Consciousness: Multiple Controls in Human Thought and Action.* Nova York: Wiley, 1977.

______. *Hypnotic Susceptibility.* Nova York: Harcourt Brace, 1968.

Hitching, Francis. *The World Atlas of Mysteries.* Londres: Collins, 1978.

Horney, Karen. *Our Inner Conflicts.* Londres: Routledge, 1946.

______. *The Neurotic Personality of Our Time.* Londres: Routledge, 1937.

Hull, C. L. *Hypnosis and Suggestibility.* Nova York: Appleton-Century, 1933.

"Human Brain." BBC TV. Maio/Junho, 1982.

Inglis, Brian. "In Light." Vol. 103, nº 1, 1983.

Iverson, Jeffrey. *More Lives than One?* Londres: Souvenir Press, 1976.

Iyengar, B. K. S. *Light on Pranayama.* Londres: Allen & Unwin, 1981.

Izumi, Tomoko. Informação dada diretamente ao autor.

Jackson, S. M., org. *The New Schaff-Herzog Encyclopaedia of Religious Knowledge.* Nova York: Funk & Wagnall, 1909.

Jacobson, Nils. *Life Without Death?* Nova York: Delacorte Press, 1973.

James, William. "Automatic Writing." *Proceedings, American Society for Psychical Research.* Vol. 1, 1889.

Jastrzembska, Z. S., org. *The Effects of Blindness and Other Impairments on Early Development, American Foundation for the Blind.* Nova York: 1976.

Jenkins, Elizabeth. *The Shadow and the Light.* Londres: Hamilton, 1982.

Jung, C. G. *Aion.* Collected Works. Vol. 9. Londres: Routledge, 1959.

______. *Alchemical Studies.* Collected Works. Vol. 13. Londres: Routledge, 1959.

______. *Memories, Dreams, Reflections.* Londres: Routledge, 1963.

______. *Psychology and Alchemy.* Collected Works. Vol. 12. Londres: Routledge, 1959.

Kennedy, Margaret. *The Constant Nymph.* Londres: Heinemann, 1924.

Kolb, L. C. *Modern Clinical Psychiatry.* Londres: Saunders, 1977.

Krishna, Gopi. *Kundalini: The Evolutionary Energy in Man.* Londres: Stuart, 1970.

Kruyt, A. C. "Right and Left in Central Celebes." *In* Rodney Needham.

Krynauw, Rowland A. "Infantile Hemiplegia Treated by Removing One Cerebral Hemisphere." *Journal of Neurology, Neurosurgery and Psychiatry.* Vol. 13, 1950.

Lechler, Alfred. *Das Ratsel von Konnersreuth im Lichte eines Neuen Falles von Stigmatisation.* Elberfeld, 1933.

Lemkau, P. *et al.* "Mental-Hygiene Problems in an Urban District." *Mental Hygiene.* Vol. 26, 1942.

Lester, David. "Suicidal Behavior in Men and Women." *Mental Hygiene.* Vol. 53, 1969.

______. "Suicidal Behavior, Sex and Mental Disorder." *Psychological Reports.* Vol. 27, 1970.

L'Estrange Ewen, C. H. *Witchcraft and Demonaism.* Londres: Cranton, 1933.

Lindsay, Jack. *William Blake.* Londres: Constable, 1978.

Lloyd, Geoffrey. "Right and Left in Greek Philosophy." *In* Rodney Needham.

MacCulloch, J. A. *org. The Mythology of All Races* (3 volumes). Boston: Marshall James, 1930.

Manning, Matthew. *In the Minds of Millions.* Londres: W. H. Allen, 1977.

______. *The Link.* Londres: Colin Smythe, 1974.

______. *The Strangers.* Londres: W. H. Allen, 1978.

Mason, A. A. "A Case of Congenital Ichthyosiform Erythrodermia Treated by Hypnosis." *British Medical Journal.* Vol. 2, 1952.

McFie, John. "The Effects of Hemispherectomy on Intellectual Functioning in Cases of Infantile Hemiplegia." *Journal of Neurology, Neurosurgery and Psychiatry.* Vol. 24.

Messerschmidt, R. "A Quantitive Investigation of the Alleged Independent Operation of Conscious and Subconscious Processes." *Journal of Abnormal and Social Psychology.* Vol. 22, 1927.

Mikhail, E. H., e W. B. Yeats. *Interviews and Recollections.* Londres: Macmillan, 1977.

Miller, Ron. "Do the Media Create UFO Sightings?" *Second Look.* Novembro/Dezembro, 1979.

Moody, R. L. "Bodily Changes During Abreaction." *Lancet.* Vol. 251, nº 2, 1946; e Vol. 254, nº 2, 1948.

Morgan, C. T. e E. Stellar. *Physiological Psychology.* Nova York: McGraw Hill, 1950.

Milhl, Anita. *Automatic Writing.* Nova York: Helix Press, 1930.

"Multiple Personality." *Encyclopedia Britannica.* 15ª edição, 1974.

Myers, F. W. H. "Automatic Writing III." *Proceedings, Society for Psychical Research.* Vol. 4, 1887.

Needham, Rodney. *Left and Right.* Chicago: University of Chicago Press, 1973.

"New Music from Old Masters." *Alpha.* Julho/Agosto, 1979.

Nielsson, Haruldur. Congrës International tenu ‡ Varsovie (1923): citado em A. R. G. Owen.

Ornstein, Robert. *The Psychology of Consciousness.* Londres: Cape, 1975.

Osty, Eugene. *Supernormal Faculties in Man.* Londres: Methuen, 1923.

Oswald, Ian. *Steep.* Harmondsworth: Penguin, 1966.

Owen, A. R. G. *Can We Explain the Poltergeist?* Nova York: Helix Press, 1964.

Oxford English Dictionary. Oxford: Clarendon Press, 1933.

Peterson, John M. "Left-Handedness: Differences Between Student Artists and Scientists." *Perceptual and Motor Skills.* Vol. 48, 1979.

"Philip the Man-made Phantom." *Alpha.* Maio/Junho, 1979.

Phylos, o Tibetano. *A Dweller on Two Planets.* Nova York: Harper, 1974.

Pietsch, Paul. *Shuffiebrain.* Boston: Houghton Mifflin, ig8i.

Prescott, James. "Early Somatosensory Deprivation as an Ontogenetic Process in the Abnormal Development of the Brain and Behaviour." E. Goldsmith and J. Moor-Jankowski.

______. *Forebrain, Midbrain and Hindbrain Correlations.* (No prelo)

______. "Phylogenetic and Ontogenetic Aspects of Human Affectual Development." R. Gerne e C. C. Wheeler, orgs. *Progress in Sexology.* Nova York: Plenum Press, 1977.

Prince, Morton. *The Dissociation of Personality.* Oxford: Oxford University Press, 1978.

Pringle, M. L. K. *11,000 Seven-Year-Olds.* Londres: Longmans, 1976.

Puharich, Andrija. *Uri.* Londres: W. H. Allen, 1974.

Raine, Kathleen. *Blake and the New Age.* Londres: Allen & Unwin, 1979.

Rees, W. Demi. "The Hallucinations of Widowhood." *British Medical Journal.* Vol. 4, 1971.

Rhine, J. B. e Sara R. Feather. "The Study of Cases of Psi-Trailing in Animals. "*Journal of Parapsychology.* Vol. 26, 1962.

Roberts, Jane. *Psychic Politics.* New Jersey: Prentice Hall, 1976.

Roll, William G. *The Poltergeist.* New Jersey: Scarecrow Press, 1976.

Rose, Ronald. *Living Magic.* Nova York: Rand McNally, 1956.

Roth, W. F. e F. H. Luton. "The Mental Health Program in Tennessee." *American Journal of Psychiatry.* Vol. 99, 1943.

Ruben, C. Gur. "Imagery, Absorption and the Tendency towards 'Mind Exploration' as Correlates of Hypnosis Susceptibility in Males and Females." *In* F. H. Frankel e H. S. Zamansky.

Ruben, C. Gur e Raquel E. Gur. "Handedness, Sex and Eyedness as Moderating Variables in the Relation between Hypnotic Susceptibility and Functional Brain Asymmetry." *Journal of Abnormal Psychology.* Vol. 83, 1974.

Sackeim, H. A. *et al.* "Emotions Are Expressed More Intensely on the Left Side of the Face." *Science.* Vol. 202, 1978.

Schatzman, Morton. *The Story of Ruth Duckworth.* Londres, 1980.

"Schizophrenia: The Case for Viruses." *New Scientist.* 10 de Fevereiro, 1983.

Schopenhauer, Arthur. *Parerga and Paralipomena.* Oxford: Oxford University Press, 1974.

Schreiber, Flora Rheta. *Sybil.* Harmondsworth: Penguin, 1975.

Schurmacher, Emile, citado em Colin Wilson. *The Occult.* Londres: Hodder, 1971.

Selfe, Loma. *Nadia: A Case of Extraordinary Drawing Ability in an Autistic Child.* Londres: Academic Press, 1977.

Shackley, Myra. *Wild Men: Yeti, Sasquatch and the Neanderthal Enigma.* Londres: Thames & Hudson, 1983.

Shorter, Eric. "Raped by No One, But the Bruises Remain." *Daily Telegraph.* 1º de Outubro, 1982.

Shuttle, Penelope e Peter Redgrove. *The Wise Wound.* Londres: Gollancz, 1978.

Sidgwick, Eleanor. "Phantasms of the Living." *Proceedings, Society for Psychical Research.* Vol. 33, 1922.

Sidis, Boris e Simon Goodhart. *Multiple Personality.* Nova York: Greenwood Press, 1968.

Simon, Ted. "That Was No Lady, That's a Ghost." *The Times*. 3 de Janeiro, 1983.

Singer, Isaac Bashevis. *The Seance*. Londres: Cape, 1970.

Sizemore, Chris e Elen Pittillo. *Eve*. Londres: Gollancz, 1978.

Sklair, Freda. Informação dada diretamente ao autor.

Smith, Aaron. "Speech and Other Functions after Left (Dominant) Hemispherectomy." *Journal of Neurology, Neurosurgery and Psychiatry*. Vol. 29, 1966.

Sperry, R. W. "The Great Cerebral Commissure." *Scientific American*. Vol. 210, 1964.

Spiegl, Anni. *The Life and Death of Therese Neumann of Konnersreuth*. Traduzido por Susan Johnson. Eichstatt, 1973.

"Spontaneous Hallucinations of the Sane." *Proceedings, Society for Psychical Research*. Vol. 10, 1894.

Stevenson, Ian. *Twenty Cases Suggestive of Reincarnation*. Virginia: University of Virginia Press, 1974.

Sulloway, Frank J. *Freud, Biologist of the Mind*. Nova York: Basic Books, 1979.

Summers, Montague. *The History of Witchcraft and Demonology*. Londres: Routledge, 1973.

______. *(Sinistrari de Ameno), Demonality or Incubi and Succubi*. Londres: Fortune Press, 1927.

Swedenborg, E. *Heaven and Hell*. Londres: Swedenborg Society, 1896.

Tarver, W. J. Letter. *New Scientist*. 24 de Outubro, 1968.

Taylor, Gordon Rattray. *The Natural History of the Mind*. Londres: Secker & Warburg, 1979.

Teng, E. L. *et al*. "Handedness in a Chinese Population." *Science*. Vol. 193, 1976.

Thigpen, Corbett H. e Hervey M. Cleckley. *The Three Faces of Eve*. Nova York: McGraw Hill, 1957.

Thurston, Gavin. "Preternatural Combustion of the Human Body." *Medico-Legal Journal*. Vol. 29.

Thurston, H. *Ghosts and Poltergeists*. Londres: Burns Oates, 1953.

Tomas, Andrew. *We Are Not the First*. Londres: Sphere, 1972.

Twigg, Ena e R. H. Brod. *Ena Twigg, Medium*. Londres: W. H. Allen, 1973.

Underwood, Peter. *Dictionary of the Supernatural*. Londres: Harrap, 1978.

Usher, Shaun. "Can This Boy Be Ten Different People?" *Daily Mail*. 24 de Outubro, 1978.

Wallace, Marjorie. "The Day They Gave This Man His Memory Back." *Sunday Times*. 24 de Abril, 1983.

Weitzenhoffer, A. M. *Hypnotism*. Nova York: Wiley, 1963.

Wheeler, W. M. *et al*. "The Internal Structure of the MMPF." *Journal of Consulting Psychology*. Vol. 15, 1951.

Wieschoff, Heinz A. "Concepts of Right and Left in African Cultures." Rodney Needham.

Williams, Mary. "The Poltergeist Man." *Journal of Analytical Psychology.* Vol. 8, 1963.

Willoughby-Meade, Gerald. *Chinese Ghouls and Goblins.* Londres: Constable, 1928.

Wilson, Ian. *Mind Out Of Time?* Londres: Gollancz, 1981.

Woolf, Leonard. *Beginning Again.* Londres: Harrap, 1964.

Wright, Pearce. "The No-Brain Genius May Be on its Way." *The Times.* 30 de Dezembro, 1980.

Yeats, W. B. *Essays and Introductions.* Londres: Macmillan, ig6i.

Young, H. B. e R. Knapp. "Personality Characteristics of Converted Left-Handers." *Perceptual and Motor Skills.* Vol. 23, 1965.